LANDHAUS GÄRTEN

SUNNIVA HARTE

LANDHAUS GÄRTEN

Vom Zauber ländlicher Gartenkultur

*In Erinnerung an meine Großmutter,
für die alle Pflanzen
wuchsen und alle Vögel sangen.*

Die Deutsche Bibliothek – CIP-Einheitsaufnahme

Landhaus-Gärten : vom Zauber
ländlicher Gartenkultur / Sunniva Harte.
[Übers. aus dem Engl.: Martina Köhlhoff]. –
München ; Wien ; Zürich : BLV, 1998
Einheitssacht.: The perfect country garden <dt.>
ISBN 3-405-15293-3

BLV Verlagsgesellschaft mbH
München Wien Zürich
80797 München

Titel der englischen Originalausgabe:
The Perfect Country Garden
Erstausgabe 1997 bei Conran Octopus Limited
37 Shelton Street, London WC2H 9HN
Text © 1997 Sunniva Harte
Gestaltung und Layout:
© Conran Octopus Limited 1997

Deutschsprachige Ausgabe:
© 1998 BLV Verlagsgesellschaft mbH, München

Das Werk einschließlich aller seiner Teile ist
urheberrechtlich geschützt. Jede Verwertung
außerhalb der engen Grenzen des Urheberrechts-
gesetzes ist ohne Zustimmung des Verlages
unzulässig und strafbar. Das gilt insbesondere
für Vervielfältigungen, Übersetzungen,
Mikroverfilmungen und die Einspeicherung und
Verarbeitung in elektronischen Systemen.

Übersetzung: Martina Köhlhoff
Lektorat: Dr. Thomas Hagen
Herstellung: Sylvia Hoffmann
Satz und DTP: Satz+Layout Fruth GmbH, München
Einbandgestaltung: Studio Schübel, München
Einbandfoto vorn: Brigitte Perderau
Einbandfotos hinten: Brigitte Perderau (oben),
Sunniva Harte (Mitte),
Naturbild / Kenneth Bengtsson (unten)

Printed in China · ISBN 3-405-15293-3

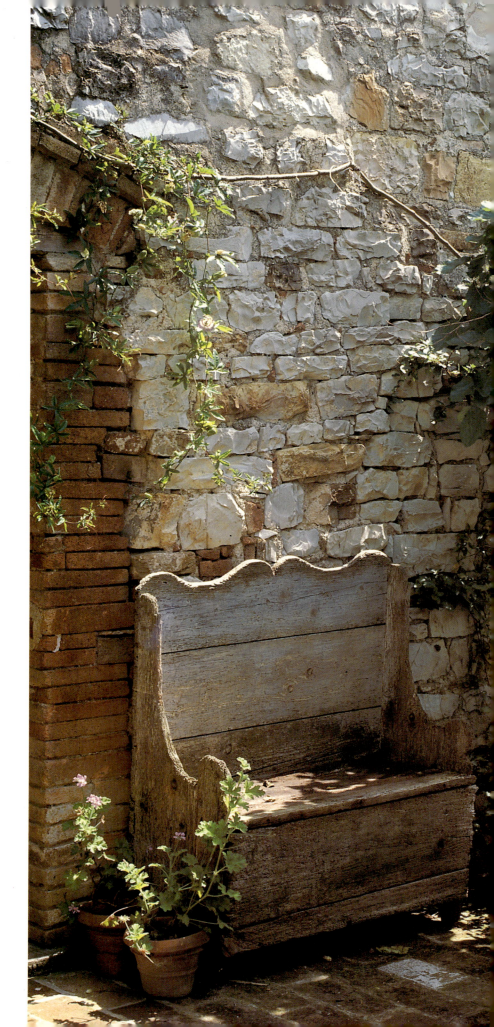

INHALT

EINFÜHRUNG	7
Ein Gefühl der Verbundenheit	8
Mit der Natur arbeiten	10
Die Vergangenheit schätzen	13
HARMONISCHE STRUKTUREN	15
Mauern, Zäune und Hecken	19
Gartentore	28
Innenhöfe und Veranden	31
Wege und Stufen	32
Gartengebäude	39
GELUNGENE PFLANZUNGEN	45
Einen ländlichen Stil schaffen	46
Die Natur verstehen	48
Die Grundstruktur festlegen	50
Ein Garten für jede Jahreszeit	52
Die Kunst des Formschnitts	58
Kletterpflanzen und begrünte Wände	60
Teppiche aus Farbe und Struktur	62
Der duftende Garten	69
Küsten- und Stadtgärten	70
Für die Natur pflanzen	72
DAS BESTE AUS DEM NUTZGARTEN	75
Gemüse ziehen	76
Farbenprächtige Ernte	80
Mischkultur und Wege am Beet	82
Praktische Bestandteile	87
Obst anbauen	88
Der ländliche Kräutergarten	93
Kräuter in Beeten und Rabatten	95
Kräuter und Kübelpflanzen	96
Nutztiere halten	98
Die eigene Ernte	102
Kräuter, Nüsse und Pilze	105
PRAKTISCHES GARTENZUBEHÖR	107
Gartenmöbel auswählen	109
Dekorative Elemente im Landhausgarten	116
Kübelpflanzen	122
Kletterhilfen	127
Wasser im Garten	133
Gartengeräte	138
Register	142
Danksagung	144

Einführung

Eine duftende Rose, die von einem schönen alten, gemauerten Torbogen herabhängt; ein hinter Efeu und Geißblatt halb verborgenes, altes Gartenhaus; hohes Gras, in dem Wildblumen wachsen – wer könnte den stillen Freuden eines perfekten Landhausgartens widerstehen? Der Reiz eines solchen Gartens liegt nicht in der Eleganz oder Erhabenheit, sondern in seiner Einfachheit und seinem anscheinend unschuldigen Charme. Eine lockere Zusammenstellung vertrauter Zier- und Nutzpflanzen sowie einfache Ornamente, umgeben von mit Flechten bewachsenen Mauern, kann das Herz viel mehr erfreuen als eine Reihe imposanter Statuen oder eine gartenbaulich perfekte Anlage. Natürliche Anmut und Stil sind die beherrschenden Elemente, und Regeln werden öfters außer acht gelassen, als daß man sie befolgt, um dem Landhausgarten seine charakteristische, uneingeschränkte Schönheit zu verleihen.

Links: Dieses Häuschen wird fast gänzlich durch eine Fülle gängiger Gartenblumen verdeckt. Sanfte Rosa- und Blautöne ergeben ein unregelmäßiges Grundmuster, während magentafarbener Fingerhut und weiße Glockenblumen als Farbtupfer und zur Höhenstufung dienen.

Oben: Eine stark duftende Alte Rose wurde ideal neben einem Fenster plaziert. An stillen Abenden durchdringt ihr betörendes Parfüm den dahinterliegenden Raum.

Ein Gefühl der Verbundenheit

Der Landhausgarten vermittelt mehr als jeder andere Gartentyp ein starkes Gefühl der Verbundenheit mit seiner natürlichen Umgebung. Für Gartenstrukturen, Mauern und Abgrenzungen werden einheimische Materialien verwendet und regionale Stile befolgt, die den Garten mit seinem Standort vereinen. Sie vermitteln auch ein Gefühl der Beständigkeit, eine Verbindung mit der Tradition. Auch die meisten Pflanzen des Gartens sind heimische Arten oder sie haben sich in den benachbarten Feldern und Wäldern angesiedelt, wie etwa die wogenden Gräser, die den Garten zur Wiese machen. Die umgebende Landschaft ist oft eines der großartigsten Merkmale des Landhausgartens, das seine gesamte Atmosphäre bestimmt, sei es ein Bauernhaus inmitten von Lavendelfeldern in der Provence, ein strohbedecktes Häuschen auf dem Land in Großbritannien oder eine Lichtung in der Wildnis von Neuengland. Viele ländliche Gärten verwenden ihre Umgebung als eine Erweiterung des Gartens, indem sie sich die Aussicht und andere außerhalb gelegene Merkmale als Teil ihrer Inspiration und ihres Charakters »leihen«. Durch Öffnungen in Hecken oder die Verwendung von offenen Zäunen oder niedrigen Mauern als Eingrenzung werden alte Bäume, Ausblicke, in der Ferne gelegene Berge, Seen, hügelige Weiden oder schöne Gebäude zu einem wesentlichen Bestandteil des Gartens.

Ein Gefühl der Verbundenheit 9

Links außen: *Senecio aureus*, ein nordamerikanisches Greiskraut, wächst mit seinen sonnengelben Blüten üppig neben einem dunklen, stillen Teich. Die Anmut eines solchen wilden Gartens liegt in der harmonischen Mischung aus heimischen Pflanzen, die so eng miteinander verwoben sind, daß die Szene vollkommen natürlich erscheint.

Links: Ein Haus in den Bergen umgeben von einem Garten voller farbenprächtiger Pflanzen, die den extremen Witterungsbedingungen gut gewachsen sind. Gelbes Brandkraut *(Phlomis)* ist ein passender Nachbar für den höheren Ginster, während Rosen in der frischen Bergluft über Gruppen aus Salbei und Schwertlilien gedeihen. Ein schmaler Grasweg schlängelt sich wie ein Bergpfad durch die Blumen.

Mit der Natur arbeiten

Die schönsten Landhausgärten stehen sowohl im Einklang mit der Natur als auch mit ihrer Umgebung. Ungeachtet dessen, ob die Gärten dem Küstenwind, trockenen, mediterranen Sommern oder den klimatischen Extremen des Festlandes ausgesetzt sind, haben kluge Besitzer von Landhausgärten schon vor langer Zeit gelernt, ihre Kraft nicht mit den Elementen zu messen, sondern »mit der Natur« zu gärtnern, und nur diejenigen Pflanzen zu kultivieren, die unter den gegebenen Bedingungen gut gedeihen. Die Natur ist die steuernde Kraft im Landhausgarten, die die Unterschiede zwischen natürlichen und künstlichen Elementen verwischt: Blumensamen werden in Mauerritzen und in die Fugen von Wegplatten geweht, während Holz- und Metallkonstruktionen sowie Steinornamente zu scheinbar natürlichen Merkmalen verwittern.

Oben: Wäre da nicht der einfache Holzzaun, könnte man nur schwer unterscheiden, wo dieser Garten endet und das dahinterliegende Feld beginnt.

Rechts: Die einfachen, rustikalen Stühle und Bänke passen sehr gut zu den naturbelassenen Bereichen dieses Gartens. Das Wetter kann solchen Möbeln nichts anhaben. Im Laufe der Zeit werden sie sich sogar durch ihr verwittertes Aussehen dem Stil des Gartens noch stärker anpassen.

Die Vergangenheit schätzen

Ein knorriger Apfelbaum, der sich an die Mauer eines alten Aborts lehnt, erzählt von vergangenen Zeiten, als es nur wenig Komfort gab, das Leben jedoch in ruhigeren Bahnen verlief. Einer der Reize von Landhausgärten ist ihre Verbindung mit der Vergangenheit. Das Verständnis dafür, wie der Garten ursprünglich genutzt wurde und was für eine wichtige Rolle er im Leben seiner Bewohner spielte, verleiht ihm einen Wert, den es zu erhalten lohnt. Die Besitzer von ländlichen Gärten haben sich nie sehr stark für Trends interessiert und ziehen bewährte Traditionen und einfache Stile den Modeerscheinungen vor. In der Vergangenheit haben praktische Aspekte und Bedürfnisse die Beschaffenheit eines Gartens bestimmt. In kleinen mittelalterlichen Gärten gab es zum Beispiel keine Rasenfläche (was als völlige Platzverschwendung betrachtet worden wäre) und es wurde beinahe der gesamte Bereich zum Ziehen von Gemüse und Kräutern verwendet. Bekannte Blumen, wie zum Beispiel Fingerhut, Pfingstrosen, Goldlack und Rosen, die Gärtner seit Generationen verwenden und schätzen, geben ein Gefühl von Beständigkeit und verleihen den Eindruck, daß es in dieser schnellebigen Zeit noch einige Dinge gibt, die beruhigenderweise gleich bleiben.

Links außen: Unter dem Schatten der dicht von Weinblättern umrankten Laube erzeugen alle Elemente, die zu dieser friedlichen Szene gehören – die Weidenkörbe, der alte Korbsessel, der Strohhut und der Korb – das Gefühl, daß hier die Zeit stehengeblieben ist.

Links innen: Ein prächtiger Teppich aus gelbblühender Weinraute, lila Thymian und dunklem Salbei bedeckt den Hof vor diesem mittelalterlichen Haus wahrscheinlich genauso wie vor einigen hundert Jahren.

Unten: In diesem alten Gewächshaus, das nicht mehr zur Anzucht verwendet wird, herrscht die Natur. Während das Glasdach von Moos verdunkelt wird, haben sich darunter Brennesseln angesiedelt. Traditionelle, zwanglos an das Tischbeet gelehnte Werkzeuge mit Holzstielen erzeugen eine starke visuelle Verbindung zur Vergangenheit.

HARMONISCHE STRUKTUREN

Ein Garten besteht nicht nur aus einer Zusammenstellung von Pflanzen, denn was wäre eine üppig rankende Rose ohne eine schöne alte Steinmauer, die gleichzeitig Halt gibt und als Hintergrund dient? Das Grundgerüst wird aus festen Strukturen, das heißt den Mauern, Pforten, Terrassen, Wegen und Gebäuden, gebildet. Sie tragen das ganze Jahr über dazu bei, den Charakter des Gartens zu bestimmen, verbinden ihn mit dem Haus und formen den Hintergrund für die weicheren, freieren Formen der Pflanzen. Eine Trockensteinmauer, in deren Spalten kleine Farne wachsen, macht die Grenze zwischen Garten und Landschaft sowohl zum attraktiven Übergang als auch zur Trennlinie, während ein offener Zaun aus Pfosten und Stangen das Grundstück mit dem dahinterliegenden Land verbindet. Landhausgärten umfassen oft alte, nicht mehr verwendete Gebäude, wie zum Beispiel Stallungen. Man könnte sie wieder für ihren ursprünglichen Zweck herrichten, als verwitterte, charakteristische Bestandteile belassen oder für einen neuen Verwendungszweck umwandeln. Ein Abort könnte so zum Weinlager oder ein nicht mehr verwendetes Waschhaus zum Künstlerstudio werden.

Links: Die strengen Linien dieses Gartens wurden durch die lockere Anordnung der Kräuter und Stauden unterbrochen, wodurch eine entspannte Atmosphäre entsteht. Durch kunstvoll beschnittene Sträucher und gleichfarbige Hochstammrosen hätte man hier auch eine formellere Szene schaffen können.

Oben: Wege und Einfassungen aus Steinplatten verleihen diesem üppig bepflanzten Landhausgarten ein gepflegtes Aussehen sowie eine klare Struktur. Durch feste Wege kann man die schönen Anblicke und angenehmen Düfte des Gartens auch an feuchten Tagen genießen.

16 Harmonische Strukturen

Die Art, wie eine Umzäunung den Blick auf ein Haus freigibt oder es verbirgt, kann auf den Besucher einen verlockenden ersten Eindruck machen.

Es gibt nur wenige Anblicke, die die Neugier stärker wecken als ein verborgenes Haus, das fast gänzlich von einer hohen Hecke verdeckt wird, oder ein Wirrwar aus hohen Gräsern und Wildblumen, das man durch eine alte, schon etwas verrostete Eisenpforte mit einem flüchtigen Blick erhascht. Die Art, wie eine Umzäunung den Blick auf ein Haus freigibt oder es verbirgt, kann einen verlockenden ersten Eindruck auf den Besucher machen. Hecken, Mauern oder Zäune sind weit mehr als nur eine Grenze. Sie umrahmen die Verbindung von Haus und Garten und erzeugen als Ausgleich zur Bepflanzung einen strukturierten und doch regelmäßigen Hintergrund. Aus praktischer Sicht bieten manche Arten von Umzäunungen sowohl für Menschen als auch für Pflanzen einen guten Schutz, sie dienen Kletter- und Kriechpflanzen als Halt oder bilden eine Abgrenzung, um Nutzvieh ein- oder auch auszusperren.

Zur Herstellung von Begrenzungen verwenden die Menschen weltweit seit jeher aus wirtschaftlichen und praktischen Gründen heimische Werkstoffe und Konstruktionstechniken. In Lehmgebieten werden zum Beispiel Ziegelsteine verwendet, in stark bewaldeten Regionen Holz und an steilen Hängen, wo das Befördern von Zement oder Bruchstein unmöglich wäre, Trockensteinmauern aus vor Ort gesammelten, unregelmäßigen Steinen. Hat man das Glück, einen von alten Hecken oder flechtenbedeckten Mauern umgebenen Garten zu besitzen, sollte man diese erhalten, denn ihr Alter verleiht dem Grundstück Würde. Zum Ausbessern einer vorhandenen Mauer oder eines Zaunes sollten die ursprünglich benutzten Werkstoffe, wie etwa heimische Steinarten, das gleiche Holz (es sei denn, der Zaun wird gestrichen) oder, wenn möglich, Ziegelsteine aus alten Gemäuern verwendet werden.

Eine neue Konstruktion wirkt harmonischer und passender, wenn sie sowohl mit der Umgebung als auch mit dem Haus in Einklang steht. Durch die Auswahl heimischer Werkstoffe und Stile oder Heckenpflanzen aus der Region paßt sich die Umzäunung der Umgebung an und wird so zu einem Teil der Landschaft. Sieht eine harte Oberfläche zu neu und unbenutzt aus, kann der Alterungsprozeß beschleunigt werden, indem man sie mit einer mit Wasser verdünnten Lösung aus Joghurt oder Kompost bestreicht, die das Flechtenwachstum beschleunigt.

Harmonische Strukturen 17

Links: Eine schöne alte Steinmauer bietet den idealen Hintergrund und zugleich einen Halt für die zartrosa Blüten der Kletterrose 'New Dawn', die von der Mitte des Sommers bis in der Herbst hinein immer wieder blüht. Die schwere Holztür ist ständig geöffnet, um den Blick auf die Kartoffelrose *(Rosa rugosa)* mit ihren großen rosafarbenen Blüten freizugeben und neue Besucher wie seit Generationen in den dahinterliegenden, verborgenen Garten einzuladen.

Mauern, Zäune und Hecken

Natur- oder Ziegelsteinmauern verleihen einem Garten ein Gefühl der Kompaktheit und vermitteln, wenn sie hoch genug sind, Sicherheit und Ungestörtheit. Dem Gärtner dienen sie nicht nur als Schutz des Gartens vor unerwünschten Tieren, sondern bieten auch die Möglichkeit, eine große Vielfalt von Kletterpflanzen und Sträuchern zu kultivieren. Diese profitieren vom Halt und Schutz der Mauer und der darin gespeicherten Wärme. Sie wachsen im Laufe der Zeit zu einem dichten Mantel zusammen und gestalten die Grenzen des Gartens freundlicher. Niedrige Mauern können mit verschiedenen dekorativen Aufsätzen oder Abschlüssen versehen werden. Auf Natur- oder Ziegelsteinmauern befestigte eiserne Halbringe sind zum Beispiel attraktiv, ohne dabei überladen zu wirken. Sie lassen die Mauer höher erscheinen und erlauben gleichzeitig einen Blick in den dahinterliegenden Garten. Ist das Haus mit dekorativem Mauerwerk verziert, so könnte sich dieses in den Gartenmauern widerspiegeln, indem man zum Beispiel diagonal halbierte Steine mit der Spitze nach oben auf die Mauer aufsetzt. Abdeckziegel geben einer Mauer ein eher symmetrisches, abgerundetes Erscheinungsbild und verlängern ihre Lebensdauer, da von oben weniger Wasser eindringen kann.

In Gegenden, in denen Feuerstein in der Natur reichlich vorkommt, ist dieser ein günstiger, jedoch äußerst haltbarer Baustoff. Er kann geknappt (Freilegen des schwarzen Kerns durch Abblättern einer Seite) oder im Ganzen verwendet werden. Aus Feuerstein kann man stabile Mauern in gedämpften Grautönen formen, die nahegelegene Kieswege oder Hecken ergänzen. Durch ihre sanften Töne und faszinierenden Strukturen bilden Feuersteinmauern einen idealen Hintergrund für strenge Formen wie die von kegelförmig beschnittenen Ziergehölzen oder einer hochragenden Engelwurz *(Angelica)* sowie für die kräftigen Farben von Türkenmohn *(Papaver orientale)*, rotbeerigem Feuerdorn *(Pyracantha)* oder purpurblättrigem Perückenstrauch *(Cotinus coggygria* 'Royal Purple').

Links: Ein bewaldeter Hügel wurde durch Terrassen in einen Garten verwandelt, wobei man für die Kanten der einzelnen Ebenen Steine aus der Gegend benutzt hat. Diese Art von Steinmauern wird seit Jahrhunderten verwendet, da ihre Haltbarkeit und ihr Charakter von bleibendem, nicht durch Modeerscheinungen beeinflußtem Wert sind.

Unten: Die Schönheit von einfachem Stein wurde auf raffinierte Weise für die Konstruktion dieser Mauer im Fischgrätenmuster genutzt, die neben ihrer auffälligen Struktur gleichzeitig auch praktisch ist. In ihren Spalten findet der Wassernabel *(Hydrocotyle)* Halt, dessen runde, glatte Blätter einen schönen Kontrast zum rauhen Stein bilden.

20 Harmonische Strukturen

Zäune sind nicht so dauerhaft und stabil wie feste Mauern, bieten jedoch unzählige kreative Möglichkeiten. Es gibt viele verschiedene Arten und Stile, und sie lassen sich auch nach eigenen Entwürfen gestalten. Holzzäune können naturbelassen bleiben, man kann sie zur Betonung der Maserung beizen oder aber, eventuell passend zum Haus oder zu den Gartenmöbeln, farbig streichen. Man kann sie für sich alleine oder in Verbindung mit einer Hecke verwenden. Manche Zaunarten, wie etwa solche aus einfachen Pfosten und Stangen, gewähren praktisch freien Blick in und aus dem Garten, während andere diskrete Schlitze oder schmale Spalten haben, die einen kurzen, verlockenden Blick in den dahinterliegenden Bereich ermöglichen.

Einfache Pfosten aus rohem, unbearbeitetem Holz (manchmal auch ungeschält) sehen schlicht und rustikal aus, haben jedoch eine relativ kurze Lebensdauer. Sie können gekreuzt sein (als sogenannter Jägerzaun), diagonal zwischen zwei horizontalen Stangen liegen oder einfacher in drei Reihen quer zwischen senkrechten Pfosten befestigt werden. Holzzäune sollten zur Verlängerung der Haltbarkeit stets mit einem Holzschutzmittel behandelt werden.

Im Mittelalter verwendete man häufig Flechtzäune, auch Hürden genannt, da sie aus in der Nähe geschlagenem Holz – etwa Haselnuß – konstruiert und leicht errichtet werden konnten.

Ein aus gespaltenen und miteinander verwobenen Zweigen hergestelltes Geflecht stellt einen ausgezeichneten Windschutz für Pflanzen dar, da es

Mauern, Zäune und Hecken 21

Links außen: Der natürliche und anspruchslose Flechtzaun paßt gut zu einem Landhausgarten, dem er einen zeitlosen, traditionellen Charakter verleiht. Hinzu kommt, daß er in kurzer Zeit als schnelle Abgrenzung errichtet werden kann und eine sehr reizvolle Struktur besitzt.

Links innen: Ein offener, aus rustikalen Stangen konstruierter Zaun verleiht einer frei wachsenden Hecke aus Gemeinem Schneeball *(Viburnum opulus)* Höhe und Struktur.

Unten: Ein niedriger Zaun aus Pfosten und Stangen dient als einfache Erinnerung daran, nicht zu nahe ans Wasser zu gehen und gewährt gleichzeitig den ungestörten Blick auf die Pflanzen und Landschaft dahinter.

22 Harmonische Strukturen

luftdurchlässig ist und so die Kraft des Windes abschwächt. Feste Barrieren hingegen lenken die Luft ab und erzeugen Luftwirbel. Aufgrund seines schlichten, unregelmäßigen Erscheinungsbildes und der Webstruktur verleiht das Geflecht dem Garten auf Anhieb eine ländliche Atmosphäre. Es ist nicht sehr dauerhaft, kann aber ideal entlang einer neugepflanzten Hecke errichtet werden. Bis die Hecke einmal hoch und dicht genug geworden ist, beginnt das Geflecht bereits zu zerfallen.

In Nordamerika und Europa sind niedrige Lattenzäune seit vielen Jahrhunderten beliebt. Sie umrahmen die großzügige Bepflanzung des Gartens, ohne zu dominieren oder den Ein- oder Ausblick zu verwehren. Die Pflanzen wachsen locker durch die Lücken hindurch und über den Zaun hinaus und unterbrechen so dessen steife vertikale Linien. Lattenzäune sind häufig weiß gestrichen, haben manchmal jedoch auch die Farbe des Hauses, wodurch dieses mit dem Garten verbunden und somit ein zusammenhängendes, harmonisches Bild erzeugt wird.

Unten: Dieser Lattenzaun und die Zusammenstellung aus verschiedenfarbigen Fliedersträuchern erzeugen ein auffallendes und harmonisches Bild. Der Flieder kann sich durch die Lücken im Zaun frei entfalten und in den Weg hineinwachsen.

Hecken bilden in einem Landhausgarten außerordentlich praktische, lebende Grenzen und Unterteilungen, da sie als guter Windschutz, als strukturierter Hintergrund für andere Pflanzen und als ganzjähriges Grundgerüst im Garten dienen. Mischhecken sind Anpflanzungen, deren Effekte sich während der Jahreszeiten ändern, und sie sind ideal, wenn es darum geht, das Wildleben zu fördern, da sie eine Fülle und Vielfalt an Nistplätzen und Futterquellen bieten. Für eine solche Hecke können zum Beispiel Eichen, Stechpalmen, Weißdorn und Wildrosen verwendet werden, zwischen denen außerdem vielleicht noch Efeu und Waldreben *(Clematis)* ranken.

Die Höhe kann variiert werden, indem man beispielsweise einige der Heckenpflanzen als Bäume auswachsen läßt. In Landhausgärten werden manchmal auch Nutzbäume oder -sträucher wie Apfel und Haselnuß, in die Hecken gepflanzt, um durch solch einen Nutzeffekt das Grundstück vollständig auszunutzen.

Lattenzäune umrahmen die üppige Bepflanzung eines Gartens, ohne ihn zu dominieren oder den Ein- oder Ausblick zu verwehren.

24 Harmonische Strukturen

Oben: In dieser Hecke wurde ein Teil der Äste zu einem Kreis geformt, wodurch ein raffiniertes Fenster in einer lebenden Wand entsteht. Dicht an der Hecke wurde eine Laube errichtet, um das Gefühl eines Zimmers im Freien zu erzeugen.

Rechts: Die Szene am Ende diese Pfades wird durch die geraden Linien der geschnittenen Hecke betont, die einen Kontrast zu den hohen Bäumen und wildwachsenden Rosen bildet.

Mauern, Zäune und Hecken 25

Eine geschnittene Hecke aus nur einer Art, zum Beispiel Eibe, Stechpalme, Hainbuche oder Blutbuche, sieht einheitlich aus, was für einen sehr symmetrischen Garten oder als Hintergrund für eine natürliche, üppige Bepflanzung geeignet ist. Immergrüne Hecken verleihen dem Garten das ganze Jahr über Farbe und Struktur, während Laubgehölze wie Buche und Eiche ihr junges Laub während der Wintermonate behalten. Werden sie jedes Jahr zurückgeschnitten, so bleiben die getrockneten Herbstblätter bis in den Frühling hinein am Baum, wo sie im Wind rascheln.

In Italien, Frankreich und Holland wurden Eiben- oder Buchshecken traditionell zu klaren, geometrischen Formen erzogen und zugeschnitten, zum Beispiel Kegeln, Pyramiden und Kugeln, während man in England den oberen Teil der Hecke gelegentlich etwas humorvoller zu Pfauen oder anderen Tieren, ja sogar zu Teekannen und Käsestücken formte (siehe »Die Kunst des Formschnitts«, Seite 58f.). Wo Sichtschutz unwichtig ist, sehen Hecken aus Lavendel, Buchs, Gamander *(Teucrium)* oder Heiligenkraut *(Santolina)* sehr schön als Einfassung für Wege oder Terrassen oder als Umrahmung von Beeten voller Kräuter, Gemüse oder farbenkräftiger einjähriger Pflanzen aus.

Nächste Doppelseite: Ein unauffälliger, grüner Lattenzaun hält die eindringenden Sträucher zurück und dient als harmonischer Hintergrund für die dicht gepflanzten Schmuckkörbchen *(Cosmos)*, die während des ganzen Sommers üppig unter sauber gezogenen Obstbaumstämmchen blühen.

Unten: Diese langsamwachsende Buchenhecke wurde zu einem kräftigen Bogen gezogen, der die dahinterliegende Landschaft einrahmt und einen eindrucksvollen Hintergrund für eine spektakuläre Sternmagnolie *(Magnolia stellata)* bildet.

Oben: Dieses anmutige Tor mit seinen graziösen Linien erzählt von eleganteren Tagen. Jetzt wird es von einem Wirrwar aus Brombeeren und Efeu als Teil des Gestrüpps in Beschlag genommen und wohl nie mehr geschlossen.

Rechts: Dieses kleine Tor aus Birkenholz leuchtet im kühlen, dunklen Schatten der Roßkastanienbäume und begrüßt den Besucher. Durch seine einfache Konstruktion harmoniert es gut mit der farbenfrohen, lockeren Atmosphäre des dahinterliegenden Gartens.

Gartentore

Ein Gartentor ist eines der ersten Objekte eines Gartens, das man beim Näherkommen sieht, und es sagt sofort etwas sowohl über den Besitzer als auch über den dahinterliegenden Garten aus. Ein geöffnetes, himmelblau und gelb gestrichenes Gittertor deutet vielleicht auf einen künstlerischen, extrovertierten Gärtner hin und gibt einen verlockenden Vorgeschmack auf den Garten. Ein eher zurückgezogener Mensch, der seinen geheimen Zufluchtsort vor unerwünschten Blicken schützen möchte, bevorzugt vielleicht eher ein hohes, massives Tor. Im Mittelalter schenkten die Landbewohner dem Tor wohl kaum Aufmerksamkeit. Das Wichtigste war, daß es Nutztiere ein- und andere Tiere aussperrte. Im Gegensatz dazu sind heute aufgrund der Vielzahl von Werkstoffen und Konstruktionsmöglichkeiten viele Entscheidungen zu treffen.

Der wichtigste Punkt bei der Wahl eines Gartentors ist die harmonische Anpassung an die angrenzenden Mauern, Hecken oder Zäune. Ein Tor aus der gleichen Holzart und im gleichen Stil wie ein Holzzaun setzt das Thema fort, während sich eine einfache, robuste Konstruktion gut in eine Mischhecke einfügt. Tore können passend zum Holz des Hauses gestrichen werden und so ein visuelles Echo erzeugen. Es gibt geschlossene Konstruktionen für völlige Abgeschiedenheit oder offene Tore, die Ein- und Ausblick gewähren. Ein Metalltor ohne oder mit Verzierungen kontrastiert in einer Ziegel- oder Natursteinmauer gut mit deren kompakter Struktur und Dominanz. Das Tor könnte schwarz oder in einem unauffälligen Grau oder Dunkelgrün gestrichen werden, oder man behandelt es so, daß es wie ein altes, mit Grünspan geflecktes Tor aussieht.

Soll das Tor stärker auffallen oder hervorgehoben werden, ist es zum Beispiel möglich, es mit einem Bogen einzurahmen. Je nach Stil des Gartens kann dieser aus formellem Schmiedeeisen, einem gestrichenen Holzgitter, robusten Natur- oder Ziegelsteinen oder unbehandelten, schlichten Stangen gefertigt sein. Man kann wohlriechende Kletterpflanzen wie zum Beispiel Geißblatt, Rosen oder Jasmin über den Bogen ranken lassen und so bei jedem Hindurchgehen ihren Duft genießen. Auch Triebe einer angrenzenden Hecke lassen sich über einem Tor zu einem grünen Bogen ziehen. Immergrüne Pflanzen wie etwa Stechpalmen oder Eiben sind dafür ideal, da sie das ganze Jahr über eine feste Struktur bilden.

Ein regelmäßig benutztes Gartentor sollte gut gepflegt werden, während selten oder nie verwendete Pforten ruhig einen charmanten, verwitterten Zustand annehmen dürfen. Ein Holztor, von dem die Farbe abblättert und das vielleicht nur noch an einem Scharnier hängt, vermittelt ein ungekünsteltes Aussehen. Ein Metalltor, das von schlingenden und rankenden Pflanzen festgehalten wird, die ein Öffnen unmöglich machen, deutet auf einen geheimen Garten und üppige Fülle hin und verleiht ein Gefühl von unbekümmerter, willkürlicher Pracht.

Wenn man ein etwas außergewöhnlicheres Tor möchte, lohnt es sich, in Wertstoffhöfen oder Auktionen sowie bei Einzelhändlern für Gartenarchitektur zu suchen. Es kann auch relativ günstig und mit Sicherheit zufriedenstellender sein, sich ein Tor nach eigenen Wünschen fertigen zu lassen. Ein Schmied kann ein einfaches Eisentor herstellen, und vielen Schreinern wird es Spaß machen, ein originelles Holztor zu konstruieren.

Innenhöfe und Veranden

Ganz gleich, ob man hart im Garten arbeitet, gemächlich zwischen den Pflanzen herumstöbert oder sich einfach hinsetzt und entspannt, man tritt ständig auf befestigte Flächen. Terrassen, Wege und Stufen spielen eine Schlüsselrolle, da sie sowohl praktische als auch konstruktive Funktionen erfüllen, unterschiedliche Gartenbereiche verbinden und als visuelle Verknüpfung dienen, um ein Gesamtbild zu erzeugen.

In Städten ist oft die gesamte Gartenfläche gepflastert, wodurch Innenhöfe häufig mit Hinterhöfen assoziiert werden, aber sie haben auch ihren Platz in Landhausgärten. Eine gepflasterte Terrasse neben dem Haus ist der ideale Ort, um im Freien zu essen und Gäste zu bewirten, während ein in einem abgelegenen Winkel versteckter Innenhof einen stillen Ort bietet, an den man sich zum ungestörten Lesen oder Tagträumen zurückziehen kann. Innenhöfe oder Terrassen bilden oft einen Übergang zwischen Haus und Garten, indem sie die strengen architektonischen Linien und Baustoffe des Hauses mit den fließenderen Formen und weicheren Strukturen der Pflanzen verbinden.

Beim Bau einer neuen Terrasse kann das Kombinieren von Materialien wie etwa Ziegelsteinen und Gneis in Betracht gezogen werden, um einen Bereich zu schaffen, der sich seiner Umgebung sanft anpaßt und einen weichen Übergang zwischen Haus und Garten bildet. Man sollte bedenken, daß eine Terrasse keine bestimmte geometrische Form haben muß und ein steifes Rechteck inmitten von wuchernden Pflanzen und dem wilden Charme einer ländlichen Umgebung womöglich seltsam aussieht. Unterschiedliche Formen lassen sich mit einer Schnur und Pflöcken abstecken und ausprobieren, wobei sich dabei die Kanten versetzen sowie unregelmäßig oder leicht gerundet anlegen lassen. Um einen sanften Strukturwechsel und eine Kontur zu erzeugen, der mit den angrenzenden Pflanzen oder dem hohen Gras verschmilzt, können außerdem eventuell Natursteine mit Kopfsteinpflaster oder Kiesel bzw. Ziegelsteine mit grobem Kies kombiniert werden.

Eine vorhandene Terrasse läßt sich freundlicher gestalten, indem man in unregelmäßigen Abständen ein paar Pflastersteine entfernt und die darunterliegende Erde vorbereitet, um die Aussparungen direkt zu bepflanzen. Man kann Kräuter und andere wohlriechende Pflanzen über die Kanten des Pflasters hinauswachsen lassen und ihren Standort so wählen, daß man vom Sitzplatz aus in den Genuß ihres Duftes kommt. Auch Pflanzen mit auffallenden Blattstrukturen, wie zum Beispiel der flaumige Frauenmantel *(Alchemilla mollis)*, die filigrane Jungfer im Grünen *(Nigella damascena)* oder das filzige Eselsohr *(Stachys byzantina)*, sind geeignet. Auf einer Terrasse können sie von Nahem bewundert und ihre Blätter zwischen den Fingern gefühlt werden.

Auf unebenem oder morastigem Boden bietet eine erhöhte Holzveranda eine attraktive und praktische Alternative zur traditionellen Ziegel- oder Natursteinterrasse. Veranden sind besonders gut für warme, trockene Gebiete geeignet, obwohl sie auch unter anderen Klimabedingungen eingesetzt werden können, wenn für ihre Konstruktion hochdruckimprägniertes Hartholz verwendet wird. Veranden können naturfarbig belassen oder passend zum Haus gebeizt werden, wobei auch die Möglichkeit besteht, die Bretter in einfachen geometrischen Mustern zu verlegen, um dem Boden eine interessantere Struktur zu geben.

Ein in einem abgelegenen Winkel versteckter Innenhof bietet einen stillen Ort, an den man sich zum ungestörten Lesen oder Tagträumen zurückziehen kann.

Links: Die von der lieblich duftenden Rose 'Albertine' umrankte Holzpergola bietet Schutz vor den Elementen, indem sie die Steinterrasse in ein zusätzliches Zimmer im Freien verwandelt.

Oben: Von einer stabil gebauten Holzveranda im ersten Stock aus kann man aus der Vogelperspektive auf den Garten und die dahinterliegende Landschaft blicken. In dieser Höhe ist die Luft kühler und die Veranda wird so zu einem Zufluchtsort vor der großen Tageshitze.

Ein Weg kann so angelegt werden, daß er die Aufmerksamkeit auf einen herrlichen Ausblick, einen schönen Baum, einen stillen Teich oder eine alleinstehende Bank lenkt.

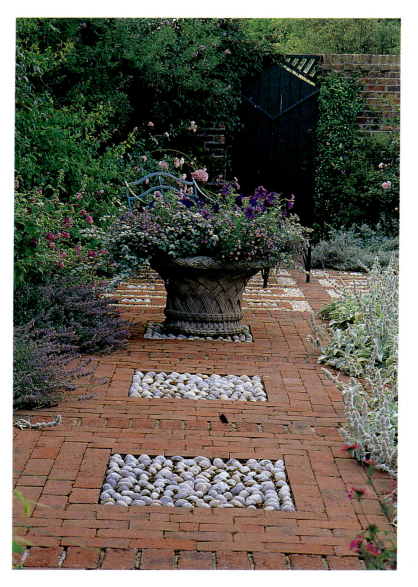

Wege und Stufen

Gibt es etwas Einladenderes, als einen schönen, alten ausgetretenen Weg in den Garten, dessen Kanten von kriechendem Thymian, wucherndem, purpurfarbenem Salbei und buschigem Lavendel überwachsen werden und wo die Bienen summen? Der Verlauf eines Weges schlägt dem Besucher eine Richtung zum Erkunden des Garten vor und kann daher so angelegt werden, daß er die Aufmerksamkeit auf einen herrlichen Ausblick, einen schönen Baum, einen stillen Teich oder eine alleinstehende Bank lenkt. Breite Wege bieten Platz zum Schlendern und um sich zu unterhalten, während schmale, sich windende Wege dazu auffordern, den Garten allein zu erforschen.

Bei der Wahl des Materials für den Weg sollte man bedenken, daß das Wichtigste zum Begehen eine stabile und komfortable Unterlage ist. Ein Weg, der häufig mit einem beladenen Schubkarren befahren wird, muß haltbar sein und benötigt einen festen Unterbau. In traditionellen Landhausgärten bestanden Wege oft einfach nur aus Trampelpfaden, welche jedoch bei feuchtem Wetter leicht rutschig werden. Manchmal wurde auch Asche aufgestreut und zu einer billigen Wegabdeckung festgetreten, aber

auch dies ist für eine strapazierfähige, zufriedenstellende Oberfläche weniger geeignet.

Moderne, einheitliche Baustoffe wie etwa Betonpflastersteine oder Mauerziegel können in einem Landhausgarten unpassend wirken. Eine freundlichere Lösung wäre hier zum Beispiel die Verwendung alter Ziegelsteine, einheimischer Steinplatten, gerundeter Kopfsteine oder loser Materialien wie grober Kies oder Baumrinde. Wie bei anderen Strukturen sollten die Werkstoffe auch hier mit dem Haus und dem Gesamtstil des Gartens harmonieren. In einem von Wald umgebenen Garten bilden zum Beispiel Baumrinde oder Holzschnitzel einen schönen, passenden Weg, der eine lockere Anpflanzung abrundet und unter Bäumen attraktiv aussieht. Verläuft der Pfad zwischen Beeten, wird er am besten mit Kanten aus Holzverschalungen oder gesägten Holzstämmen versehen, damit die Schnitzel nicht in die Beete gestreut werden.

Ziegelsteine sind für Wege und Terrassen sehr vielseitig einsetzbar, da sie aufgrund ihrer Größe und Form in unterschiedlichen Mustern wie zum Beispiel Fischgrätenmuster verlegt werden können. Man sollte vielleicht versuchen herauszufinden, ob es für diese Gegend spezielle traditionelle Muster gibt. Ziegelsteine können in Ländern mit sehr strengen Wintern durch Frost

Links: Zierkiesel geben diesem gepflasterten Bereich eine zusätzliche strukturelle Dimension. Die beiden unterschiedlichen Muster haben das ganze Jahr über ihren Reiz und unterstreichen die Blau- und Grautöne der Pflanzen.

Mitte: Sich durch die Rabatten schlängelnde Wege lassen einen kleinen Garten größer erscheinen. Holzeinfassungen verhindern, daß Erde auf den gekiesten Weg fällt.

Oben: Einfache Graswege, die von üppig blühenden Hortensien gesäumt werden, münden in ein schlichtes Rasenrondell und erzeugen die Atmosphäre eines grünenden Waldes.

34 Harmonische Strukturen

Oben: Unregelmäßige Steinplatten dienen als Übergang vom Rasen zu einem festgetretenen, ebenen Weg und schützen das Gras vor Verschleiß. Die unebenen Steine ergänzen das schlichte Tor und die sich dahinter befindende willkürliche Anpflanzung von Blumen.

Rechts: Direkt auf die Erde verlegte Ziegelsteine ohne Einfassung unterteilen diesen Gemüsegarten säuberlich in Beete und ermöglichen den einfachen Zugang zu den Pflanzen, während die lockere Atmosphäre erhalten bleibt.

beschädigt werden, es gibt jedoch auch haltbarere Wegabdeckungen. Für eine formellere Atmosphäre ist ein Pflaster aus heimischen Steinen sehr attraktiv und verwittert im Laufe der Zeit schön. Dies ist normalerweise teuer, kann aber auch durch rekonstruierte Steinfließen von guter Qualität ersetzt werden. In manchen Gegenden sind Granitpflastersteine erhältlich, welche eine rauhere Oberfläche als Steinplatten ergeben, jedoch äußerst strapazierfähig sind und sich mit ihrer groben Struktur gut für einen Landhausgarten eignen.

In Küstengärten passen Schotter- und Kieswege sehr gut zur Atmosphäre und ermöglichen das Wachsen von Pflanzen zwischen den Steinen, wodurch die Grenze zwischen Weg oder Sitzplatz und Rabatte fließender wird. Wie andere lose Materialien sollten auch Kieswege durch Holzverschalungen oder -blöcke eingefaßt werden, damit die Steine nicht in die Beete und Rabatten gelangen. Kies ist in verschiedenen Farben, angefangen von Weiß und Grau über Lederfarbig und Braun bis hin zu Schwarz, erhältlich und kann so den unterschiedlichen Stilen und dem Hintergrund angepaßt werden. Er erzeugt beim Begehen ein Geräusch, was von Vorteil sein kann, wenn man auf das Kommen eines Besuchers hingewiesen werden möchte.

Wege und Stufen 37

Links außen: Ausgetretene Natursteinstufen leuchten in der Abendsonne und verleihen dem Garten eine formelle Atmosphäre. Dadurch, daß die Treppen durch den Rasen getrennt sind, entsteht ein auffallender, farblicher und struktureller Kontrast.

Links: Ein leicht abfallender Weg wurde durch mit Kies hinterfütterte Schwellen gegen alle Witterungseinflüsse gesichert. Die unterschiedlichen Strukturen von Holz und Stein bilden einen Ausgleich zum Lavendel und sind gleichzeitig selbst attraktiv.

Unten: Sanfte Wälle aus sonnengebleichtem Federborstengras (Pennisetum), die auf beiden Seiten einer kurzen Treppe wachsen, lassen ihre harten Kanten weicher und dadurch weniger symmetrisch erscheinen. Die kleinen Ziegelsteine werden durch Kanten aus Steinplatten gefestigt.

Unterschiedliche Ebenen können einen Garten interessanter und lebhafter gestalten. Während der Besucher eine Treppe hinaufgeht, zeigt sich ihm ein neuer Ausblick oder es offenbart sich ein unerwarteter Winkel. Die Konstruktion und die Materialien von Stufen tragen zur Gesamtatmosphäre bei. Eine schmale Treppe, die sich an einem Hang hinauf aus dem Blickfeld windet, läßt einen geheimen Ort, vielleicht eine Lichtung, vermuten. Breite Stufen wirken offen und einladend und bilden einen deutlicheren Übergang in einen anderen Bereich des Gartens. Harte Materialien wie etwa Steinplatten oder Pflastersteine sind am haltbarsten. Wenn möglich, sollte man alte, abgenutzte Steine verwenden, da ihre unebene Oberfläche dem Garten einen abgeklärten, verwitterten Eindruck verleiht. In einen Waldgarten passen besser mit Erde hinterfüllte Holzstufen aus schweren Eisenbahnschwellen oder verwitterten Holzblöcken.

Stufen bieten reichlich Ritzen und Spalten für kleine Pflanzen, die dabei helfen, die harte Struktur der Stufen in die Umgebung zu integrieren. Man sollte niederwüchsige Pflanzen verwenden, die beim Gehen nicht behindern, wie zum Beispiel kleine Farne, Steinbrech- und Hauswurz-Arten sowie kriechenden Thymian und kleine Flächen aus weißem und rosa Berufkraut *(Erigeron karvinskianus)*.

Gartengebäude

In vielen Landhausgärten steht ein altes Gebäude, das an eine frühere Funktion oder Mode erinnert, wie etwa ein verfallender, gemauerter Schweinestall oder ein alter Kuhstall, ein Waschhaus, ein verwitterter, hölzerner Geräteschuppen, ein einfacher Abort oder etwas Dekoratives, wie zum Beispiel ein Gartenhaus oder ein Häuschen mit schönem Ausblick. Manche Leute möchten solche Gebäude vielleicht am liebsten abreißen, besonders wenn sie sehr vernachlässigt und baufällig aussehen, sie verleihen einem Garten jedoch Charakter und ein Gefühl für die Geschichte und sind zudem auch praktisch.

Bis in das 20. Jahrhundert hinein hielten viele Landbewohner auf ihrem kleinen Stück Grund ein Schwein oder eine Kuh, so daß in einigen Gärten stets noch ein kleiner Stall für diese Tiere steht. Überläßt man solche Ställe der Natur, so können sie im Laufe der Zeit zu sehr reizvollen Gebäuden verwittern, deren moosbedeckte Dachziegel und efeuumrankte Mauern ihren rein praktischen Zweck überspielen. Obwohl sie vielleicht nicht zum Bewohnen geeignet sind, da zum Beispiel Schweineställe normalerweise gedrungen und mit einem niedrigen Eingang gebaut wurden, können sie doch gut als Aufbewahrungsort für Werkzeuge oder Brennstoff verwendet werden, oder sogar als sicherer Platz, um Hühner und Enten nachts einzusperren (siehe auch »Nutztieren halten«, Seite 98–101)

Das schlichte Äußere und düstere Innere eines alten Geräteschuppens, der noch immer ordentlich aufgetürmt, alte Tontöpfe beherbergt und in dem es nach Topferde riecht, verleiht ihm eine zeitlose Natur und Einfachheit. Schuppen haben viele Funktionen. Man kann in ihnen zum Beispiel Gartengeräte aufbewahren, wobei Hakenreihen zum Halten der alten, aber vielgeliebten Werkzeuge dienen. Sie sind vielleicht auch mit einem stabilen Arbeitstisch ausgestattet und damit zum Eintopfen geeignet oder aber als trockenes Holz- oder Kohlenlager verwendbar. Hat der Schuppen ein Fenster, kann er sogar als kleines Büro oder Arbeitszimmer dienen. Selbst bei einem stark vernachlässigten Schuppen kann es sich lohnen, ihn wieder herzurichten, vorausgesetzt, er hat eine angemessene Größe und eine solide Grundkonstruktion. Alle Ausbesserungsarbeiten sollten dem originalen Baustil und den ursprünglichen Werkstoffen angepaßt werden, um den Charakter des Gebäudes zu erhalten.

Kohlen- und Holzschuppen wurden oft stabil und ziemlich groß gebaut, um darin den Brennstoff für den ganzen Winter aufzubewahren. Bei Häusern, die noch immer einen offenen Kamin oder einen Holzofen haben, wird ein trockener Lagerplatz geschätzt, wodurch ein solches Gebäude auch für seinen ursprünglichen Zweck verwendet werden kann. Brennstofflager haben oft keine Fenster und eignen sich daher weniger für andere Zwecke, obgleich auch Fenster eingebaut werden könnten, wenn sie zum Stil des Gebäudes passen.

Vor dem Aufkommen sanitärer Installationen hatten alte Häuser für gewöhnlich einen Abort im Garten. Bei armen Leuten war dieser normalerweise aus Holz, während wohlhabendere Leute oft größere, gemauerte Toiletten mit Trennmauern aus Ziegel besaßen. Diese können oft sehr gut zu Lagerräumen umgewandelt werden.

Moosbedeckte Dachziegel und efeuumrankte Mauern überspielen den rein praktischen Zweck von alten Schweine- oder Kuhställen oder Aborten.

Links: Ein schlichter Holzschuppen mit Fensterläden ist im Laufe der Jahre zu einem Bestandteil dieses Gartens geworden, in dem Büsche von Hortensien, gefiederte Astilben, Funkien *(Hosta)*, Rosen und Margeriten üppig gedeihen.

Oben: Efeu, Klebsamen *(Pittosporum)* und Ziergras haben diesen Schweinestall für sich in Anspruch genommen und eingehüllt, so daß es beinahe den Anschein hat, daß er zusammen mit den Pflanzen hier gewachsen ist.

Gartengebäude 41

Als Alternative dazu kann ein Abort, wenn er groß genug ist, auch als Spielhütte für Kinder einem neuen Zweck dienen, indem man ihn mit einer Stalltür versieht, so daß der obere Teil für Licht und zur Durchlüftung offen gelassen werden kann.

Funktionelle Gebäude können als Bestandteile des Gartens attraktiver gestaltet und in das Gesamtbild integriert werden, wenn man Pflanzen um sie herum oder an ihnen empor ranken läßt. Große, wildwachsende Pflanzen wie etwa leuchtende Sonnenblumen und filzblättrige Königskerzen (Verbascum) sehen in einer solchen Szene besonders gut aus, während man Kletterpflanzen wie zum Beispiel Efeu, wuchernde Rosen, Waldreben (Clematis) und Prunkwinden (Ipomea) so an dem Gebäude hinaufranken lassen kann, daß es aussieht, als ob es selbst zusammen mit den Pflanzen aus dem Boden gewachsen wäre. Zu manchen Gebäuden paßt am besten naturfarbiges oder gebeiztes (mit einem Holzschutzmittel behandeltes) Holz, während andere mit einem Farbanstrich am schönsten aussehen. Sie können vielleicht passend zum Garten in einem gedämpften Blaugrau oder Dunkelgrün gestrichen sein oder in reinem Weiß mit in frischem Grün, sanftem Blau oder deutlich abgrenzendem Schwarz hervorgehobenen Fenstern und Türen.

Links: Handgefertigte Tontöpfe sind viel attraktiver als massenproduzierte Kunststofftöpfe. Diese hier wurden alle sauber gewaschen und können in den kommenden Monaten wieder zur Vermehrung verwendet werden.

Oben: Diese einfache Holzhütte ist ein trockener und praktischer Ort zum Aufbewahren vor Gartengeräten. Der Anbau spendet im Sommer Schatten und schützt im Winter das Brennholz.

42 Harmonische Strukturen

Unten: Dieses runde, rustikale Haus, das mitten in New Forest, England, steht, bietet unter seinem gemütlich aussehenden Strohdach Schutz vor den Elementen. Die geflochtenen Hürden und schlichten Pfähle harmonieren mit der bewaldeten Umgebung.

Mitte: Ein Abort wurde sorgfältig in ein Gartenhaus umgewandelt. Inmitten von Stockmalven *(Althaea)*, Fingerhut, Katzenminze und Glockenblumen bietet es einen stillen Ort zum Lesen oder Nachdenken.

Rechts: Ein teilweise von Zweigen verdecktes Baumhaus ist vom Boden aus betrachtet genauso aufregend, wie wenn man wie ein Vogel darin sitzt und seine Anwesen überblickt. Dieses Baumhaus wurde fast gänzlich von Efeu überwachsen, wodurch es beinahe lebendig aussieht.

Obwohl viele Landhausgärten in der Vergangenheit vor allem praktischen Zwecken dienten, enthielten sie doch auch dekorativere Gebäude. Launenhafte, sinnlose Prachtbauten und aufwendige Gebäude mit schönen Ausblicken waren meistens prächtigen Landsitzen vorbehalten, während sich einfachere Konstruktionen wie etwa Sommerhäuser zu manchen Zeiten großer Beliebtheit erfreuten. Im 17. Jahrhundert herrschten unter den wohlhabenderen Mitgliedern der Gesellschaft idealisierte Vorstellungen vom idyllischen Landleben, wodurch in prächtigen Gärten »rustikale« Gebäude aus unbearbeitetem Holz in Mode kamen.

Ende des 19. Jahrhunderts kehrte diese Mode zurück. Ein Gartenhaus wurde im Viktorianischen England als zwingender Bestandteil eines jeden mittelständischen Gartens betrachtet. Es wurden alle nur erdenklichen fantastischen und exotischen Stile, vom orientalischen Teehaus bis zum alpinen Chalet, entworfen und konstruiert. Manche waren so anspruchsvoll, daß sie sogar auf einer Art Drehscheibe errichtet wurden, auf der sich das

Ein einfaches Gartenhaus mit einem stabilen Schindel- oder Ziegeldach paßt gut zur unbeschwerten Schlichtheit des Landhausgartens.

Gartenhaus drehen und somit die Besucher verschiedene Ausblicke genießen konnten. Am beliebtesten waren die Konstruktionen aus schlichten Materialien wie etwa rohen, unbearbeiteten Ästen und dünnen, meist ungeschälten Holzstämmen. Das Dach wurde zum Beispiel mit Stroh, Adlerfarn *(Pteridium)* oder Heidekraut gedeckt, während die »Fenster« meist unverglast blieben und einfach den Elementen geöffnet waren.

Heutzutage würde sich wohl kaum mehr jemand diese Mühe machen, und sehr aufwendige Konstruktionen könnten gegenüber der unbeschwerten Schlichtheit eines Landhausgartens womöglich auch etwas merkwürdig aussehen. Passender ist hier ein einfaches Gartenhaus mit Fenstern auf zwei Seiten für den Ausblick auf den Garten und einem stabilen Schindel- oder Ziegeldach zum Schutz vor den Elementen. In einem naturbelassenen Blumen- oder Obstgarten harmoniert eine Konstruktion aus schlichten Pfählen gut mit dem von wilden Blumen und Zwiebelgewächsen durchwachsenen Gras und der rauhen Struktur alter, knorriger Obstbäume.

GELUNGENE PFLANZUNGEN

Wenn bestimmte Pflanzen wie etwa Fingerhut, Mohn, Pfingstrosen, Duftwicken, Goldlack, Rosen und Geißblatt erwähnt werden, hat man sofort das Bild eines Landhausgartens vor Augen. Für den gestreßten Stadtbewohner ist die Liste der Namen wie wohltuende Poesie. Viele dieser Pflanzen besitzen sanften Charme und natürliche Anmut und sind keineswegs auffällige Arten, die im Rampenlicht stehen wollen. Sie sind so vertraut, wohltuend und zuverlässig wie alte Freunde. Man denke nur an Sonnenröschen *(Helianthemum)*, die in einen Pflasterweg hineinwachsen, an silbrig schimmernden, duftenden Lavendel, der von Bienen umschwärmt wird, oder an dicht von glänzendem Efeu oder blaßrosafarbener *Clematis* zugewachsene Mauern. Es können oft einheimische Pflanzen sein, die auch außerhalb der Gartenmauern in der Natur vorkommen und das Gefühl vermitteln, daß der Garten Teil der Landschaft ist. Pflanzen sind die Seele des Gartens, sie bestimmen seinen Stil und seine Atmosphäre und bringen uns immer wieder freudige Überraschungen.

Links: Rosenblüten, zwischen denen Gruppen von Glockenblumen *(Campanula lactiflora)* und purpurrote Leinkrautähren *(Linaria purpurea)* wogen, zeigen einen Ausschnitt aus einem Landhausgarten, in dem sich die Pflanzen frei entfalten und ihre idealen Nachbarn wählen dürfen.

Oben: Mit dem etwas anderen Farbton ihrer Blüten ergänzt die lieblich duftende Rose 'Felicia' den majestätischen Roten Fingerhut *(Digitalis purpurea)*. Im Schatten eines Waldes erscheinen die Farben tiefer und kräftiger.

Unten: Die Üppigkeit dieser Pflanzung vermittelt ein Gefühl von Wohlbehagen und Überfluß. Katzenminze *(Nepeta)* und Storchschnabel-Arten sind miteinander verwoben, während weiße Iris und Goldgarbe *(Achillea)* das Bild beleben.

Mitte: In breiten Blumenbeeten wachsen Pflanzen zu schönen großen Gruppen zusammen und sorgen so für ein wirkungsvolles Bild. Die blaue Kugeldistel *(Echinops)* und die Blütenstände der Goldgarbe können den Winter über stehengelassen werden und als reizvoller Anblick dienen.

Rechts: Ein von Rosen und Geißblatt umrankter Bogen und kegelförmig geschnittene Buchsbäume sind mittelalterliche Elemente, die noch stets in Landhausgärten vorhanden sind und einem Gemüse- und Blumengarten Duft und Struktur verleihen.

Einen ländlichen Stil schaffen

Der Charme eines Landhausgartens liegt in seiner zwanglosen Art, einem Gefühl üppiger Fülle, fließender Formen und ungekünstelter Pracht. Kleine Landhausgärten hatten früher keine Rasenflächen, da jeder Zentimeter zum Kultivieren von wertvollem Gemüse, Kräutern und Blumen benötigt wurde. Die Rabatten waren breit, und da dem Gärtner auf dem Land die Produktivität wichtiger war als das Design, ordnete er Gemüse in leicht zugänglichen Reihen an, während Blumen und Kräuter anscheinend wahllos zusammengepflanzt wurden und sich selbst aussäen durften. Für viele Menschen ist dieser Effekt eines dichten Pflanzenteppichs der Inbegriff des ländlichen Rabattenstils, und selbst die perfektesten Gärtner geben zu, daß der glückliche Zufall genauso erfolgreich wie das sorgfältig geplante Sche-

ma sein kann. Es ist jedoch oft eine große Kunst, solch ein lockeres, natürlich und spontan wirkendes Bild zu erzeugen, und es bedarf sorgfältiger Planung, einem Gefühl für zusammenpassende Stile und richtiger Pflege, wenn aus einem bezaubernden Anblick kein formloses Durcheinander werden soll.

Man sollte sich von den natürlichen Merkmalen und Charakteristiken des Standorts und der Gegend inspirieren lassen und beobachten, welche Pflanzen in der Umgebung vorkommen und wie sie sich in der - Natur zusammenfügen. Ein nahegelegenes Waldstück liefert vielleicht die Idee für ein kleines Wäldchen aus Laubbäumen, unter denen Farne, Glockenblumen und Buschwindröschen gedeihen. Eine sich in der Nähe befindende Feuchtwiese oder ein natürlicher Weiher könnte für ein feuchtes Gartenstück oder den Rand eines Teichs Beispiele zum Verwenden von Sumpf- und Uferpflanzen oder feuchtigkeitsliebenden Bäumen geben.

Selbst perfekte Gärtner geben zu, daß der glückliche Zufall genauso erfolgreich sein kann wie das sorgfältig geplante Schema.

48 Gelungene Pflanzungen

Um einen natürlichen und harmonischen Garten zu schaffen, sollte man Pflanzen wählen, die unter den gegebenen Bedingungen gedeihen, anstatt der Natur den Kampf anzusagen.

Die Natur verstehen

Die Grundlage für das erfolgreiche Kultivieren von Pflanzen beruht auf dem Verständnis der Klima-, Boden- und Wachstumsbedingungen der Gegend im allgemeinen und des Gartens im besonderen. Ländliche Gärten müssen normalerweise extremeren Witterungsbedingungen standhalten als Stadtgärten, die meistens durch dichtstehende Gebäude vor starkem Frost oder Wind gut geschützt sind. Auf dem freien Land können Gärten großen Temperaturschwankungen und starkem Wind ausgesetzt sein, der besonders in Küstenregionen Pflanzen ausdörrt und sie vertrocknen läßt. Frost kann besonders jungen, zarten Trieben und Jungpflanzen Schaden zufügen. Die Bodenbeschaffenheit innerhalb eines Gartens variiert mitunter von durchlässigem Kalkboden bis hin zu schwerem Lehm. Vor der Auswahl der Pflanzen ist es ratsam, sich zuerst ein genaues Bild aller Standortbedingungen, einschließlich Bodentyp, pH-Wert, Lage, Höchst- und Tiefsttemperaturen sowie besonders frostgefährdeter Stellen, zu machen.

Die meisten Gärtner übernehmen einen Garten mit einigen seit langem eingewachsenen Pflanzen, die gute Indikatoren für die Wachstumsbedingungen sind. Aromatische Pflanzen lieben normalerweise durchlässige, trockene, sonnige Plätze, an denen ihre Wurzeln nicht zu naß werden, während Funkien *(Hosta)*, Astilben, Lungenkraut *(Pulmonaria)* und Phlox kühlere, schattige und feuchte Standorte vorziehen. In benachbarten Feldern und Wäldern wachsende Wildblumen geben zum einen Pflanzideen und signalisieren zum anderen, daß auch Zuchtformen von nah verwandten Arten oder solchen derselben Pflanzenfamilie im Garten möglicherweise gut gedeihen. Indem man Pflanzen wählt, die unter den gegebenen Bedingungen wachsen, anstatt der Natur den Kampf anzusagen und zu versuchen, diese Bedingungen zu ändern, wird der Pflegebedarf minimiert, und der Garten wirkt natürlich und harmonisch.

Die Natur verstehen 49

Links: Goldene Sonnenblumen *(Helianthus)*, die in Nordamerika in freier Natur üppig blühen, zeigen den starken Effekt einer Gruppenpflanzung. Die damit verwandte herkömmliche Sonnenblume *(Helianthus annuus)* sowie der Topinambur *(Helianthus tuberosus)* wurden von Indianern als Nahrungsquellen geschätzt.

Oben: Zarte Mohnblumen haben sich auf dem trockenen, unbewachsenen Stück zwischen den Bäumen dieses Wäldchens selbst ausgesät. Sie sehen am schönsten an solchen offenen, sonnigen Stellen aus, wo ihre Rot- und Rosatöne durch den kühlen Schatten der Bäume noch stärker hervorgehoben werden.

50 *Gelungene Pflanzungen*

Unten: Die Anordnung dieses von Hecken und hohen Bäumen umgebenen Gartens wurde durch den mittig verlaufenden Weg einfach gehalten. Die hineinwachsenden Pflanzen lockern das Bild auf, und ein am Ende des Weges aufgestelltes, glasiertes Gefäß dient als Blickfang.

Die Grundstruktur festlegen

In einem locker angelegten oder wildwüchsig wirkenden Garten ist eine gut durchdachte Grundstruktur besonders wichtig, um einer zwanglosen und üppigen Bepflanzung Form und Struktur zu verleihen. Diese Grundstruktur wird zum Teil durch den Grundriß und die Gebäude, aber auch durch Strukturpflanzen, insbesondere Bäume und Sträucher, bestimmt. Sie bilden die Grundlage des Gartens, die ihn das ganze Jahr über interessant machen und auch dann eine zufriedenstellende Zusammenstellung der Formen bildet, wenn die meisten anderen Pflanzen nur wenig zu bieten haben. Sobald sie sich in einem Garten eingegliedert haben, verleihen sie ihm Bedeutung und Würde. Bei Bäumen kommt zu ihren schmückenden Qualitäten wie Blüten, Blättern, Formen und dekorativer Rinde noch ein großes Potential weiterer Gestaltungselemte hinzu. Sie können einen Ausblick einrahmen, eine Auffahrt säumen, als lebender Baldachin über einer Holzbank Schatten spenden, einen geheimen Winkel im Garten teilweise ver-

Die Grundstruktur festlegen 51

bergen oder sich über eine Wasserfläche neigen und so faszinierende Reflektionen erzeugen.

Die Vorzüge eines Baumes oder Strauches beeinflussen die Wahl des idealen Standorts. Die Pyramidenform der dunklen Stechpalme *(Ilex)* ist, gegen den Himmel oder die gedämpften Grautöne einer Steinmauer betrachtet, von großartiger Wirkung, während die geisterhafte Rinde einer Birke *(Betula)* oder das graugrüne Laub einer Weide *(Salix)* oder Birne *(Pyrus salicifolia)* durch den dunklen Hintergrund einer Eibenhecke oder einer dichten Waldfläche stärker hervorgehoben wird. Für eine dynamische und zugleich ausgewogene Gestaltung sollte man unterschiedliche Sträucher, aber auch Pflanzen ähnlicher Form mit einbeziehen, um ein visuelles Echo zu erzeugen und das Auge von Punkt zu Punkt durch den Garten zu führen. Strukturpflanzen können auf die gleiche Weise eingesetzt werden. Die silbrigen Blütenstände der Königskerze *(Verbascum)* und die hochragenden Blütenköpfe von Kugeldisteln *(Echinops)* betonen die Senkrechte, während viele Gräser dichte Büschel mit peitschenartigen Blättern und auffälligen, duftigen Blüten bilden, die in der Sonne leuchten und im Wind wogen.

Oben: Eine alte Hecke dient als bleibender Hintergrund für die verschiedenen Stauden, die die Grundlage des Gartens bilden. Prächtiger Schlafmohn *(Papaver somniferum)* mit pfingstrosenartigen Blüten und die feinen Spitzen des Leinkrauts *(Linaria)* heben sich vom gedämpften Hintergrund ab.

Oben rechts: Die Königskerze ist seit langem in Landhausgärten sehr beliebt. Ihre architektonisch wirkende Form verleiht einer Rabatte Höhe, während die flaumigen, grauen Blätter auf dem Kiesweg attraktiv aussehen. Sie blüht lange und gedeiht auch unter trockensten Bedingungen.

52 *Gelungene Pflanzungen*

Oben: Vergißmeinnicht *(Myosotis)* und Apfelblüten künden die längeren, wärmeren Tage des Frühlings an. Himmelblaue Vergißmeinnicht sind im Spätfrühling, nachdem die Narzissen verblüht sind und bevor mehrjährige Pflanzen ihre volle Größe erreicht haben, wertvolle Lückenfüller.

Rechts: Viele Mohnarten, wie zum Beispiel dieser Schlafmohn *(Papaver somniferum),* entwickeln nach der Blüte attraktive Samenköpfe, die bis lange in den Winter hinein ihren Reiz haben, besonders wenn sie mit Rauhreif bedeckt sind. Das gleiche gilt für die Blütenstände der Edeldistel *(Eryngium),* die mit zunehmendem Alter zu einem eleganten, grauvioletten Farbton verblassen.

Ein Garten für jede Jahreszeit

Auch wenn man an milden Frühlings- und warmen Sommertagen am meisten Zeit im Garten verbringt, sollte er doch, wenn er vom Haus aus zu sehen ist, das ganze Jahr über das Auge erfreuen. Das Einbeziehen von Pflanzen mit auffälligen Formen oder immergrünem Laub ermöglicht eine Zusammenstellung, die Monat für Monat Freude bereitet. Man sollte dabei jedoch nicht zu viele steif und fremdartig anmutende Gewächse wie Koniferen, verwenden, die sich im Laufe des Jahres kaum zu verändern scheinen, da dies zu starr wirken kann. Ein Garten wird durch Pflanzen lebendig, die sich mit den Jahreszeiten verändern. Wenn der Garten klein ist, dann erweist es sich als besonders wichtig, daß man jedes Fleckchen Erde richtig nutzt, anstatt eine zwar überwältigende, aber kurzlebige Schau zu pflanzen, die während des größten Teils des Jahres nichts zu bieten hat. Zwischen Sträucher und Stauden kann man einjährige Blumen säen oder Zwiebeln stecken. Kleinblättrige Zwiebelgewächse, wie etwa Reifrocknarzissen *(Narcissus bulbocodium)* und Krokusse, können zum Beispiel um Veilchen oder Chrysanthemen herum gesetzt werden, so daß die leuchtenden Blüten der Zwiebelgewächse die grauen Tage des Frühlings aufhellen, bevor ihre Nachbarn zu sprießen beginnen.

Ganz allgemein sind Pflanzen mit attraktivem Laub meist länger interessant als solche, die nur wegen ihrer Blütenpracht gezogen werden. Ein schattiges Fleckchen ist der ideale Platz für viele Farne, wie zum Beispiel den großen, eindrucksvollen Königsfarn *(Osmunda regalis)* oder die immergrüne Hirschzunge *(Phyllitis scolopendrium* 'Marginatum') mit ihren

Ein Garten für jede Jahreszeit 53

Ein Garten für jede Jahreszeit 55

langen, schlanken Wedeln, deren Kanten gekräuselt und gezähnt sind. Rosen sind überwiegend wegen ihrer schönen Blüten beliebt, man sollte jedoch auch nach solchen mit attraktivem Laub Ausschau halten, wie etwa der Hechtrose *(Rosa glauca)* mit ihren violettgrünen Blättern. Einige Rosen erfreuen im Spätherbst mit ihren dekorativen Hagebutten, wie zum Beispiel *R. moyesii*, die dann mit leuchtend scharlachroten Früchten übersät ist, oder 'Frau Dagmar Hastrup' mit ihren runden, fast tomatenförmigen Hagebutten. Felsenbirnen *(Amelanchier)* sind Bäume oder Sträucher von unschätzbarem Wert. Sie werden nie zu Riesen und bieten das ganze Jahr über eine sich ändernde Farbpalette. Anfang Frühling sehen die Zweige aus, als ob sie mit Schnee überzuckert wurden. Im Hochsommer entwickeln sich scharlachrote Beeren in kleinen Dolden, und im Herbst sind die Blätter eine Augenweide, wenn sie sich zu einem wunderschön warmen Karminrot mit leichtem Goldstich verfärben.

Viele Pflanzen bilden attraktive Samenstände, die noch lange, nachdem die Blüten verwelkt sind, schön aussehen, ganz besonders bei Rauhreif. Die kugelrunden Köpfe der Zierlauch-Arten setzen in einer Rabatte aus niederwüchsigen Pflanzen vertikale Akzente.

Dekorative Gräser sehen oft über einen langen Zeitraum hinweg schön aus. Es gibt goldfarbene, gestreifte, blaugraue und rötlichbraune Formen, unter den grasähnlichen Pflanzen sogar eine fast schwarze Art, nämlich den Schlangenbart *(Ophiopogon planiscapus* 'Nigrescens'), der bei uns allerdings meist nicht winterhart ist. Manche Gräser haben lang haltende

Links: Hinten in einer Rabatte wachsende Sträucher dienen zum Schutz der mehrjährigen und einjährigen Pflanzen vor heftigem Wind und starker Sonneneinstrahlung, so daß diese länger blühen. Dies wird auch durch das Abschneiden verwelkter Blüten unterstützt.

Oben rechts: Widerstandsfähige Kartoffelrosen *(Rosa rugosa)* bilden eine wirkungsvolle Hecke für einen Garten, da sie mehrmals blühen und anschließend wunderschöne Trauben aus großen Hagebutten bilden.
Die Farbe der Rosen wiederholt sich in den Blüten der Bartnelken *(Dianthus barbatus)*.

Rechts: Schnellwachsende Kokardenblumen *(Gaillardia aristata)*, die zu den am längsten blühenden, mehrjährigen Pflanzen gehören, leuchten im Abendlicht. Sie tolerieren ebenso schlechte Wachstumsbedingungen wie die daneben wachsende Salbeiart *Salvia microphylla*.

56 *Gelungene Pflanzungen*

Blütenähren, wie etwa das Pfriemengras *(Stipa gigantea)* mit seinen duftigen, goldfarbenen Rispen, die mannshoch werden können, oder das flaumige Hasenschwanzgras *(Lagurus ovatus)*.

Der Winter mag vielleicht nicht gerade die bunteste Zeit im Garten sein, aber immergrüne Sträucher verleihen dem Grundstück auch an den düstersten Wintertagen ein grünes Kleid. Der Kreuzdorn *(Rhamnus alaternus* 'Argenteovariegata') hat kleine, bunte Blätter, die selbst den kahlsten trockenen Winkel an einem Haus freundlicher gestalten. Auch im Winter muß man im Garten nicht auf Blumen verzichten. *Prunus × subhirtella* 'Autumnalis' trägt vom Herbst bis zum Frühlingsanfang lieblich rosafarbene, flaumige Blüten, während manche Schneeball-Arten (wie etwa *Viburnum farreri* oder *V. × bodnantense)* im Winter blühen und dabei intensiv duften. In der Nähe des Hauses angepflanzt, sind sie eine aufmunternde Erinnerung daran, daß nicht der ganze Garten Winterschlaf hält. Man kann auch Bäume und Sträucher mit farbenprächtigen Stämmen oder gemusterter Rinde pflanzen, um intensive Farbtupfer einzubringen, wenn nur wenige Blumen blühen. Eine Gruppe von Zierkirschen *(Prunus*

Immergrüne Sträucher verleihen dem Garten auch an den längsten Wintertagen ein grünes Kleid.

Links: In diesem naturbelassenen Garten darf die Waldrebe *(Clematis vitalba)* ruhig an Büschen emporranken. Die flaumigen Samenköpfe heitern den Garten an dunklen Wintertagen auf bezaubernde Weise auf und dienen Vögeln als wertvolle Futterquelle.

Ein Garten für jede Jahreszeit 57

Links: Rauhreif verwandelt einen Garten in eine märchenhafte Landschaft, indem er jeden Stamm und jedes Blatt mit einem funkelnden Mantel aus Eis bedeckt, das im Licht der niedrig stehenden Sonne glänzt. Um solch eine Szene zu erhalten, werden die mehrjährigen Pflanzen anstatt im Herbst erst im Frühjahr zurückgeschnitten.

Unten: Die ersten und letzten Fröste des Jahres zeichnen dramatische Konturen auf die Blätter einer Passionsblume *(Passiflora caerulea)* und der *Clematis* 'Ascotiensis'.

serrula) belebt mit ihren granatroten, seidigglänzenden Rinden naturbelassene Bereiche in jedem Garten. Ein kleines Dickicht aus rotstämmigem Hartriegel *(Cornus alba* 'Sibirica') oder der interessanten lindgrünen Sorte 'Flaviramea' von *C. stolonifera* bildet besonders vor dem Hintergrund einer dunklen Mauer ein auffallendes Wintermerkmal. Ist Platz vorhanden, könnte man auch Birken, wie zum Beispiel *Betula jacquemontii* mit ihrer strahlend weißen Rinde sowie den auffällig weiß und grün gestreiften Streifenahorn *(Acer pensylvanicum)* oder, in frostfreien Zonen, *Eucalyptus* pflanzen, von denen manche Sorten eine außergewöhnlich gemusterte, strukturierte oder abblätternde Rinde haben.

Oben: Der formale Charakter von Formbäumen und die strengen Linien geschnittener Buchshecken wurden durch daneben gesetzte, locker oder frei wachsende Pflanzen weicher gestaltet. Blumen wie etwa Akelei (*Aquilegia*), Jungfer im Grünen *(Nigella damascena)* und Rittersporn wachsen hier wild durcheinander.

Rechts: Großzügige Wogen von Buchs, die zu sanften Hügeln beschnitten wurden, umgeben Laubbäume und formen ein solch eindrucksvolles Bild, daß man kaum bemerkt, daß es Winter ist. Größere, strenger geformte Kegel heben den Blick und stehen in schönem Kontrast zu den warmen Tönen der Buchenhecke.

Die Kunst des Formschnitts

Schon im ersten Jahrhundert schmückten die Römer ihre Gärten mit in komplizierten Formen kunstvoll beschnittenen und erzogenen Pflanzen. Aus Echter Zypresse (*Cupressus sempervirens*) wurden Tiere, Menschen und sogar Schiffe geformt. Der Formschnitt bringt lebende Skulpturen in den Garten. Formbäume, für die normalerweise immergrüne Pflanzen wie zum Beispiel Eibe (*Taxus baccata*) oder Buchs (*Buxus sempervirens*) verwendet werden, sehen das ganze Jahr über und sogar unter einer Schneedecke attraktiv aus und verbinden formale Strenge mit Humor, so daß es nicht verwunderlich ist, daß sie nie richtig aus der Mode gekommen sind. Im 15. Jahrhundert erlebten sie während der Renaissance in Italien eine Wiederbelebung und verbreiteten sich von Florenz aus in ganz Europa, wobei jede Nation entsprechend ihrer Geschmäcker bestimmte Stilformen annahm. Übersiedler brachten die Kunst auch nach Nordamerika. Im 17. Jahrhundert wurde in Nordeuropa immer mehr die Eibe vorgezogen, da sie den harten Wintern besser gewachsen war als Zypressen oder andere der empfindlicheren Gehölze.

Formbäume waren zwar ursprünglich ein Merkmal prächtiger Gartenanlagen und Parks, aber sie lebten, nachdem sie im frühen 19. Jahrhundert in vornehmen Kreisen nicht mehr beliebt waren und als »altmodisch« galten, in einfachen Gärten kleiner Häuser weiter, wo sich die Leute weniger um die Mode kümmerten. Heute gehören zum Beispiel zu Kugeln oder Pfauen beschnittene Bäume ebenso zu einem kleinen Garten am Haus eines Handwerkers wie zu einem großen Landsitz. Üppig mit Rittersporn, Stockmalven *(Althaea)*, Mohn und Rosen bewachsene Rabatten bilden einen aufregenden Kontrast zu dunklen, dicht verwachsenen Eiben und der Exaktheit beschnittener, klarer Formen.

Ob der Formbaum nun eine aufwendige Figur wie etwa ein Tier oder eine so einfache Form wie einen Kegel oder eine Spirale darstellt, er fällt sofort ins Auge und wird zur Attraktion des Gartens. Eine einfache Anpflanzung, zum Beispiel mit Gartennelken oder einfachen roten Tulpen, wird zu einem besonderen Blickfang, wenn die Blumen um einen einstämmigen, zu einer sauberen Kugel beschnittenen Baum wachsen. Die Kontraste zwischen Höhe, Form, Farbe und Struktur heben die Vorzüge jeder Pflanze hervor. Ein atemberaubender Ausblick aus dem Garten oder ein besonderer Blickfang kann durch ein Fenster, das in eine einsäumende Hecke geschnitten ist, eingerahmt werden. Dies ist ein gutes Mittel, das Auge auf eine Aussicht zu konzentrieren, die, als Ganzes gesehen, ihre Wirkung verlieren würde. Eine Hecke, deren oberer Teil zu kunstvollen Formen beschnitten ist, kann auch zum Verdecken eines unansehnlichen Ausblicks verwendet werden.

Der Formschnitt gibt zum einen dem Gärtner die Möglichkeit, Kreativität und Können auf eine Art zu beweisen, die man das ganze Jahr über genießen kann und verleiht zum anderen dem Garten ein Gefühl von Zeitlosigkeit und Kontinuität. Wenn die lebenden Skulpturen einmal erzogen und geformt sind, werden sie oft zum festen Inventar eines Gartens, und selbst nachdem der ursprüngliche Erschaffer längst nicht mehr da ist, übernehmen die nachfolgenden Gärtner noch die Verantwortung, einen solchen Blickfang zu erhalten und zu pflegen, der auch Vorübergehenden Freude bereitet.

Die Kunst des Formschnitts 59

Gelungene Pflanzungen

Oben: Die im Frühling willkommenen, zarten Blüten eines gezogenen Feuerdorns *(Pyracantha)* hellen die gedämpfte Farbe der Hausmauer auf und heben die Stimmung. In den düsteren Wintermonaten bringen leuchtend orangerote Beerendolden Farbe in den Garten und dienen als Vogelfutter.

Rechts: Eine sich selbst überlassen Jungfernrebe *(Parthenocissus)* hat diese französische Scheune dicht ummantelt, und auch das Dach, Türen und Fenster werden im Lauf der Zeit davon überwachsen. Der Wilde Wein hat zwar im Herbst eine wunderschön kräftige Farbe, er kann aber mit seinen Kriechtrieben schlecht verputzte Mauern und das Dach beschädigen.

Kletterpflanzen und begrünte Wände

Kletterpflanzen und begrünte Mauern und Wände sind wichtige Merkmale eines Landhausgartens. Angefangen von der Pfeifenblume *(Aristolochia durior)* an einem schindelgedeckten, kleinen Haus in Neuengland, bis hin zur alten Glyzine *(Wisteria)*, die über den Balkon eines Schweizer Chalets rankt, runden Kletterpflanzen die harten Konturen von Gebäuden und anderen Grundstücksbestandteilen ab und lassen diese mit dem Garten und der Umgebung verschmelzen. Auch der rein praktische Nutzen bildet einen Aspekt, da durch das Ziehen von Sträuchern und Obstbäumen an einer Mauer der Platz genützt wird, während die Pflanzen gleichzeitig vom Schutz der gespeicherten Wärme der Wand profitieren. In mediterranen Ländern werden seit langem von Reben berankte Pergolen genutzt, um sich von der sengenden Hitze Erleichterung zu verschaffen. Ein einfaches Blätterdach über einer Bank bildet einen kühlen, abgeschiedenen Ort, an dem man den Duft von Geißblatt genießen kann, und eine dekorative, üppig von Rosen umrankte Laube, deren Parfüm die Luft erfüllt, ist der ideale Platz zum Tagträumen.

Kletterpflanzen wachsen auf unterschiedliche Weise, was man bei der Wahl der Kletterhilfe berücksichtigen muß. Manche, wie etwa die Duftwicke, halten sich an ihrer Wirtspflanze oder Unterlage fest, indem sie Ranken bilden. Andere, zum Beispiel Waldrebe und Jasmin, verflechten und verweben ihre Triebe ineinander und mit der Kletterhilfe, wobei sich solche Kletterer (sogenannte Spreizklimmer) nur schwer entwirren lassen und daher für Spaliere, die regelmäßig gestrichen oder mit Holzschutz behandelt werden müssen, ungeeignet sein können. Wurzelkletterer wie beispielsweise Efeu und die Kletterhortensie *(Hydrangea anomala* ssp. *petiolaris)* besitzen Haftwurzeln oder kleine Schößlinge, die sich am Untergrund festklammern. Sie sind aufgrund dessen sehr einfach zu ziehen, da sie selbständig an Mauern und Bäumen emporklettern können, ohne daß man sie festbinden muß. Manche Arten wie etwa Glyzinen *(Wisteria)* und bestimmte Rosen können mit der Zeit sehr schwer werden und benötigen daher einen stabilen Halt.

Ganz allgemein sollten Kletterpflanzen der Situation entsprechend gewählt werden. Die meisten Kletterrosen müssen regelmäßig geschnitten und zur Stützung festgebunden werden und könnten daher für das Ziehen an einem Spalier um eine Pforte geeignet sein, während die sogenannten Rambler-Rosen wenig Pflege brauchen und gerne an alten Bäumen emporranken. Man sollte sich auch über die Größe und den Umfang der ausgewachsenen Pflanzen informieren. *Rosa filipes* 'Kiftsgate' erzeugt zum Beispiel eine zauberhafte Atmosphäre, wenn ihre blassen, mondfarbenen Blüten in Trauben zwischen dem dunklen Laub eines Baumes herabhängen. Sie wird jedoch sehr groß und sollte daher am besten nur verwendet werden, wenn reichlich Platz vorhanden ist.

Teppiche aus Farbe und Struktur

Der vielfarbige, teppichartige Effekt der Rabatte eines Landhausgartens, wo sich harmonisch zusammengestellte Pflanzen mit solchen, deren Farben sich schamlos beißen, zu einer einzigen Farborgie vermischen, kann auf die Sinne verwirrend wirken. Manche Gärtner bevorzugen für ihre Rabatten jedoch ein begrenzteres Farbspektrum, für das sie eine einzige Farbe oder eine eingeschränkte Farbpalette mit vielen unterschiedlichen Pflanzen verwenden. Dies wirkt zwar nicht so zufällig und spontan, bietet jedoch die Möglichkeit, in verschiedenen Teilen des Gartens eine ausgeprägtere Stimmung und Wirkung zu erzeugen. Kühle, sanfte Farben, wie zum Beispiel blaue, graue oder mauveartige Töne, strahlen Ruhe und Gelassenheit aus, während warme Töne, etwa feuriges Rot und Orange, Ausgelassenheit, Erregung und Leidenschaft wecken. Eine Rabatte aus hellen Tönen – wie etwa reinem Weiß, sanfter Cremefarbe, einem Hauch von Pfirsichfarbe und gedämpftem Silbergrau – wirkt ruhig und besinnlich, hebt aber auch die Stimmung. Beim Anlegen einer Rabatte in einem streng eingeschränkten Farbbereich sollte man Pflanzen unterschiedlicher Formen, Höhen und Strukturen mit einbeziehen, um für zusätzliche Reize und Vielfalt zu sorgen. Struktur ist ein Element, das häufig übersehen wird, obwohl die enorme Vielzahl von Blattstrukturen der verschiedenen Pflanzen sowohl beim Anfühlen als auch für das Auge viel Freude bereiten kann.

Pflanzen mit kontrastierenden Oberflächen und Strukturen, wie etwa matte neben glänzenden, gefiederte neben kompakten oder filzige neben glatten, können kombiniert werden, um die Aufmerksamkeit auf ihre

Oben: Die unregelmäßige, gezackte Struktur des Straußfarns *(Matteuccia struthiopteris)* wird durch den ätherisch wirkenden Hundszahn *(Erythronium)* betont, dessen glatte, längliche Blätter das Sonnenlicht reflektieren. Das kräftige Apfelgrün der Farne ergänzt die zartrosa Blüten des Hundszahns und erzeugt ein harmonisches Bild.

Rechts: In einem feuchten, grünen Winkel des Gartens glühen die warmen Orange- und Gelbtöne von dicht wachsenden Etagenprimeln im Sonnenlicht. Ihre Wirkung wird durch die kräftigen Formen der dahinter ausgepflanzten Kalla *(Zantedeschia aethiopica)* noch verstärkt.

Teppiche aus Farbe und Struktur 63

64 *Gelungene Pflanzungen*

Oberfläche zu lenken. Es fällt schwer, an Pflanzen wie der flaumigen Königskerze *(Verbascum olympicum)* oder dem Fenchel *(Foeniculum vulgare)* mit ihren weichen, filigranen Blättern vorüberzugehen, ohne sie anzufassen. Auch die Blattgröße und -form wirken sich auf das strukturelle Erscheinungsbild aus. Man kann zum Beispiel eine Nieswurz wie *Helleborus × sternii* neben Günsel *(Ajuga)* und Schneeglöckchen pflanzen, wobei die langen, schmalen Blätter der letzteren die großen, tief eingeschnittenen Blätter von Nieswurz gut ergänzen. Als Hintergrund verwendet, hebt eine gleichmäßige, dichte, matte Eibenhecke *(Taxus baccata)* die glänzenden, gezackten und gefleckten Blätter der Duftblüte *(Osmanthus heterophyllus* 'Aureomarginatus') oder das duftige Aussehen eines kerbblättrigen Traubenholunders *(Sambucus racemosa* 'Plumosa Aurea') gut hervor.

Oben: Im kühlen Schatten eines großen Baumes entstand ein impressionistisches Bild, indem sich ein kleiner, rosablütiger Storchschnabel *(Geranium)* mit Mutterkraut verwoben hat und die cremefarbigen, gefiederten Blütenstände der Astilben dazu verwendet wurden, um die gerippte Struktur der blauen *Hosta*-Blätter zu betonen.

Teppiche aus Farbe und Struktur 65

Links: Ein trockener, steiniger Hang ist der ideale Platz für farbkräftige Blumen wie die gelbe Junkerlilie *(Asphodeline lutea)*, kugelköpfigen Lauch, weißem und rosafarbenem Baldrian sowie Nelken, die sich wunderschön ergänzen.

Oben: Farbe und Struktur wurden hier sehr vorteilhaft genutzt: Graues Greiskraut *(Senecio)* steht im Kontrast zu einem büscheligen Ziergras und den großen, blaugrauen Blättern einer Kardone *(Cynara cardunculus)*. Gelbes Brandkraut *(Phlomis)* belebt das Bild und dient als Ausgleich.

Nächste Seite: Farbenprächtige Lupinenähren ragen majestätisch über Hügeln aus Thymian und einem kleinblättrigen Storchschnabel auf, dessen magentarote Blütenfarbe sich im Tränenden Herz *(Dicentra spectabilis)* wiederholt. Der Rittersporn steht kurz vor der Blüte.

68 *Gelungene Pflanzungen*

Rechts: Ein Garten sollte sowohl wegen seiner Gerüche als auch wegen seiner Farben in Erinnerung bleiben. Der schwüle Duft geisterhafter Lilien hängt während des Sonnenuntergangs schwer in der stillen Luft. Lilien wurden schon von den Ägyptern wegen ihres unvergeßlichen Parfüms kultiviert, das von unschätzbarem Wert ist.

Rechts oben: Geißblatt ist in Landhausgärten seit jeher beliebt. Wenn es neben einem geöffneten Fenster wächst, erfüllt sein honigsüßer Duft den ganzen Raum. Und wenn eine einfache Laube von wohlriechendem Geißblatt und Rosen umrankt ist, wird sie zu einem verzauberten Ort.

Rechts außen: Die alte Damaszenerrose 'La Ville de Bruxelles', deren stark duftende Blütenblätter sich ideal für Potpourris eignen, ergänzt die luftigen Blütenköpfe des Zwergholunders *(Sambucus ebulus)*. Wegen seiner kriechenden Ausläufer ist er in Gärten meist nicht gerne gesehen, man sollte ihn zumindest nicht zur Blüte kommen lassen. Der Besitzer dieses Gartens hat jedoch den Kampf um seine Ausrottung aufgegeben.

Der plötzliche Duftschwall einer in der Kindheit geliebten Pflanze kann uns unmittelbar in die Vergangenheit zurückversetzen.

Der duftende Garten

Welche Freuden duftende Pflanzen doch spenden können. Da wäre zum Beispiel das berauschende Aroma des Phlox, der honigsüße Duft der *Buddleja* oder das exquisite Parfüm vieler Rosen. Welcher Genuß es ist, zwischen nachts duftenden Pflanzen spazierenzugehen, während der Mond die Blumen geisterhaft beleuchtet. (Stark duftende Pflanzen haben häufig blaßgefärbte, im Dunkeln sichtbare Blütenblätter, da ihr Aroma nachtaktive Insekten wie etwa Nachtfalter für die Bestäubung anlocken soll.) Duft weckt Erinnerungen, und so kann uns der plötzliche Duftschwall einer in der Kindheit geliebten Pflanze unmittelbar in die Vergangenheit zurückversetzen. Die Freude, inmitten einer Fülle von Blumen zu sitzen, ist doppelt so groß, wenn außerdem die stille Luft vom Parfüm der Blüten erfüllt wird, etwa dem würzigen Geruch von Gartennelken, der sich mit dem schweren Duft von Lilien mischt, oder dem süßen Aroma der Pfingstrosen (etwa von *Paeonia*-Lactiflora-Hybride 'Sarah Bernhardt'), das sich mit dem einer einjährigen Gartenresede *(Reseda odorata)* vermengt. Genauso können auch verschiedene Kräuter zusammengepflanzt werden, um eine Duftecke im Garten zu schaffen (siehe »Der ländliche Kräutergarten«, Seite 93–95).

Der Standort für Duftpflanzen sollte sorgfältig gewählt werden, so daß man in ihren vollen Genuß kommt. Kletterpflanzen setzt man zum Beispiel um einen Eingang oder ein Fenster, um ihr Aroma im Haus wahrnehmen zu können, oder man zieht sie über eine Pergola und genießt ihren Duft, während man darunter sitzt. Schalen und Töpfe mit duftenden Pflanzen können auf der Terrasse oder neben einem Weg aufgestellt werden, um so im Vorübergehen an den Blüten zu riechen. In dichten Gruppen unter einem Fenster gepflanzter Tabak *(Nicotiana)* erfüllt den dahinterliegenden Raum mit seinem sanften Parfüm. Leider duften einige der neueren Sorten nicht, weshalb man beim Kauf darauf achten sollte, wohlriechende Arten wie etwa *N. alata* zu wählen. Dies gilt auch für andere Pflanzen, einschließlich vieler Rosensorten und Duftwicken, bei denen man sich vor dem Kauf von ihrem Duft vergewissern sollte.

70 *Gelungene Pflanzungen*

Küsten- und Stadtgärten

Ein Küstengarten kann eine große Herausforderung darstellen, die jedoch durch die sich bietenden Ausblicke und die ausgeglichenen Temperaturen großzügig belohnt wird. Das Hauptproblem ist der salzhaltige Wind, der zarte Blätter verbrennt und den Boden austrocknet, wodurch die Pflanzenauswahl eingeschränkt wird. Die Bedingungen können durch einen Schutzstreifen verbessert werden, in dem Sträucher als guter Windfang dienen, dem Wind seine Kraft nehmen und seine austrocknende Wirkung verringern. Als Eingrenzung sind robuste Sträucher oder Halbsträucher geeignet, die salzige Luft tolerieren, wie zum Beispiel Tamariske *(Tamarix)*, Sanddorn *(Hippophaë rhamnoides)*, Lavendel, Brandkraut *(Phlomis)*, Zwergmispel *(Cotoneaster)* und *Escallonia*. Graublättrige Pflanzen und solche mit kleinem Laub sind gegen austrocknende Winde im allgemeinen recht widerstandsfähig. Das gleiche gilt für die meisten niederwüchsigen Sträucher, wobei auch solche mit einer besonders langen Blütezeit wie Zistrosen *(Cistus)* und Fingerkraut *(Potentilla)* mit einbezogen werden sollten.

Pflanzen aus der Gruppe der Disteln sind robust und verleihen einer Anordnung Höhe und Struktur, wobei man zum Beispiel Kugeldisteln und silberblaue Edeldisteln zwischen Büschel von wachsblättriger Fetthenne *(Sedum)*, Spornblume *(Centranthus ruber)* und Hornmohn *(Glaucium flavum)* setzen kann. Niederwüchsige Pflanzen entgehen dem Wind und können einen reizvollen Teppicheffekt bilden. Unter *Phuopsis stylosa* mit seinen Schirmen aus rosafarbenen Blüten kann man etwa den Goldlauch *(Allium moly)* pflanzen, der durch den Blätterteppich hindurchwächst, während Sonnenröschen *(Helianthemum)* den ganzen Sommer lang ihre Blüten präsentieren. Matten- und teppichbildende Pflanzen bringen unterschiedliche Strukturen ein und tragen dazu bei, die Bodenerosion zu verhindern. Die farnartigen, grauen Blätter von *Tanacetum densum* ergänzen die wollige Struktur der Schwarznessel *(Ballota pseudodictamnus)*. Da beide in blassen Tönen blühen, passen sie gut zu Blumen jeder Farbe, so daß das Farbschema einjähriger Pflanzen von Jahr zu Jahr verändert werden kann, während diese Schlüsselpflanzen erhalten bleiben.

Ein im ländlichen Stil gestalteter Stadtgarten ist vielleicht sogar noch reizvoller, da man ihn hier nicht erwartet. Welche Freude es doch ist, durch die Tür einer hohen Stadtmauer zu gehen und dahinter einen Garten zu entdecken, der zu einer anderen Welt gehört. Sogar in einer Großstadt kann man eine ländliche Atmosphäre schaffen, indem man die Pflanzen zwanglos und großzügig anordnet, die Mauern von Kletterpflanzen bedecken und so den Garten von grünen Wänden umgeben läßt und überall Pflanzen vorhanden sind, die in die Wege hineinwachsen, von einer Pergola herabhängen oder aus Kübeln und Trögen quellen können.

In einem Hof ist vielleicht nicht genügend Platz für traditionelle Rabatten vorhanden, aber auch hier läßt sich ein ähnlicher Effekt erzeugen, indem man viele große, dicht bepflanzte Gefäße in Gruppen aufstellt. Es gibt auch Sträucher, die wenig Wurzelraum benötigen; Feigenbäumen *(Ficus)* zum Beispiel macht ein eingeschränkter Wurzelbereich nichts aus. Kletterpflanzen wie Sommer- und Winterjasmin sowie Kletterrosen locken Vögel zum Nisten an und bringen so die Geräuschkulisse des Landlebens in die Stadt. Selbst dem unsensibelsten Stadtbewohner kann man das Gefühl vermitteln, daß in einem Garten ein Hauch von Landleben herrscht, wenn man Pflanzen verwendet, die seit langem mit ländlichen Gärten verbunden werden, wie zum Beispiel Gartennelken, Farne, Storchschnabel und Mohn, und diese außerdem in üppiger Fülle pflanzt.

Rechts: Dieser Hanggarten an der Mittelmeerküste ist mit Obstbäumen und Kräutern gefüllt, die kaum Pflege benötigen. Das grüne Laub spendet kühlen Schatten, in dem man spazierengehen und die Blätter der Zitrusbäume im Vorübergehen zerreiben kann, um ihr angenehmes Aroma zu genießen. Niedriger Thymian dient als Windschutz für den Boden; seine kleinen aromatischen Blätter halten sogar der stechenden Sonne und salzigen Luft stand.

72 Gelungene Pflanzungen

Pflanzen sollten nicht einzeln, sondern in Gruppen angeordnet werden, um ihren Reiz für Bienen, Schmetterlinge und andere bestäubende Insekten zu verstärken.

Für die Natur pflanzen

Das einschläfernde Summen der Bienen, der Klang von Vogelgezwitscher und das Flattern von Schmetterlingen verleihen sonnigen Tagen eine lebhafte und harmonische Atmosphäre, so daß man sich im Garten wohlfühlt und entspannt. Ohne Bienen oder andere bestäubende Insekten würden viele Pflanzen (etwa viele Obstbäume, Feuerbohnen und die meisten Stauden) keine Samen ansetzen oder Früchte tragen. Bienen werden stark von blauen und mauvefarbenen Blumen wie Lavendel, Katzenminze *(Nepeta)*, Glockenblumen und Skabiosen angelockt, um nur einige zu nennen. Die Pflanzen sollten dabei nicht einzeln, sondern in Gruppen angeordnet werden, um ihren Reiz zu verstärken.

Die Landbewohner haben Vögel im Garten immer sehr geschätzt. Sie sind nicht nur faszinierend zu beobachten und erfüllen die Luft mit ihrem Gezwitscher, sondern helfen auch bei der Bekämpfung vieler Schädlinge. Meisen halten den Blattlausbefall gering, während Drosseln so viele Schnecken fressen, wie sie nur finden können. Vögel lassen sich in den Garten locken, indem man eine möglichst große Vielfalt von Bäumen und Sträuchern in die Bepflanzung mit einbezieht. Die meisten Vögel bevorzugen kurze Flüge von einem Unterschlupf zum nächsten. Sträucher und Bäume mit dichtstehenden oder dornigen Zweigen, etwa Weißdorn *(Crataegus)* oder Stechpalme *(Ilex)*, stellen für viele Vögel ideale Nistplätze dar, und Pflanzen mit Beeren, zum Beispiel Feuerdorn, Eberesche *(Sorbus)* und Stechpalme, sind bei schlechtem Wetter wichtige Futterquellen und locken sogar Arten an, die normalerweise zu scheu sind, um in den Garten zu kommen.

Links: Ein buntes Tagpfauenauge sitzt auf einer leuchtend gelben Alantblüte *(Inula)* und nimmt vor der Abenddämmerung noch die Wärme der Sonne auf.

Oben: Große, zartrosafarbene Mohnblüten *(Papaver orientale)*, die Ähren des Knöterichs *(Polygonum)* und die Eselsdistel *(Onopordum acanthium)* mit ihren blaugrauen Blättern bieten eine große Vielfalt nektargefüllter Blüten, um Bienen, Nachtfalter und Schmetterlinge anzulocken.

Rechts: Eine Rittersporngruppe steht kühn vor einer Kletterrose, während sich zu ihren Füßen Frauenmantel *(Alchemilla mollis)* und Katzenminze *(Nepeta* 'Six Hills Giant'*)* ausbreiten. Kleine Vögel bauen gerne ihr Nest hinter solchen dicht bepflanzten Rabatten, die guten Schutz bieten.

Das Beste aus dem Nutzgarten

Frisch gepflückte Salatblätter, neue Kartoffeln und ein leckeres Omelett aus Eiern von Freilandhühnern – gibt es etwas Befriedigenderes und Köstlicheres als eine einfache Mahlzeit, die durch die eigene Arbeit vom eigenen Stück Land gewonnen wurde? Im Mittelalter erzeugten Landbewohner zwangsweise soviele Nahrungsmittel wie nur möglich selbst. In Frankreich stand der Gemüsegarten traditionell an erster Stelle, wobei ordentliche Reihen von Bohnen, Tomaten und Salatpflanzen im Vorgarten wuchsen, während die Blumen hinter das Haus verbannt wurden. In Italien verwendeten die Gärtner strauchartige Heilkräuter wie Ysop *(Hyssopus)* und Heiligenkraut *(Santolina)* zum Einfassen der Gemüsebeete. Ein Garten, in dem Hühner, Enten und Gänse frei herumlaufen, versetzt den Betrachter in eine Zeit, die weit weg ist von den Schrecken heutiger Intensivtierhaltung. Die Speisekammer der Landbewohner beschränkt sich jedoch nicht auf den Garten. In den außerhalb liegenden Hecken und Wäldern können eßbare Beeren, Nüsse und Blätter ebenso wie Steinpilze, Pfifferlinge und andere Pilze gesammelt werden.

Links: Liebstöckel, Lorbeer, Fenchel und Salbei wachsen in einem ruhigen und leicht zugänglichen Winkel dieses Gemüsegartens gut zusammen mit anderen Küchenkräutern. Ihre spitzen Blätter sind zum Pflücken bereit, um einer einfachen Mahlzeit den Geschmack der Landschaft zu verleihen.

Oben: Im Schutz einer Steinmauer wacht ein farbenprächtiger Hahn über sein Reich. Geflügel und andere Haustiere bringen Leben in einen Landhausgarten.

Gemüse ziehen

Gut gepflegte Reihen oder Flächen von gesundem Gemüse haben etwas außerordentlich Befriedigendes an sich: Dicke bläulich-violette Kohlköpfe, die buschigen Wedel des Gewürzfenchels, angehäufelte Reihen von Kartoffeln und hohe, von Feuerbohnen berankte Zelte aus Rohrstangen versprechen köstliche Mahlzeiten. Gemüse war bei Landbewohnern lange Zeit ein wichtiger Bestandteil der Ernährung, da Fleisch normalerweise teuer und daher höchstens ein- oder zweimal pro Woche verzehrt wurde. Die Franzosen waren seit jeher die Gemüsegärtner mit dem größten Enthusiasmus. Im 16. Jahrhundert führte ihre Freude an klarer Ordnung zu Gärten mit wunderschönen geometrischen Mustern und Farben. Formale Gemüsegärten waren zum Beispiel in aufwendigen symmetrischen Mustern angeordnet, wobei die Beete von niedrigen, beschnittenen Buchshecken eingefaßt wurden. Einfacher ist es, Gemüse in Blöcken anzupflanzen, wodurch gleichzeitig ein praktischer Zweck erfüllt und kräftige Farbtupfer erzeugt werden.

Links: Eine Vogelscheuche verleiht einem Gemüsegarten Witz und eine charakteristische Note, obwohl diese hier zu gutmütig aussieht, um viele Vögel zu verängstigen.

Oben: Mischkultur ist eine bewährte Methode, Gemüse zusammen mit anderen Pflanzen zu ziehen, um den Schädlingsbefall zu verringern. Hier werden gelbe Studentenblumen (*Tagetes*) gepflanzt, um Nematoden (Fadenwürmer) fernzuhalten und nützliche Insekten, insbesondere Schwebfliegen, anzuziehen, die sich von vielen Schädlingsarten ernähren.

Gemüse ziehen 77

Rechts: Ein gut geplanter Gemüsegarten kann eine Familie das ganze Jahr über ernähren. Gartenbohnen lassen sich gut blanchieren und anschließend einfrieren, und eine Tomatenschwemme kann für Soßen und Chutneys genutzt werden, die an kalten Wintertagen ein Genuß sind. Beim Ernten kann man als Gärtner ein angenehmes Erfolgsgefühl verspüren, das die ganze harte Arbeit belohnt.

Gemüse ziehen 79

Dicke, bläulich-violette Kohlköpfe und Reihen mit angehäufelten Kartoffeln versprechen köstliche Mahlzeiten.

Links: In diesem mediterranen Garten wachsen Rittersporn und Duftwicken im Schutz eines Feigenbaumes üppig zwischen Kohl- und Salatköpfen. Wo genügend Platz vorhanden ist, lohnt es sich, solche schnellwachsenden einjährigen Pflanzen als Schnittblumen für das Haus zu ziehen.

Oben: Kartoffeln, Spinat, Kohl, Salat und Blumenkohl sind hier auf engem Raum zusammengepflanzt, dazu Duftwicken, deren Blüten über das Gemüse hinausranken.

Farbenprächtige Ernte

Oben: Kürbisse sehen wie außergewöhnliche, lebende Skulpturen aus. Dieser hier durfte die Gartenbank in Beschlag nehmen, wo seine kräftige Farbe und großzügige Form in vollem Ausmaß bewundert werden können.

Auch im Gemüsegarten muß man auf Farbe nicht verzichten, denn es sind allerlei prächtig gefärbte Nutzpflanzen auf dem Markt erhältlich. Die Feuerbohnensorte 'Painted Lady' zum Beispiel hat schöne rote und weiße Blüten, während die Gartenbohne 'Marvel of Venice' zarte, lilafarbene Blüten trägt, denen später leuchtende, blaßgelbe Bohnen folgen. An einem Bogen über eine schlichte Bank gezogen, stellen sie einen zusätzlichen Reiz dar und ermöglichen es, den gesamten verfügbaren Platz zu nutzen. Eine Möglichkeit zur Unterteilung des Gartens ist das Aufteilen in Farbblöcke. Man kann zum Beispiel gelbe Zucchini wie 'Gold Rush' anpflanzen und neben der süß schmeckenden Tomatensorte 'Yellow Pear' heranreifen lassen. Purpurfarbene Buschbohnen wie 'Royal Burgundy' sind ein guter Nachbar

Farbenprächtige Ernte 81

Links: Die kräftig rosafarbenen Stämme des Mangolds sind ein auffälliges Merkmal in einer Blumenrabatte, die etwa von niedrigem Thymian, Majoran oder Stiefmütterchen *(Viola tricolor* 'Bowles' Black') umgeben sein könnte.

Unten: Die Chicorée-Sorte 'Alouette' verleiht dem Gemüsegarten Farbe. Ihre glatten, purpurroten Blätter mit grün hervorgehobenen Adern stehen in schönem Kontrast zu gefiedertem, bronzefarbigem Fenchel oder Krausblattsalaten wie 'Lollo Rosso'.

für gleichfarbigen Kohlrabi, wobei das Bild durch Rote Bete mit ihren leuchtend scharlachroten Trieben belebt werden kann, während daneben Zwiebeln in sattem Kastanienbraun (z. B. 'Brunswick Red') in der Sonne reifen. Die grünen, gefiederten Blätter von Karotten passen gut zu krausblättrigen Salaten wie 'Red Sails', 'Lollo Rosso' oder 'Salad Bowl'. Mangold sieht in Gruppen vor einer dunklen Mauer oder Hecke spektakulär aus, wobei die kräftig rosa-, orangefarbenen oder sonnengelben Stämme sogar den trübsten Tag aufhellen und eine scheinbar endlose Ernte an eßbaren Blättern liefern.

Manche ländlichen Gegenden sind von Hasen und Rotwild geplagt, weshalb der Gemüsegarten eingezäunt werden muß. In der Erde verankerter und von Pfosten gehaltener Hühnerdraht bietet zum Beispiel eine Einfassungsmöglichkeit, über die man als spätsommerliche Farbtupfer Kapuzinerkresse *(Tropaeolum)*, Zucchini oder Kürbisse ranken lassen kann.

Mischkultur und Wege am Beet

Mischkultur wird seit jeher in ländlichen Gemüsegärten gepflegt. Seit Generationen beobachten Gärtner, daß Kombinationen von bestimmten Gemüsearten offensichtlich besonders gut gedeihen. Buschbohnen scheinen gut neben Roter Bete und Kohl zu wachsen, vertragen sich jedoch nicht mit Fenchel. Bereits die Gärtner im Mittelalter verstanden die Bedeutung des Fruchtwechsels als der entscheidenden Grundlage, und daß außerdem das Pflanzen von Blumen zwischen Gemüse von großem Vorteil sein kann. Von den Blüten angelockte Bienen und Schwebfliegen bestäuben früchtetragende Pflanzen und steigern so deren Ertrag. Ringelblumen *(Calendula officinalis)* mit ihren leuchtend orangefarbenen und zitronengelben Blüten lenken die Weiße Fliege ab und fördern den kräftigen und gesunden Wuchs von Tomaten, während Schwebfliegen Schädlinge auf Kohlgewächsen bekämpfen.

Damit ein Nutzgarten leicht zu handhaben ist, sollten darin Beete angelegt werden, die schmal genug sind, um das Gemüse vom Weg aus ernten zu

können. Dies erleichtert die regelmäßige Pflege und verhindert, daß der Boden in den Beeten durch das Begehen festgetreten wird. Die Wege sollten rutschfest sein. Früher gab es in Gemüsegärten manchmal einfache, mit Asche bestreute Pfade. Verwendet man loses Material wie Asche, Kies oder Rindenmulch, sollte es mit Holzverschalungen, Platten oder heimischem Gesteinsmaterial eingefaßt werden, damit es nicht in die Beete gelangt.

In einem Garten mit einer eher formalen Anordnung sind feste, regelmäßig angeordnete Wege passender, etwa in einem traditionellen Gemüsegarten im französischen Stil, der vielleicht mit symmetrischen Beeten und einem dekorativen Element wie einer Sonnenuhr oder einem großen Steingefäß als Mittelpunkt versehen ist. Je nach den in der jeweiligen Gegend bevorzugten Stilen und Materialien können diese aus Ziegeln bestehen, die im Fischgrätverbund oder einem anderen Muster verlegt und zum Beispiel mit Verzierungen aus Terrakotta eingefaßt werden, oder auch aus Stein, Granit oder Waschbeton (siehe auch »Wege und Stufen«, Seite 32–38).

Mischkultur und Wege am Beet 83

Mittelalterliche Gärtner verstanden bereits die grundlegende Bedeutung des Fruchtwechsels und der Pflanzung von Blumen zwischen dem Gemüse.

Links außen: Die Blätter der Roten Bete verleihen einem Beet mit violettweißen Stiefmütterchen einen kräftig kastanienbraunen Farbtupfer. Die runden Blätter der Kapuzinerkresse kontrastieren dazu genauso wie später ihre leuchtenden, eßbaren Blüten, die man in der Küche als farbkräftige Verzierung für in Scheiben geschnittene Rote Bete verwenden kann.

Mitte: Feuerbohnen dürfen sich zwischen den leuchtenden Blüten der Ringelblumen ausbreiten, die im Gemüsegarten als wertvolle Schädlingsbekämpfer dienen.

Links: Die Gestaltung der Bepflanzung in einem Gemüsegarten sollte sowohl Struktur als auch Farbe mit einbeziehen. Hier bietet ein lockerer Weg aus unregelmäßigen, weißen Steinen, die in die Erde eingebettet sind, leichten Zugang zu Reihen mit purpurrot gefärbtem 'Lollo Rosso'-Salat und gelborange blühender Kapuzinerkresse.

Nächste Seite: Dieser üppige Blumen- und Gemüsegarten wird von Flechtzäunen (Hürden) umgeben. Ein schattiges Plätzchen zwischen den Feuerbohnen dient als Aussichtspunkt, von dem aus man den Garten genießen kann.

Praktische Bestandteile

Innerhalb des Gemüsegartens gibt es viele Möglichkeiten, phantasievolle Elemente einzubringen, die sowohl praktisch als auch dekorativ sind. Sorgfältig angeordnete Spaliere in Obeliskform verleihen dem Garten das ganze Jahr über Höhe und architektonischen Reiz. Neben ihrer schmückenden Funktion dienen sie auch als Halt für kletternde Gemüse- oder Obstarten wie Kürbisse, Bohnen oder Melonen. Sehr natürlich wirkt es, wenn unbearbeitete Stangen oder Bambusrohre zeltförmig zusammengebunden werden. Dünne Haselnußzweige geben Erbsen oder Duftwicken attraktiven und wirkungsvollen Halt. Traditionelle Treibtöpfe aus Terrakotta, die zum Bleichen von Meerkohl oder zum Schutz von frühem Rhabarber verwendet werden, sind funktionell und verleihen dem Nutzgarten einen natürlichen Charme. Durch das Bepflanzen von Steingefäßen und Trögen mit Salaten oder blättrigem Gemüse entsteht ein ungewöhnlicher Reiz.

Links: Auf begrenztem Raum werden Wege schmal gehalten und die Senkrechte genutzt, indem man kletternde Gemüsearten wie Erbsen, Garten- und Feuerbohnen kultiviert.

Oben: Tontöpfe aus Terrakotta sind dekorativ und dennoch funktionell. Die purpurroten Blätter der Spinatsorte 'Red Mountain' harmonieren sehr schön mit dem malvenfarbigen Beinwell (Symphytum). Der aufragende Meerkoh (Crambe cordifolia) mit seinen dunklen, markant strukturierten Blättern und der duftigen weißen Blüten dient als dekorativer Schutz am Ende dieses Beetes.

88 *Das Beste aus dem Nutzgarten*

Obst anbauen

Oben: Kräftig rubinrote Trauben von Roten Johannisbeer-Hochstämmchen hängen hinter einer Reihe mit purpurfarbenem Lavendel herab. Als Hochstämmchen gezogene Obststräucher lassen genügend Platz zum Unterpflanzen, wodurch die verfügbare Fläche bestmöglich genutzt werden kann.

Rechts: Eine Wand aus Spalierapfelbäumen bietet einen lebendigen Hintergrund für eine Rabatte aus ein- und mehrjährigen Pflanzen. Kapuzinerkresse windet sich an den Obstbäumen empor, während sich hoher, weißblütiger Tabak *(Nicotiana sylvestris)* mit fiederblättrigen Kosmeen *(Cosmos)* und, vorne in der Rabatte, rosafarbenen Spinnenblumen *(Cleome hassleriana)*, gelben Montbretien *(Crocosmia)* und weißen Dahlien vermischen.

Gibt es etwas herrlicheres, als in einer sanft schaukelnden Hängematte zu dösen, die zwischen zwei alten Apfelbäumen aufgehängt ist, dem geschäftigen Summen der Bienen zuzuhören und zu beobachten, wie die Sonne auf die über einem reifenden Früchte scheint? Ist genügend Platz vorhanden, stellt ein locker bestandener Obstgarten vor allem in einem naturbelassenen Garten die ideale Art dar, Obst- und Nußbäume zu ziehen. Durch das Gruppieren von Bäumen verbessert man die Befruchtung und erzielt somit eine größere Ernte, darüber hinaus erleichtert man das regelmäßige Pflegen und Schneiden. In milden Regionen wachsen Äpfel und Birnen gut zusammen mit Steinfrüchten wie Zwetschgen, Pflaumen und Kirschen. In mediterranen Ländern verleihen alte, knorrige Olivenbäume, die seit Generationen von den Familien gepflegt werden, dem Garten einen Ausdruck von Beständigkeit, während Orangen- und Zitronenhaine die Luft sanft mit ihrem Duft erfüllen.

In einer eher formalen Anordnung können Obstbäume flach entlang einer Mauer oder an Drähten gezogen werden, die zwischen senkrechten Pfosten gespannt sind, um unterschiedlichere Spalierformen wie Fächer, Kordons oder U-förmige Spaliere zu erhalten.

90 Das Beste aus dem Nutzgarten

Am Spalier gezogene Obstbäume nehmen sehr wenig Platz in Anspruch, und die Früchte sind zum Ernten leicht zugänglich.

Obst anbauen 91

An Spalieren gezogene Bäume nehmen sehr wenig Platz in Anspruch, und die Früchte sind zum Ernten leicht zugänglich; Spalierbäume benötigen aber generell mehr regelmäßige Pflege und müssen häufiger zurückgeschnitten werden als freistehende Obstbäume. In sehr kleinen Gärten sind niedrig gehaltene, horizontal an Drähten wachsende Spaliertäpfel gut als Einfassung von Johannisbeer-, Stachelbeer-, Himbeer- oder Erdbeerbeeten geeignet. Dekorative und zugleich nutzbringende Abgrenzungen oder »Schutzmauern« können aus Zäunen, Spalieren oder Pfosten und Draht hergestellt werden, an denen gezogene Weinreben, Pfirsich- oder Feigenbäume sowie Johannis- oder Stachelbeeren emporranken. Blütenübersäte Fächer und andere Spaliere sehen im Frühling besonders reizvoll aus, während im Sommer und Herbst die Früchte an den gleichmäßig ausgebreiteten Zweigen gut reifen können und eine köstliche Ernte garantiert ist. Traditionell stehen in den ländlichen Gärten milder Regionen oft ein oder zwei Apfelbäume. Äpfel schmecken nicht nur gut und können vielseitig zum Kochen verwendet werden, sondern haben auch den Vorteil, daß sie an einem kühlen Ort wochen-, ja sogar monatelang für den Winter gelagert werden können, ohne daß man sie einmachen muß. Die Eberesche *(Sorbus)* war in ländlichen Gegenden wegen ihrer leuchtendroten Beeren, aus denen man ein herb-säuerliches Gelee für Fleischgerichte herstellen kann, sehr beliebt. Ähnlich werden auch Zieräpfel verwendet, deren Früchte leuchtendrot oder goldgelb gefärbt sein können. Von der Eberesche glaubte man früher, daß sie die Kraft besitze, Haus und Hof vor Hexen zu bewahren, und ihr Holz wurde für Schnitzereien verwendet, von denen man sagte, daß sie Glück brächten.

Links: Feigen werden seit jeher als Nahrungsmittel kultiviert und geschätzt. Sie gedeihen auch bei eingeschränktem Wurzelraum und sind daher ideal für große Töpfe auf Terrassen, wo sie auf eine handliche Größe zurückgeschnitten werden können.

Mitte: Die Bäume dieses Orangenhains sind voll entwickelt, und unter ihren reichbeladenen Ästen liegen bereits reife, heruntergefallene Früchte auf dem Boden verstreut. Das Aroma der Blüten ist süß und berauschend, so daß bereits ein einziger Orangenbaum in einem Glashaus oder Wintergarten ausreicht, um die Luft mit seinem Duft zu erfüllen.

Rechts: Die goldgelbe Pflaumensorte 'Thomas Cross' hat eine wunderschöne Farbe und ist leicht zu kultivieren, die Bestäubung kann jedoch in einem kalten Frühling, wenn nur wenige Bienen ausschwärmen, recht spärlich ausfallen.

Der ländliche Kräutergarten

Als Kräuter bezeichnet man alle für kulinarische oder medizinische Zwecke oder auch als Duftstoff genutzten Pflanzen. Kräuter spielen seit langer Zeit eine wichtige Rolle im Leben der Menschen. So wurden sie zum Beispiel von den Chinesen schon vor 5000 Jahren geschätzt, und die Ägypter verwendeten Kräuter zum Einbalsamieren ihrer Pharaonen. In Europa krönten die Griechen siegreiche Athleten mit Lorbeer- oder Fenchelkränzen, während die Römer ruhmreiche Soldaten mit Kräuterkränzen beschenkten. Auf dem Land schätzt man seit langem die wertvollen Qualitäten der Kräuter und kultiviert sie im Garten als Hausmedizin und Allheilmittel für die Familien und Haustiere, oder man verwendet sie als Duftstoff im Haus, zur Abschreckung von Ungeziefer, zur Krankheitsabwehr sowie um Speisen vielfältig und geschmackvoll zu würzen.

Für den heutigen Gärtner sind noch immer viele Aspekte der mit Kräutern verbundenen Geschichte und Gebräuche faszinierend, auch wenn manch traditioneller Glaube an bestimmte Eigenschaften heute als Aberglaube betrachtet wird. Tatsächlich sind viele Kräuter in der Küche noch immer von unschätzbarem Wert, um Speisen einen bestimmten Geschmack zu verleihen oder um sie als Tee zu verwenden. Im Haus wird damit die Wäsche im Schrank parfümiert und die Kleidung vor Motten geschützt, und sie dienen als Grundlage für viele einfache, natürliche Heilmittel und Schönheitspräparate.

Wenn auch nur wenige Kräuter eindrucksvolle Pflanzen sind oder große Blüten haben, so bieten sie im Garten doch den Genuß vieler verschiedener, köstlicher Düfte und reizvoller Blätter. An Sommertagen entfalten sie ihre ätherischen Öle in der Wärme und erfüllen die Luft mit einem berauschenden Parfüm. Um den wohltuenden Duft von Zitronenmelisse, das frische Aroma von Pfefferminze oder den Anisgeruch von Fenchel auszukosten, sollten Kräuter neben einem Weg oder um den Eingang herum angepflanzt werden, damit man im Vorübergehen ein paar Blätter zwischen den Fingern zerreiben kann.

Links: Die aufstrebende Form einer Engelwurz *(Angelica)* verleiht diesem Kräutergarten Höhe, während die graublauen Blätter der Artischocke daneben außerdem Struktur und ein interessantes Blattwerk bieten. Der Schnittlauch durfte Blüten ansetzen und gibt der Pflanzung Farbe.

Oben: Zarte Wedel einer bronzefarbenen Fenchelsorte betonen die unterschiedlichen Gelb- und Grüntöne dieser Kräuterecke. Gelber, perlenköpfiger Rainfarn *(Taracetum)* läßt die anmutigen Einzelblüten noch zerbrechlicher erscheinen, während die flachen, dichten, gelben Köpfe der Goldgarbe *(Achillea)* der Anpflanzung Tiefe verleihen.

Kräuter in Beeten und Rabatten

Da so viele verschiedene Kräuter verfügbar sind, kann man damit einen ganzen Garten anlegen, der nur ihnen gewidmet ist. Da es von ihnen im Gegensatz zu anderen Pflanzen meist keine auffälligen Zuchtformen gibt, passen sie gut zum natürlichen Charme und zur entspannten Atmosphäre eines Landhausgartens. Viele sehen schön aus, wenn sie willkürlich mit traditionellen Blumen wie Akelei, Sterndolde *(Astrantia)*, Jungfer im Grünen, Lupinen und Goldlack kombiniert werden, man kann sie aber auch für sich allein ziehen.

Eine traditionelle Methode bei der Anlage eines Kräutergartens ist die Aufteilung der Pflanzen nach ihrem Verwendungszweck, wobei oft voneinander getrennte Beete für Würz-, Heil-, Färbe- und Duftkräuter verwendet werden. Römische Gärten basierten auf einem symmetrischen Grundriß aus quadratischen und rechteckigen, mit Buchs eingerahmten Beeten. Diese zurückgeschnittenen Einfassungen trennen die Kräuter entsprechend der verschiedenen Verwendungszwecke, wobei ein Landhausgarten viel lockerer angeordnet werden kann, indem man die Beete einfach mit Reihen aus Natursteinen, Kopfsteinpflaster oder Graswegen voneinander trennt. Eine platzsparende Idee für kleine Gärten ist ein Kräuterbeet in einem alten Wagenrad, das auf die Erde oder in ein rundes Hochbeet gelegt wird. In den einzelnen Segmenten zwischen den Radspeichen kann man unterschiedliche Kräuter kultivieren, wobei man bei dieser Methode am besten nur Arten mit gleichen Bedürfnissen verwenden und für die größtmögliche Wirkung der gesamten Pflanzung nur niedrig wachsende Arten wählen sollte.

Das Gruppieren von Kräutern nach ihrer Farbe sieht besonders wirkungsvoll aus. Obwohl nur wenige Kräuter herausragende oder spektakuläre Blüten tragen, besitzen viele ein schönes, farbiges oder buntes Blattwerk. In einem Beet könnte man zum Beispiel goldblättrige und gelbgefleckte Kräuter verwenden, wie etwa goldenen Thymian *(Thymus caespititius* 'Aureus'), goldenen Dost *(Origanum vulgare* 'Aureum' oder 'Gold Tip'), goldenen Gartensalbei *(Salvia officinalis* 'Kew Gold') und Edelminze *(Mentha × gentilis* 'Variegata') mit ihren gelbgescheckten Blättern, und in einem anderen bronze- und purpurfarbige Pflanzen, wie glänzenden kupfer-bronzefarbenen Fenchel *(Foeniculum vulgare* 'Purpureum'), purpurroten Gartensalbei *(Salvia officinalis* 'Purpurascens'-Gruppe), purpurrotes Basilikum *(Ocimum basilicum* 'Purpureum'), Echten Lavendel *(Lavandula angustifolia)* und violettblühende Sorten der Indianernessel *(Monarda fistulosa)*. Ein Beet mit silbernen und weißen Kräutern könnte etwa silberlaubigen Gartenthymian *(Thymus vulgaris* 'Silver Poesie'), graublättriges Heiligenkraut *(Santonila chamaecyparissus)* und Wermut *(Artemisia absinthium* 'Lambrook Silver') enthalten.

Viele Kräuter bilden schöne Ergänzungen zu Blumenrabatten, in denen sie sich mit mehrjährigen Zierstauden und Sträuchern vermischen. Maggikraut *(Levisticum officinale)* und Engelwurz *(Angelica archangelica)* bilden hohe, architektonisch wirkende Gruppen, die stolz inmitten von Rosen, Spornblumen *(Centranthus ruber)* und den großen, gänseblümchenartigen Blüten von Wiesenmargeriten stehen. Schnittlauch *(Allium schoenoprasum)* dient mit seinen schlanken, zylindrischen Blättern und violetten Blütenköpfen als attraktive Einfassung, während Thymian *(Thymus)* seine farbenprächtigen Blätter und winzigen Blüten durch Pflasterritzen windet und über die Kanten von Wegen oder Terrassen breitet.

> *Kräuter passen gut zum natürlichen Charme und der entspannten Atmosphäre eines Landhausgartens.*

Links: Dieser klassische Kräutergarten basiert auf einer einfachen Anordnung. Der zentrale Weg, der zu einem Rosenbogen führt, ist von einer üppigen Fülle von Lavendel und Frauenmantel *(Alchemilla mollis)* und einem Hauch leuchtendem Storchschnabel umgeben.

Oben: Die Ähren der Kermesbeere *(Phytolacca americana)* und des Fenchels verleihen diesem mit Raute *(Ruta graveolens)* eingefaßten, formalen, quadratischen Beet seine Höhenstruktur.

Links: Sträuße aus den Fruchtständen von Fenchel und Majoran wurden in der Sonne zum Trocknen aufgehängt. Getrocknete mehrjährige Kräuter wie diese sehen nicht nur dekorativ aus, sondern sind auch praktische Zutaten für winterliche Mahlzeiten.

Unten: Eine schlichte Bank dient als Stellplatz für einen Topf mit verschiedenen Thymiansorten. Hier kann der Gärtner sitzen und den Garten betrachten, während er die Blätter des Thymians zerreibt, um ihren Duft zu genießen. Buntlaubige Myrte säumt das üppig mit Kapuzinerkresse, Schnittlauch und Malven gefüllte Beet.

Rechts: Die purpurfarbenen, kugeligen Köpfe des Zierlauchs und die aprikosenfarbigen Blüten von *Nectaroscordum siculum* ssp. *bulgarium* ragen über die sanften Polster aus Kräutern empor, die von einer geschnittenen Buchshecke eingefaßt werden.

Beinwell *(Symphytum)* mit seinen blauen, malven- oder cremefarbigen Blüten und den kräftigen, rauhen Blättern ist eine ausgezeichnete Pflanze für einen naturbelassenen Garten. Der Name »Beinwell« bezieht sich auf die früher bekannte Verwendung zur Knochenheilung, da man ihm nachsagte, daß er den Heilungsprozeß beschleunige; tatsächlich fördert er das Zellwachstum und hilft somit, Wunden und Prellungen zu heilen und Gelenkschmerzen zu lindern. Im Garten kann Beinwell auch als Gründünger gezogen werden, indem er auf einer brachliegenden Fläche kultiviert und anschließend zur Verbesserung der Bodenfruchtbarkeit in die Erde eingearbeitet wird.

Fenchel *(Foeniculum vulgare)* ist zwar groß, kann aber aufgrund seines zarten, gefiederten Laubs in Grün- oder Bronzetönen, durch das man die dahinterwachsenden Pflanzen sehen kann, auch an den vorderen Rand einer Rabatte gepflanzt werden, um dem Bild Höhe zu verleihen. Der Gemeine Hopfen *(Humulus lupulus* 'Aureus') mit seinen prächtigen, kräftig gelbgrünen Blättern paßt gut zu anderen Kletterpflanzen wie etwa Geißblatt oder blaublütiger Waldrebe *(Clematis)*, oder er kann über einen Bogen gezogen werden, um den Eingang zu einem Kräutergarten hervorzuheben. Die Indianernessel *(Monarda)* mit ihren roten Blüten und rubinrot geäderten Blättern ist ebenfalls eine geeignete Pflanze für die Blumenrabatte. Ihre Blätter werden als verdauungsfördernder Tee verwendet, geben aber auch ein ähnliches Aroma wie im Earl-Grey-Tee, das gewöhnlich durch den Zusatz von Bergamottöl *(Citrus bergamia)* erreicht wird.

Kräuter als Kübelpflanzen

Im 16. Jahrhundert kultivierte man in ganz Europa Kräuter als Kübelpflanzen. In Terrakottatöpfen, die um Eingänge von Bauernhäusern gruppiert waren oder auf Fensterbänken thronten, wuchsen Kräuter wie zum Beispiel Salbei, Thymian, Basilikum, Rosmarin und Ysop, deren kleine Zweige zum Würzen von Soßen, Suppen und Eintöpfen verwendet wurden. An Sommerabenden wurde die Luft vom Duft der eingetopften Kräuter erfüllt. Zu den Kübelkräutern gehört zum Beispiel der Lavendel mit seinen üppigen, purpurfarbigen Blütenähren, die zum Parfümieren von Wäsche und als Mottenschutz getrocknet werden können, sowie zartblütiger Koriander zum Würzen von Brot und Gemüse, Salbei, der früher als Allheilmittel galt und zu Tee verarbeitet wurde, um das Gedächtnis und die Intelligenz zu fördern, sowie pikanter Rosmarin, der Treue und Gedenken symbolisiert und sowohl in der Küche als auch als wirkungsvolles Antiseptikum von unschätzbarem Wert ist.

Selbst im kleinsten Garten sollte Platz für Kübelkräuter sein. Mit Kräutern in Töpfen kann zum Beispiel eine Gartentreppe eingesäumt und Terrakottatröge entlang einer niedrigen Mauer oder neben einer Gartenbank aufgestellt werden, oder man plaziert einen symmetrisch beschnittenen Lorbeerbaum *(Laurus nobilis)* neben der Haustür, um Höhe in eine lockere Gruppierung von leuchtend organgefarbenen Ringelblumen, weißem Echtem Lavendel *(Lavandula angustifolia* 'Nana Alba') und Römischer Kamille *(Chamaemelum nobile)* mit ihrem zarten, filigranen Laub und den kleinen, gänseblümchenartigen Blüten zu bringen.

Kräuter als Kübelpflanzen 97

Der Geschmack frischer Eier von Freilandhühnern übertrifft bei weitem den ihrer aus Legebatterien stammenden Gegenstücke.

Nutztiere halten

Ursprünglich dienten die Landhausgärten dazu, unabhängig zu sein. Das Land wurde genutzt, um Produkte anzubauen, die entweder selbst verzehrt oder auf dem Markt verkauft werden konnten. Heute sind zwar viele Gärtner vom frischen Gemüse aus dem eigenen Garten begeistert, schrecken aber doch eher vor dem Gedanken zurück, Nutztiere zu halten. Geflügel und andere Tiere wie Hühner, Enten, Gänse und sogar eine Ziege verleihen dem Landhausgarten Leben, Humor, typische Geräusche und einen eigenen Charakter, der ihn unwiderstehlich macht.

Frei zwischen Gemüsereihen oder durch das grüne Gras eines Obstgartens streifende Hühner sind ein fröhlicher Anblick. Der Geschmack frischer Eier von Freilandhühnern übertrifft bei weitem den ihrer aus Legebatterien stammenden Gegenstücke. Ein weiterer Vorteil ist, daß Hühner das Ungeziefer im Garten kleinhalten, was einer wirklich traditionellen Form der biologischen Schädlingsbekämpfung entspricht. Speziell alte Züchtungen haben oft ein sehr dekoratives Gefieder. Die Hähne sind häufig besonders hübsch, und ihr stolzes Krähen gehört zur typisch ländlichen

Nutztiere halten 99

Geräuschkulisse; aber es kann auch vorkommen, daß sie von ihren Hennen und ihrem Revier zu stark Besitz ergreifen, was dann möglicherweise die Harmonie des Gartens stört. Es ist empfehlenswert, sich von Fachleuten oder durch Fachliteratur Rat zu Fragen der Hühnerhaltung einzuholen, einschließlich der verschiedenen Rassen, der empfehlenswerten Anzahl und der Verteilung der Geschlechter, bevor man sich zum Kauf entschließt. Die Hennen sollten des Nachts zum Schutz vor Raubtieren eingesperrt werden, wofür sich am besten ein sicherer Hühnerstall mit Legekästen eignet, damit sie ihre Eier nicht an versteckte Plätze legen, wo sie vielleicht nie gefunden werden.

Enten sind vertrauensseelige und oft witzige Tiere, die ihrem Besitzer schnell ans Herz wachsen. Hat der Garten einen Teich oder Bach zu bieten, kann man die Haltung einer kleinen Anzahl dieser Vögel in Betracht ziehen. Es gibt viele Rassen, darunter einige sehr attraktive, und sie sind reizend, oft sogar amüsant zu beobachten, wenn sie über das Wasser gleiten oder im Garten herumwatscheln. Auf einer kleinen Insel in einem Teich kann man ein Entenhaus als hübschen Nistplatz aufstellen, etwa aus einem Faß, dessen eine Seite entfernt wurde. Genauso wie Hühner sollte man auch Enten nachts an einem sicheren Platz halten.

Links: Ein hübsch gezeichneter Gockel und Hennen picken im Gras nach eßbaren Insekten und reduzieren so den Schädlingsbefall an den benachbarten Pflanzen.

Mitte: Gänse suchen auf einem naturbelassenen, mit einer stabilen, schlichten Einzäunung umgebenen Stück Grund nach Futter. Solch ein Bereich oder ein Obstgarten ist für Gänse ideal, da sie eher unachtsam sind und sich daher für einen formalen, akkuraten Garten nicht eignen.

Oben: Weiße Tauben mit ihren fächerförmigen Schwänzen sind die romantischsten und dekorativsten Vögel, die man halten kann, da sie Bewegung und viel Charme in einen Garten bringen. In einem großen Taubenschlag können mehrere Paare friedlich miteinander leben.

Das Beste aus dem Nutzgarten

Oben: Ziegen werden immer häufiger als Nutztiere gehalten. Sie haben nicht nur sehr viel Charakter, sondern ihre Milch ist auch besonders gut für selbstgemachten Käse geeignet.

Rechts: Der Besitzer dieser Bienenstöcke auf einem Hügel in Griechenland hat sie blau gestrichen, da die Bienen Stöcke einer bestimmten Farbe leichter erkennen und eher dorthin zurückkehren.

Große weiße Gänse bilden einen eindrucksvollen Anblick, wenn sie über eine weite Wiese stolzieren, plötzlich an der Ecke einer Hecke erscheinen oder zwischen den Kieseln eines Weges picken. Sie sind zu Recht für ihre Wachsamkeit berühmt und zur Abschreckung von Einbrechern nützlich. Leider können Gänse nicht zwischen Freund und Feind unterscheiden, und während man sich zwar darauf verlassen kann, daß sie das Auftauchen von Fremden melden, sollten sie in einem sicheren Verschlag untergebracht werden, wenn man Gäste erwartet.

In mittelalterlichen Zeiten und sogar noch früher waren Taubenschläge nicht die dekorativen Liebhaberstücke, die man heute überall sieht. Sie bestanden aus großen, stabilen, zweckmäßigen Konstruktionen, die so gebaut waren, daß man einen Teil der von den Tauben gelegten Eier und geschlüpften Jungtauben für die Küche entnehmen konnte. Später wurde das Halten von Tauben eher zu einer Modeerscheinung als daß es der Nahrungsbeschaffung diente, und heute stellen diese Vögel ein außergewöhnlich dekoratives Element des Gartens dar. Taubenschläge sind oft weiß gestrichen und können wie Miniaturhäuser mit spitzen Dächern oder einem hübschen Detail, zum Beispiel bogenförmig verzierten Kanten, gebaut sein. Weiße Tauben mit fächerartigen Schwänzen sowie andere besondere Rassen fallen eher wegen ihrer Schönheit als wegen ihrer Treue auf, weshalb neuerworbene Vögel für gewöhnlich zur Eingewöhnung drei Wochen lang in ihrem Schlag eingesperrt werden sollten.

Heute entschließen sich kaum noch Menschen dazu, ein Schwein oder eine Kuh zu halten, und die Ziege ist mittlerweile bei denen, die genügend Platz haben, das beliebteste größere Nutztier. Ziegenmilch ist ideal für Leute, die gegen Kuhmilch allergisch sind und kann auch zu köstlichem, eventuell mit Gartenkräutern gewürztem Käse verarbeitet werden. Eine Ziege benötigt einen trockenen Unterstand wie etwa einen Schuppen oder unbenutzten Stall, aber wenn dieser vorhanden ist und es einem nichts ausmacht, das Tier regelmäßig zu füttern, kann es sogar ohne großen Weideplatz gehalten werden. Entgegen der weitläufigen Meinung sind Ziegen beim Fressen oft wählerisch und benötigen, wenn sie Milch geben sollen, zum normalen Gras oder Heu noch Zusatzfutter.

Es gibt nichts, was man mit dem süßen Geschmack von Honig aus eigenen Bienenstöcken vergleichen könnte. Das Halten von Bienen hat zwar in den letzten 20 Jahren an Popularität verloren, ist jedoch eine sehr lohnende Aufgabe, und wenn die Bienenstöcke richtig gepflegt werden, können ein oder zwei davon genügend Honig für die ganze Familie und darüber hinaus erzeugen. Imker, die Honig mit einem besonderen Geschmack erhalten möchten, stellen die Bienenstöcke in der Nähe bestimmter Pflanzen auf, etwa an einem Hang voller Heidekraut oder, für Orangenblütenhonig, in einem Orangenhain. Eine weit vom Haus entfernte Wiese oder ein Obstgarten mit Wildblumen eignet sich gut als Standort für die Bienenstöcke. Sie sollten an einem Ort aufgestellt werden, der außerhalb der Reichweite von Kindern und Tieren liegt und wo man die Bienen nicht durch elektrische Heckenscheren oder Rasenmäher stört. Imker tragen für gewöhnlich aus praktischen Gründen weiße Overalls, da Bienen weiße Gegenstände selten stechen.

*Im Herbst
hängen die Hecken
voller Brombeeren,
die die Hände beim
Pflücken
weinrot färben.*

Die eigene Ernte

Die Suche nach Wildfrüchten in den Hecken, Wäldern, Feldern und Heiden in der Nähe des Landhausgartens ist eine der größten Freuden des Landlebens. Wie befriedigend ist es doch, mit einem Korb voller taufrischer, cremefarbener Pilze nach Hause zu kommen, die man schon zum Frühstück braten kann, oder mit wunderschönen blauschwarzen Schlehenbeeren, aus denen man Schlehenlikör für kalte Winterabende herstellt. Beim Sammeln von Beeren, Blättern oder Pilzen in der Natur muß man sich bei der Bestimmung der Pflanzen sicher sein, da manche Arten giftig sind und nicht giftigen oft stark ähneln. Am Anfang sollte man am besten mit einer erfahrenen Person sammeln und ein bebildertes Bestimmungsbuch mitnehmen, um sein Wissen während des Herumwanderns zu erweitern. Ist man sich bei einer Pflanze nicht hundertprozentig sicher, sollte man lieber übervorsichtig sein und sie stehenlassen.
Bei einem Spaziergang in der Natur kann man im Frühsommer besonders an Waldrändern Schätze wie die kleinen Walderdbeeren finden, während der Herbst die beste Zeit zum Ernten anderer Früchte ist. Dann hängen die Hecken voller Brombeeren, die die Hände beim Pflücken weinrot färben. Sie schmecken köstlich zu warmem, gedecktem Apfelkuchen oder können zu Sorbets, Eis und Eingemachtem verarbeitet werden. Mitte Herbst warten weitere Beeren und Früchte darauf, gesammelt zu werden. Die Vogelbeeren der Eberesche hängen in üppigen, scharlachroten Dolden herab,

Die eigene Ernte 103

und leuchtend goldene und rote Zieräpfel sehen wunderbar verführerisch aus und sind nun reif genug, um als Gelees zu Fleischgerichten eingemacht zu werden. Hagebutten, die reich an Vitamin C sind, sollte man sofort, nachdem sie gepflückt wurden, pressen und zu Sirup verarbeiten, wenn man ihre gesundheitsfördernde Wirkung erhalten möchte. Man kann sie sogar zum Herstellen von Suppen oder Wein verwenden.

Holundersträucher zu suchen, lohnt sich besonders, da sich sowohl die Blüten als auch die Früchte verwerten lassen. Im Spätfrühling oder Frühsommer werden die cremefarbigen Blütendolden geschnitten, aus denen sich ein köstliches Sorbet mit einem dem zarten, eigenen Geschmack von Muskatellerwein ähnelnden Aroma zubereiten läßt. Die Dolden können darüber hinaus für ein außergewöhnliches Dessert in Backteig getaucht, schnell frittiert und mit Puderzucker bestäubt werden. Die Blüten lassen sich auch zu einem alkoholfreien, als Holundersekt oder Holunderchampagner bekannten Getränk verarbeiten, das in manchen Ländern kommerziell produziert wird, während die Früchte selbst einen guten, schweren Wein ergeben. Aus den Beeren zusammen mit Äpfeln kann man eine hervorragende Götterspeise zubereiten, die besonders bei Kindern beliebt ist, oder man kombiniert sie mit Stachelbeeren als Sirup. Auch andere Früchte, wie etwa Heidelbeeren, Blaubeeren, Pflaumen und Mirabellen können zu köstlichen Kuchen, Nachspeisen und Eingemachtem verarbeitet werden.

Gegenüberliegende Seite links: Blaubeeren hängen in üppigen, blauen Trauben herab. Ähnlich wie die nordeuropäischen Heidelbeeren sollten auch diese nur in ausgereiftem Zustand geerntet werden, wenn sich die Beeren leicht von den Zweigen pflücken lassen.

Oben Mitte links und rechts: Weißdorn (links) und Schlehe (rechts) wachsen oft nebeneinander. Schlehen werden seit Hunderten von Jahren zur Herstellung von Schlehenlikör verwendet, während die Beeren des Weißdorns in früheren Zeiten, als Nahrungsmittel knapp waren, zu Eintöpfen verkocht und gegessen wurden.

Oben: Hagebutten und Brombeeren reifen nebeneinander in einer Hecke auf dem Land. Brombeeren können roh oder gekocht verzehrt oder zu süßer, dunkler Marmelade oder Gelee verarbeitet werden. Aus Hagebutten wurde traditionell Sirup hergestellt, den man während der Wintermonate als Mittel gegen Erkältungen einnahm.

Kräuter, Nüsse und Pilze

In der Natur wachsen viele Kräuter, die zur Verwendung in der Küche gesammelt werden können. Wilden Ampfer kann man für Soßen pflücken oder ein paar der jungen Blätter wegen ihres charakteristischen, scharfen Geschmacks zu grünem Salat hinzufügen. Wilder Thymian, Minze oder Majoran sind weniger dekorativ als die Gartensorten, vom Geschmack her jedoch genauso gut. Die jungen Blätter der Großen Brennessel können von April bis Juli (natürlich mit Handschuhen) gepflückt werden, um sie wie Spinat oder als Suppe zuzubereiten. Nach dieser Zeit solle man sie meiden, da die älteren Blätter eine abführende Wirkung haben. Löwenzahn ist als Unkraut sehr verrufen, aber die jungen Blätter sind eine Köstlichkeit, wenn man sie leicht blanchiert und zum Salat hinzufügt. Die Wurzeln kann man ebenfalls ausgraben, anschließend rösten und zermahlen und so ein kaffeeähnliches Getränk erzeugen.

Das Sammeln von Nüssen ist ein genußvoller Zeitvertreib für einen Herbstnachmittag, wenn die Blätter unter den Füßen rascheln, während die Sonnenstrahlen den Baldachin der Baumkronen durchbrechen. Eßkastanien werden traditionell zu Weihnachten über einem offenen Feuer geröstet, können jedoch auch zu einer gehaltvollen Suppe verkocht oder, zum Backen von Kuchen und Torten, zu Mehl zermahlen werden. Eicheln wurden in Europa zur Herstellung einer Art Kaffee gesammelt und in Amerika von Indianern vielfach verwendet, wenn auch sie heute nicht mehr so beliebt sind. Haselnüsse eignen sich ausgezeichnet für Süßspeisen, Kuchen und Nachspeisen sowie zur Herstellung von Likör; man muß sie jedoch sammeln, bevor sie ausgereift sind, da sie auch bei Eichhörnchen und anderen Nagetieren sehr begehrt sind.

Pilze können das ganze Jahr über gesammelt werden, aber der Herbst ist normalerweise die beste Zeit dafür. Einige Arten wachsen auf offenen Wiesen, andere im Wald, wobei Buchenwälder oft eine besonders gute Quelle sind. Man muß auf jeden Fall zwischen den einzelnen Arten unterscheiden können. Es sind zwar nur wenige hochgiftig, aber sie ähneln doch sehr manchen eßbaren Arten. Pilze sollten beim Pflücken mitsamt dem ganzen Stiel vorsichtig herausgedreht und anschließend in einen offenen Korb oder eine Papiertüte – und nicht in eine Plastiktüte – gelegt werden, da sie ohne Luftzufuhr schnell zu faulen beginnen. Neben den wohlbekannten und sehr begehrten Steinpilzen *(Boletus edulis)*, Pfifferlingen *(Cantharellus cibarius)* und den leider nur schwer zu findenden Trüffeln *(Tuber melanosporum)* gibt es noch viele andere Arten, aus denen sich schmackhafte Mahlzeiten zubereiten lassen. Da sind zum Beispiel köstliche Morcheln *(Morchella esculenta)*, blasse Austernseitlinge *(Pleurotus ostreatus)*, weiße Wiesenchampignons *(Agaricus campestris)* und die füllhornähnlichen Herbsttrompeten *(Craterellus cornucopioides)* mit ihrem wohlklingenden Namen. Die meisten von ihnen können frisch zubereitet und verzehrt oder durch Trocknen oder Einlegen für spätere Verwendungszwecke konserviert werden. Einige schmecken vorzüglich in Suppen oder Eintöpfen, während andere so gut sind, daß man sie fast ohne Zutaten, vielleicht gefüllt und als Ganzes, in einer Soße zu Risotto- und Nudelgerichten oder einfach sautiert und mit Rühreiern genießen kann.

Links: Die Köpfe von Sonnenblumen wurden gesammelt und zum Trocknen in die Sonne gelegt. Die Samen kann man aufbrechen und die Kerne roh essen oder sie zum Brotbacken verwenden.

Oben: Der Nackte Ritterling *(Lepista nuda)* erscheint im Spätherbst. Er gehört zu den köstlichsten Pilzen, doch manche Menschen können dagegen allergisch sein, weshalb es ratsam ist, zuerst ein kleines Stückchen zu probieren.

Rechts: Neben einem leuchtendfarbigen Kürbis schauen einige Eßkastanien aus ihren igelartigen Schalen hervor. Sie schmecken besonders gut, wenn sie an Winterabenden über einem offenen Feuer geröstet werden.

PRAKTISCHES GARTENZUBEHÖR

Gibt es am Ende eines langen, harten Tages etwas schöneres, als im Lieblingsgartenstuhl zu sitzen und die Abendluft zu genießen oder sich mit Freunden zu einem gemütlichen Essen bei entspannter Unterhaltung um einen schlichten Tisch zu versammeln? Die passenden Gartenmöbel, am richtigen Platz aufgestellt, können viel zur Stimmung und zum Stil eines Gartens beitragen. Daneben spielen auch sorgfältig ausgewählte Ornamente und geschickt arrangierte Kübelpflanzen eine Rolle, da sie dem Garten das ganze Jahr über Charakter, Individualität und eine persönliche Note verleihen. Die Freuden eines Wasserelements, etwa einem Teich oder Bach, können gar nicht hoch genug eingeschätzt werden. Wasser bringt Lebenskraft und eine angenehme Geräuschkulisse in den Garten, außerdem zieht es eine Vielzahl wildlebender Tiere an. Details sind in einem Landhausgarten sehr wichtig. Kleine Dinge fallen ins Auge, erzeugen eine entspannte Atmosphäre und tragen zu einem allgemeinen Harmoniegefühl bei. Beiläufig an der Hintertür abgestellte, abgenutzte Gartengeräte oder eine lädierte alte Blechgießkanne, die an einem Weg steht, vermitteln ein Gefühl von Kontinuität und Betriebsamkeit und fangen einen Moment der Ruhe und des Friedens in einer sonst rastlosen Welt ein.

Links: Mit diesem unauffällig gestrichenen Tisch und den Stühlen unter dem Kletterrosen-Baldachin wurde eine harmonische und ungezwungene Atmosphäre geschaffen.

Oben: Eine italienische Marmorbadewanne aus dem 19. Jahrhundert wurde zu einem dekorativen Wandbrunnen umfunktioniert und verleiht diesem schattigen Plätzchen zeitlose Würde. Die breiten, ausgetretenen Steinstufen unterstreichen die klassischen Linien und die Schlichtheit der Wanne.

Gartenmöbel auswählen

Bevor die Elektrizität in ländliche Gebiete Einzug hielt, wurden viele Hausarbeiten direkt vor dem Haus erledigt, um das Tageslicht zu nutzen. Eine einfache Holzbank diente als Sitzplatz, während man Wolle spann, Kleidung flickte oder Gemüse putzte. In den Mittelmeerländern sind auch heute noch Steinbänke im Schatten einer Hausmauer alltägliche Merkmale und laden den Gärtner zum Ausruhen ein. Innenhöfe oder Terrassen mit bequemen Stühlen und einem großen Tisch, die vielleicht durch einen Baum oder eine Pergola vor der Hitze der Sonne geschützt und von duftenden Pflanzen umgeben sind, werden zu einer Art Zimmer im Freien, wo Familientreffen an der frischen Luft stattfinden können.

Falls man ganzjährig im Freien bleibende Möbel im Garten haben möchte, sollte man ihren Standort sorgfältig planen. Die natürliche Wahl fällt meist auf einen Platz mit einem schönen Ausblick, der entweder eine weite Sicht bietet, etwa auf einen in der Ferne liegenden Hügel, oder ein näherliegendes kleines, aber ebenso reizvolles Element, zum Beispiel einen von Binsen umgebenen Teich, eine besonders elegante Rose oder ein Beet mit wohlriechenden Kräutern. Eine Gartenbank wird so zu einem eigenständigen Merkmal, man sollte ihren Effekt daher erst einmal mit einem gewöhnlichen Stuhl an verschiedenen Stellen des Gartens testen. Dies kann dabei helfen, herauszufinden, wie eine Bank die Stimmung und das optische Gleichgewicht der einzelnen Bereiche verändern könnte und welche Rolle sie in der Gesamtanlage spielt, wenn man sie aus unterschiedlichen Winkeln und Blickpunkten betrachtet. Natürlich ist auch die praktische Funktion des Möbelstücks zu bedenken.

Links: Während langer, trockener Sommer kann man Stühle aus dem Haus tagelang im Freien um einen stabilen Tisch im kühlen Schatten eines Baumes stehenlassen. Das Essen scheint in der milden Luft, beim Gesang von Vögeln und dem Zirpen von Grillen tatsächlich besser zu schmecken.

Unten: In einem naturbelassenen Garten bildet eine solche schlichte Holzbank einen auffälligen Blickfang sowie zugleich einen Platz, von dem aus man die Ruhe der Szene genießen kann. Das hohe Gras wird von Wiesenmargeriten geschmückt, die im sanften Windhauch mit den Köpfen nicken.

110 *Praktisches Gartenzubehör*

Unten: Ein lackierter Korbstuhl unter einem kleinen Baum bietet den idealen Ort, um sich zum Tagträumen zurückzuziehen. Tausende von Hahnenfußblüten leuchten im saftigen Gras und bilden eine natürliche Oase.

Rechts: Eine reich verzierte Bank aus Eisen und Holz verleiht der Szene eine exquisite Note und eine formale Struktur, die die breiten Rabatten ergänzen. Eine Rambler-Rose hängt in Kaskaden von einem großen Baum herab und erzeugt eine luftige, romantische Stimmung.

Soll es eine vom Haus entfernt stehende Bank sein, die Ruhe und Abgeschiedenheit bietet, eine Sitzgruppe für gesellschaftliche Anlässe, oder beides? Falls sich der Sitzbereich in der prallen Sonne befindet, muß eventuell auch daran gedacht werden, für Sonnenschutz zu sorgen.
Auch in Regionen, in denen das Wetter unbeständig ist oder ein rauhes Klima herrscht, spielen dauerhafte Steinmöbel oder mit Holzschutzmitteln behandelte Holzgarnituren eine wichtige dekorative Rolle. Da sie an einem festen Platz stehen, vergeudet man auch keine kostbare Zeit mit der Suche nach Stühlen, wenn die Wolkendecke einmal kurz aufreißt. Eine runde oder sechseckige Bank, die um den Stamm eines großen Baumes herum gebaut wurde, bietet einen wunderbaren Platz, um sich unter den ausladenden Ästen zu entspannen und den Garten zu betrachten. Auch in eine hohe Natur- oder Ziegelsteinmauer läßt sich ein Sitzplatz einbauen und so ein geschützter Platz schaffen, von dem aus man den Garten selbst an windigen Tagen genießen kann. Er könnte darüber hinaus während der Wintermonate auch als Stellplatz für Töpfe mit immergrünen Sträuchern dienen. Vielleicht zieht man auch leichte Klapptische und -stühle vor, die je nach Stimmung und Anlaß an verschiedenen Plätzen des Gartens aufgestellt werden können. Ein einfacher Tisch aus Holzlatten und mit Segeltuch bezogene Regiesessel sind gleichzeitig attraktiv und mobil, während traditionelle, gestreifte Liegestühle einem Sitzplatz eine gemütliche Atmosphäre

Gartenmöbel auswählen 111

verleihen und besonders gut in Küstengärten passen. Eine zwischen zwei kräftigen Bäumen oder anderen stabilen Halterungen befestigte Hängematte ist zum Entspannen an einem milden Sommertag ideal. Es gibt einfache Arten aus feinen Maschen und aufwendigere, gewebte Versionen, die man in Kunsthandwerkläden oft in vielen Farben und Mustern erhält.

Ob es sich bei den gewählten Gartenmöbeln nun um eine einfache Holzbank, einen reichverzierten, schmiedeeisernen Tisch und Stühle oder eine elegante Holzliege handelt, sie tragen in jedem Fall zum Gesamtbild des Gartens bei. Es ist besser, nach Möbeln zu suchen, die mit den anderen Gestaltungselementen harmonieren und nicht zu dominant und aufdringlich wirken. Für Küstengärten, die von flechtenbedeckten Steinmauern umgeben sind, bieten sich sehr einfache, ungekünstelte Gartenmöbel an. Schlichte, von der salzigen Luft angegriffene Tische und Stühle nehmen ein verwittertes Aussehen an, das sich gut in die Umgebung des Gartens einfügt. Wo die Sommer lang und trocken sind, können mit Stoff überzogene Liegestühle und Hollywoodschaukeln mit Baldachinen tagelang im Freien gelassen und von der Sonne ausgebleicht werden.

Ein formaler Landhausgarten, vielleicht mit geschnittenen Buchsbaumeinfassungen und Formgehölzen, verlangt nach edleren Möbeln. Schwere Hartholzbänke mit Rückenlehnen aus Holzlatten passen gut zu Hochstammrosen und rankenden Waldreben. Sie sind entsprechend der unter-

Oben: Eine zwischen den Hauptästen eines Baumes festgebundene Hängematte bietet einen schattigen Ruheplatz, von dem aus man sich an den blassen Blüten von Nachtviolen *(Hesperis)*, Akelei, Goldlack und Sonnenröschen erfreuen kann, die zwischen violettblauem Ehrenpreis wachsen.

Folgende Doppelseite: Der verwitterte Eisentisch und die Stühle passen perfekt zum wilden, naturbelassenen Erscheinungsbild dieses Landhausgartens. Rote Spornblumen *(Centranthus ruber)* und Weigelien leuchten im sanften Abendlicht.

Sanfte Blau-, Grau- und Grüntöne verschmelzen mit dem Garten und bilden subtile Wechsel von Tönen und Schattierungen, während kräftige Farben sofort ins Auge stechen.

schiedlichen Geschmacksrichtungen und dem Ambiente des Gartens in vielen Stilrichtungen erhältlich, etwa als Gitterwerk, Chinoisierie oder im klassischen Lutyens-Stil. Stühle aus Schmiedeeisen oder leichterem Aluminium bieten den Vorteil, daß man durch sie hindurch Blicke auf die Pflanzen oder eine Aussicht erhaschen kann. Sie sind normalerweise lackiert oder anderweitig zum Schutz vor Korrosion behandelt. Manche haben reiche Verzierungen, etwa ineinander verschlungene Blätter und Blüten, während andere in sehr zurückhaltendem Design mit einfachen Lehnen in Form gotischer Spitzbögen oder vertikaler Streben gehalten sind.

Durch die bedachte Verwendung von Farben kann ein schlichter Holzstuhl zu einem auffälligen Objekt werden. Sanfte Blau-, Grau- und Grüntöne verschmelzen mit dem Garten und bilden subtile Wechsel von Tönen und Schattierungen, während kräftige Farben sofort ins Auge stechen. In kühlen Regionen, in denen die Blütezeit relativ kurz ist, kann man den Garten durch farbige Tische und Stühle beleben. Die gedämpften, natür-

Gartenmöbel auswählen 115

lichen Töne einer groben Steinmauer oder eines alten Schuppens, der mit einem rostigen Wellblechdach gedeckt ist, können drastisch hervorgehoben werden, indem man daneben eine Bank in leuchtendem Smaragdgrün oder Knallrot aufstellt. Eine verblichene oder abblätternde Farbschicht läßt ein künstliches Objekt wie einen Stuhl oder Tisch natürlicher erscheinen, so als ob er zusammen mit dem Rest des Gartens entstanden wäre. Für ein formales Bild wird möglicherweise der unverfälschte Anblick eines frischen Farbanstrichs bevorzugt. Die Farben für Kissen- und Stuhlbezüge können so gewählt werden, daß sie mit den neben den Möbeln wachsenden Pflanzen harmonieren. Sie können aber auch einen starken Kontrast zu ihnen bilden und so eine überraschende Spannung erzeugen.

Links: Der lackierte Stuhl ist im Farbschema dieses Gartens ein Schlüsselelement, da sich in ihm die Farbe des dahinter blühenden Phloxes wiederholt.

Mitte: Ein stiller Sitzplatz wird durch einen weiß und rot gestreiften Liegestuhl belebt.

Oben: Die üppige, zwanglose Anpflanzung hat in diesem Stadtgarten eine ländliche Atmosphäre geschaffen. Die kupferfarbenen Blätter der Felsenbirne *(Amelanchier)* bilden einen auffälligen Kontrast zum pastellgrün lackierten Tisch und dem Stuhl, die fast mit ihrer Umgebung verschmelzen.

Oben: Eine Sonnenuhr auf einer Steinsäule dient als Mittelpunkt und Blickfang dieses Gartenbereichs. Die strenge, klare Form der Säule bildet einen schönen Kontrast zu den kraftstrotzenden, unregelmäßig verteilten Blättern der umgebenden Kürbisse.

Rechts: Sogar ein Briefkasten kann eine nette und dekorative Ergänzung für einen Garten sein. Auf den ersten Blick sieht dieser wie ein Vogelhäuschen aus, aber die Schlitze darin sind zu schmal, und wohl kein Vogel würde solch ein freistehendes Nest wählen.

Dekorative Elemente im Landhausgarten

Im Garten dienen dekorative Elemente als Blickfang oder Überraschung sowie dazu, einen bestimmten Stil oder eine Atmosphäre zu erzeugen und strukturelle Reize hinzuzufügen. Sie sagen auch etwas über den Charakter und die Phantasie des Gärtners aus, indem sie einen Hauch Persönlichkeit vermitteln. Dekorative Elemente können den Betrachter in einem ländlichen Garten in eine andere Zeit versetzen und einen kontinuierlichen Bezug zwischen Vergangenheit und Gegenwart herstellen. Ein abgenutztes Wagenrad, das gegen die Mauer eines alten Stalls oder Schuppens gelehnt ist, erinnert zum Beispiel an Tage, in denen das Pferd wichtiger war als das Auto und man sich gemächlicher als heute fortbewegte.

Es lohnt, sich Zeit zu nehmen und die Mühe zu machen, die passendsten Accessoires für das Grundstück zu suchen. Das Design, die Größe sowie die Materialien der Stücke sollten zum Stil des Gartens passen, um sich gut einzufügen. Eine neoklassizistische Statue, die frei inmitten eines Landhausgartens steht, kann beispielsweise zu formal wirken, während sie, wenn sie von einigen Farnen teilweise verdeckt ist, möglicherweise einen perfekten Anblick bietet. Man sollte auch bei abgerissenen Gebäuden und auf Schrottplätzen sowie bei Auktionen auf dem Land nach interessanten Stücken Ausschau halten. Dabei muß man abwägen, ob ein Accessoire am besten als wichtiger Blickfang wirkt, etwa am Ende eines von Blumen gesäumten Weges oder vor dem dunklen Hintergrund einer Eibenhecke, oder ob eine unauffälligere Stelle dafür besser geeignet ist, so daß die Besucher beinahe zufällig darauf stoßen und sich über das entdeckte »Geheimnis« freuen können. Der Stil und die Gestaltung des Gartens sowie die typischen Materialien und Merkmale der Umgebung können dabei als Inspiration dienen.

Eine Sonnenuhr auf einem Steinsockel bildet einen auffälligen Blickfang und könnte im Zentrum eines formalen Rosen- oder Gemüsegartens plaziert werden, wo sie als Mittelpunkt der Pflanzung dient. Eine mit Lavendel unterpflanzte Sonnenuhr ist inmitten einer Fülle üppiger weißer und rosafarbener Rosenstöcke ein Element der Ordnung und Ruhe.

Vogelbäder sind zugleich dekorativ und für die Vogelwelt und die Vogelliebhaber von Nutzen, wobei jeder flache, wassergefüllte Behälter in angemessener Größe, der in der Nähe von Sträuchern aufgestellt wird, die Vögel anlockt. Reichverzierte, steinerne Vogelbäder, die auf einem Sockel oder einer Säule stehen, verleihen einem einförmigen Beet mit niederwüchsigen Pflanzen Höhe und bieten Vögeln die Möglichkeit, außerhalb der Reichweite von Katzen in Sicherheit zu baden und zu trinken. Mit Wasser gefüllte, große, farbig glasierte Topfuntersetzer ziehen Vögel an; auf einem gepflasterten Bereich aufgestellt, reflektieren sie den Himmel und verleihen der Szenerie einen unerwarteten Farbtupfer.

Schobersteine mit ihrem einfachen, schlichten Aussehen sind unverwechselbare Merkmale eines Landhausgartens. Die wie Pilze geformten Steine wurden ursprünglich zum Stützen hölzerner Getreidespeicher verwendet sowie als Schutz der Vorräte, da Nagetiere nur schwer an ihnen emporklettern können. Am Ende eines Blumenbeetes aufgestellt, wird ein Schoberstein zu einem Blickfang und lenkt die Aufmerksamkeit auf die freieren Formen der ihn umgebenden Pflanzen. Man kann solche Steine auch zu beiden Seiten eines Gartentores oder eines Weges aufstellen, um einen Eingang hervorzuheben.

In landwirtschaftlichen Regionen wirken die Wände eines gemauerten Nebengebäudes reizvoller, wenn sie mit einer Reihe alter Eisenbeschläge und Pferdegeschirr wie zum Beispiel Teilen des Zaumzeugs und Hufeisen verziert sind. Traditionsgemäß wird ein Hufeisen über dem Eingang aufgehängt, um Glück zu bringen, und vielfach wird noch heute geglaubt, daß den Besitzer das Glück verläßt, wenn die Enden des Hufeisens nach unten verrutschen.

Statuen werden schon seit jeher zum Schmücken von Gärten verwendet. Die Römer stellten Figuren ihrer Götter in den Gärten auf, und auch heute noch strahlt ein Winkel mit einer eingewachsenen Statue die Atmosphäre eines Heiligtums aus. Für ländliche Gärten eignen sich kleine, stark verwitterte Statuen oder auch abgebrochene Teile einer Figur besonders gut. Der angeschlagene Kopf einer griechischen Priesterin unter einem von Wildblumen und Gras umgebenen Baum verleiht einer Gartenszene eine menschliche Note inmitten der abstrakten Formen und Strukturen der Pflanzen. Ein zwischen Funkienblättern hervorspitzender steinerner Frosch wirkt als Überraschungselement und ergänzt zugleich die glatte, rundliche Form des Laubs.

Architektonische Elemente aus Stein, etwa Kugeln, Säulen und Würfel, dienen als strenge, geometrische Formen und erzeugen ein Gefühl der Festigkeit und Struktur, das gut zu Wildpflanzen paßt. An anderen Stellen können sie die auffälligen Konturen von Formgehölzen unterstreichen. Eine Steinkugel könnte man vorne in einer Rabatte plazieren, so daß die Pflanzen sie wie ein lebender Bilderrahmen umgeben, oder sie als Schlußpunkt am Fuß einer Treppe verwenden. Eine Steinsäule oder ein Obelisk lenkt die Aufmerksamkeit auf einen bestimmten Bereich des Gartens und wirkt durch die vertikale Form das ganze Jahr über reizvoll (siehe auch »Kletterhilfen«, Seite 127–131).

Wandtafeln mit Verzierungen und Szenen im Flachrelief sowie dekorative Masken werden normalerweise aus Kunststein oder Terrakotta hergestellt, wobei auch hölzerne Masken mit Konservierungsmitteln behandelt und an einer Gartenmauer aufgehängt werden können. Eine an einer Steinmauer angebrachte Tafel, die teilweise von Efeu und Waldreben verdeckt wird, verleiht einem einfachen Arrangement zusätzliche Wirkung. Um einen einzigartigen Blickfang zu erzeugen, könnte man etwa ein Mosaik entwerfen, das ein Bild oder ein geometrisches Muster bildet und vielleicht sogar die ausgeprägten Formen der benachbarten Pflanzen widerspiegelt. Mosaikfliesen können flach auf dem Boden verlegt oder mit Zement an einer Wand befestigt werden.

Für ländliche Gärten, die Wiesenstücke, locker bepflanzte Bereiche oder Küstendünen umfassen, könnten natürlich aussehende, dekorative Elemente geeigneter sein. Objekte wie vermooste Äste oder Baumstämme, unregelmäßige Steinstücke, große, gefleckte Kiesel oder Steine sowie Muscheln oder Treibholz bieten interessante Strukturen und natürlich entstandene Formen. Im Halbschatten sehen die kleinen, zarten Blüten von Alpenveilchen *(Cyclamen)*, die sich zwischen sorgfältig plazierten, flechtenbedeckten Baumstämmen eingenistet haben, besonders anmutig aus. Ein verwitternder Baumstamm formt einen attraktiven Hintergrund für leuchtendgelbe Primeln und die sternblütige Strahlenanemone *(Anemone blanda)*.

Links: Eine steinfarbene Schüssel dient als Vogelbad, wobei das Wasser die Pflanzen und den Himmel darüber reflektiert. Ihre ruhige Farbe harmoniert mit den sanften Tönen des Klatschmohns *(Papaver rhoeas)*, der üppig um sie herum blüht.

Oben: Ein in gedämpften Creme-, Rosa- und Grüntönen gestrichenes Vogelhäuschen wird beinahe vollständig vom Laub verdeckt und bietet so einen sicheren Nistplatz für kleine Vögel.

Rechts: Ein Schoberstein steht geborgen zwischen der duftenden Moschusrose (Moschata-Hybride) 'Penelope', den Binsenlilien *(Sisyrinchium striatum,* vorn links) und den grauen Blättern des Wollziests *(Stachys byzantina)*. Seine rauhe Struktur und charakteristische Form bilden einen schönen Kontrast zur Zartheit der Pflanzen.

120 *Praktisches Gartenzubehör*

Architektonische Elemente erzeugen ein Gefühl der Festigkeit und Struktur, das gut zu Wildpflanzen paßt.

Dekorative Elemente im Landhausgarten 121

Links: Ein Doppelbogen über einem niedrigen Tor in einem Lattenzaun bildet eine attraktive Kletterhilfe für die Feuerbohnen. Eine wetterbeständige Laterne hängt vom Bogen herab und wird abends eingeschaltet, um Besuchern den Weg zu weisen und sie zu begrüßen.

Oben: Ein alter, im Laufe der Jahre schwarz gewordener Schornsteinaufsatz verleiht einer Rabatte, die dicht mit Zierlauch *(Allium aflatunense)*, Binsenlilien *(Sisyrinchium striatum)*, Roter Spornblume *(Centranthus ruber)* und einem anhaltend blühenden Storchschnabel *(Geranium)* bepflanzt ist, eine originelle Note.

Kübelpflanzen

Oben: Regelmäßiges Umstellen dieser verwitterten Terrakottatöpfe und das Austauschen der verblühten Pflanzen trägt dazu bei, daß der Garten immer lebendig und gesund aussieht.

Mitte: Ein als Hochstamm gezogener Zitronenstrauch *(Aloysia triphylla)* wird von Lavendel und Katzenminze *(Nepeta)* umwachsen. Während der kälteren Monate muß der Topf zum Schutz in ein Gewächshaus oder einen Wintergarten gestellt werden.

Im Handel ist eine endlose Vielzahl von Pflanzgefäßen wie Töpfe, Bottiche, Fässer und Kübel erhältlich, und mit etwas Phantasie können noch viele weitere Arten von Behältern zur Bepflanzung umfunktioniert werden oder als eigenständige Verzierungen dienen. Pflanzgefäße werden seit den Römern in Gärten verwendet, und viele der damals bekannten Stile haben sich seitdem kaum verändert. Sie bieten architektonischen Reiz und sind äußerst vielseitige Gestaltungselemente. Sie sind beweglich und können so einem Bereich zusätzliche Farbe verleihen, als Blickfang dienen oder einfach neu bepflanzt werden, wenn man das Arrangement verändern möchte. In Gärten mit schlechten Böden ermöglichen sie dem Gärtner, eine größere Pflanzenvielfalt zu erzielen und sind ideal zum Kultivieren frostempfindlicher Pflanzen unter kühleren Klimabedingungen geeignet, da sie in geschützten Räumen überwintert werden können.

Schlichte Töpfe und Kübel dienen als Hinter- oder Untergrund für aufwendigere Bepflanzungen und können in Gruppen verwendet werden, ohne dabei zu überladen zu wirken. Einfache, mit Kräutern bepflanzte Terrakottatöpfe lassen sich auf einer niedrigen Gartenmauer oder dem Fensterbrett vor dem Küchenfenster aufreihen, so daß die Kräuter gut zugänglich und problemlos zu pflegen sind. Töpfe können um die Hintertür

Kübelpflanzen 123

Unten: Ein Topf mit abblätternder Glasur paßt gut zu den bunten Blättern eines überhängenden Mottenkönigs *(Plectranthus)* und dem rechts davon wachsenden Spindelstrauch *(Euonymus)*. Die lockere Stimmung wird durch die munter blühenden Glockenblumen und Rosen dahinter verstärkt.

gruppiert und dadurch der Garten schon fast ins Haus gebracht werden, oder man stellt Tröge voller Pflanzen oder Kübel als Begrüßung zu beiden Seiten eines Gartentors oder Weges auf. Die Behälter sollten passend zum Stil und zur Atmosphäre des Gartens gewählt werden. Neben hölzernen, offenen Fässern, quadratischen Versailles-Übertöpfen, Tortöpfen, Schalen, Steingefäßen und Trögen sind auch Behälter aus Kunststein, Eternit, Fiberglas und hochfestem Kunststoff erhältlich. Diese sind zwar günstiger und oft leichter als solche aus natürlichen Materialien, verwittern jedoch im Laufe der Zeit kaum und können daher in einer ländlichen Atmosphäre unpassend wirken. Über die Ränder herabwachsende Hängepflanzen helfen, diesen Umstand auszugleichen.

Holztröge leisten über viele Jahre hinweg gute Dienste und haben, wenn man sie nicht lackiert, einen natürlichen, rustikalen Reiz. Da sie schwer sind, sollte man ihre Wirkung an verschiedenen Stellen ausprobieren, bevor man sie mit Substrat füllt. Terrakottatöpfe sind in vielen Stilrichtungen und mit unterschiedlichen Verzierungen, etwa Blumengirlanden, geometrischen Dekors oder Korbflechtmustern, erhältlich.

Manche Töpfe sind frostempfindlich. In kalten Regionen kann man das Risiko von Sprüngen verringern, indem man die Töpfe vom Boden abhebt

124 *Praktisches Gartenzubehör*

Oben: Dieser Holztrog paßt ideal zur Stalltür und dem alten Ziegelpflaster, die beide einen ländlichen Stil verkörpern. Große Königslilien *(Lilium regale),* die durch einen Hintergrund aus Efeu gut hervorgehoben werden, verbreiten ihren Duft bis ins Haus.

Rechts: Farbenprächtiger Islandmohn *(Papaver nudicaule)* füllt einen alten Schubkarren. Bepflanzte Schubkarren werden zwar manchmal als Klischee abgetan, haben jedoch den Vorteil, daß sie beweglich sind und somit der Gärtner augenblicklich Farbe in einen sonst eintönigen Bereich des Gartens bringen kann.

und auf Ziegel oder passende, eigens für diesen Zweck entworfene »Füße« aus Terrakotta stellt. Pflanzgefäße lassen sich aus großen Blechdosen, Eimern und Körben, steinernen Spülbecken, Bier- und Sherryfässern, Schornsteinaufsätzen, hölzernen Gemüsekisten und Futtertrögen improvisieren. Überschüssiges Wasser muß ablaufen können, weshalb der Gefäßboden gegebenenfalls mit Drainagelöchern versehen werden sollte. Ein steinernes Spülbecken ist zum Gestalten eines Miniaturgartens ideal. Kleinblättrige Pflanzen, die in einer Rabatte neben starkwachsenden Nachbarn kümmerlich aussehen oder von ihnen erdrückt zu werden drohen, gedeihen besser in einem Becken, das einen schlichten Rahmen bildet und sie so hervorhebt. Hierfür eignet sich beispielsweise die hübsche Binsenlilie *(Sisyrinchium bellum)* mit ihren irisartigen Blättern und blauen Blüten, zusammen mit niedrigen Nelken *(Dianthus)* und Phlox.

Lange, hölzerne Futtertröge bilden außergewöhnliche Behälter, die gut zu einer teilweise naturbelassenen Umgebung passen. Ursprünglich für Hühner- oder Entenfutter verwendete Tröge sind niedrig und somit zur Einfassung von Terrassen geeignet, da sie die Blicke auf den restlichen Garten nicht verstellen. Tiefere Tröge, die früher zum Füttern von Kühen, Schweinen oder Schafen verwendet wurden, sind manchmal aus Metall oder sogar Stein gefertigt. Sie sind schwer und sollten deshalb einen festen Platz erhalten.

Schornsteinaufsätze eignen sich ideal für hängende Pflanzen und dazu, einer Gruppe von Töpfen und Kübeln Höhe zu verleihen. Baustoffhändler haben Schornsteinaufsätze in verschiedenen Höhen vorrätig. In Wertstoffhöfen kann man häufig außergewöhnliche alte Aufsätze wie zum Beispiel quadratische Kappen oder solche mit schmückenden Details wie einer pastetenartigen Oberfläche oder in den Ton gedrückten Muster aufstöbern. Die Pflanzen sollten in einen eigenen Blumentopf gesetzt und anschließend oben im Schornsteinaufsatz plaziert werden. Dadurch kann die Bepflanzung schnell und einfach ausgetauscht werden, wenn man ein anderes Bild gestalten möchte.

Ein mit Pflanzen gefüllter Korb auf einem Tisch oder einem alten Holzstuhl hat natürlichen Charme. Körbe bilden einen strukturellen Reiz und können auch lackiert werden, um Gartenmöbel zu ergänzen oder den Hintergrund für eine bestimmte Pflanze zu bilden. Sie sind jedoch nicht sehr haltbar und sollten mit Polyurethanlack oder -farbe gestrichen werden, um die Lebensdauer zu verlängern. Man kann Pflanzen zuerst in Blumentöpfe setzen und anschließend im Korb gruppieren und sie so gegebenenfalls wieder herausnehmen oder austauschen.

Eine kahle Wand läßt sich reizvoller gestalten, indem man an strategischen Stellen ein oder zwei Töpfe als Blumenampeln aufhängt. Dies ist eine besonders gute Möglichkeit, solche Pflanzen zu ziehen, deren Schönheit man am besten aus der Nähe bewundert, da man sie dann in Augenhöhe genau betrachten kann. Wandgefäße gibt es zum Beispiel in Form von Köpfen; sie sehen besonders reizvoll aus, wenn man sie vor einem Hintergrund aus buntlaubigem Efeu aufhängt und mit Schneeglöckchen bepflanzt, die über den Rand hinaus wachsen und dann ihre Augen umrahmen können. Eine an einer Mauer aufgehängte Heukrippe aus Eisen bildet einen hübschen Pflanzcontainer und verleiht dem Garten sofort eine ländliche Atmosphäre, wenn sie an einer Scheune oder einem Schuppen befestigt ist. Die Krippe muß ausgekleidet werden, damit sie das Substrat hält. Dafür könnte man eine schwarze Kunststoffolie verwenden, die mit einer Schicht Stroh verdeckt wird.

Kletterhilfen

Mit üppig rankenden Rosen, duftendem Jasmin oder himmelblauer Prunkwinde überwachsene Pergolen oder Rankbögen können in einem Landhausgarten ein reizvoller Anblick sein. Diese Konstruktionen dienen nicht nur als architektonischer Blickfang, sondern bieten auch Halt für Kletterpflanzen und können zur Umrahmung eines Ausblicks oder Gehwegs oder zur Verbindung zweier Gartenbereiche verwendet werden. Pergolen sind mindestens schon seit den Römern sehr beliebt, wo mit Weinreben bedeckte Konstruktionen einen willkommenen, schattigen Zufluchtsort im heißen Mittelmeerklima boten. Lauben – reichverzierte, offene Bauten aus Holz, Schmiedeeisen oder phantasievollem Drahtgeflecht – waren besonders im 18. und 19. Jahrhundert populär. Meist waren sie mit Rosen berankt und an den Seiten offen, damit sich ihr Inneres mit dem Duft der Blüten füllen konnte.

Pergolen im Stil des Gartenarchitekten Lutyens werden aus stabilen Ziegel- oder rechteckigen Steinsäulen sowie kräftigen, an den Enden winkelig zugeschnittenen Querträgern gebaut. Sie sind haltbar und dienen als zuverlässige Stützen für schwere Pflanzen wie Goldregen *(Laburnum)* und Glyzinien *(Wisteria)*. Leichtere Konstruktionen können aus stabilen Holzpfählen sowie Holzgittern für das Dach gefertigt werden.

Links: Von der duftigen Kühle einer mit Rosen umrankten Laube aus Holzgittern schweift der Blick entlang dieses Weges zu einem Eingang in einer Mauer, der die Neugier weckt und der ebenfalls von einer Kletterrose berankt ist. Schwere Kletterpflanzen benötigen kräftige Konstruktionen wie diese als Stütze, wenn sie gut gedeihen sollen.

Oben: Diese stabile Pergola läßt ihre Holzbalken von einem verschwenderisch blühenden Geißblatt überwuchern, während eine farbenprächtige Rose an ihrer Seite emporrankt. Beide Pflanzen verströmen einen betörenden Duft und machen das Schlendern oder Verweilen unter der Pergola zu einem sinnlichen Genuß.

Kletterhilfen 129

Eine dekorative Stütze dient während des Wachstums der sie umgebenden Pflanzen als Blickfang und erzeugt Kontraste in Höhe und Struktur.

Links: Eine solche traditionelle Anordnung von Stangen bietet eine reizvolle Struktur und zugleich Halt für die Feuerbohnen. Die Hecke aus Essigrosen (*Rosa gallica* 'Versicolor') im Vordergrund wurde bewußt niedrig gehalten, damit sich die Stämmchen selbst tragen.

Oben: Alte, verrostete, an Stangen befestigte Federn, die zwischen abblühende Taglilien (*Hemerocallis*) gesteckt wurden, bilden eigenständige, charakteristische Elemente und könnten einem ganzen Wald voller rankender Kapuzinerkressen Halt bieten.

Rechts: Über einer Edeldistel (*Eryngium*) wurde ein schöner Käfig aus Reisigzweigen geformt, um ihre spätblühenden, nicht sehr kräftigen Triebe zu stützen. Der Käfig bildet einen guten Kontrast zu dem formalen Gefäß, während seine Farbe mit der des Majorans harmoniert.

Auch die Seiten einer Laube können mit Holzgittern versehen werden, um verschiedenen rankenden und kletternden Pflanzen Halt zu geben, während man trotzdem noch zwischen den Blättern hindurch einen Blick auf den dahinterliegenden Garten werfen kann.

Ein Großteil des Reizes ländlicher Blumenrabatten liegt in ihrer wilden, ungezähmten Erscheinung, wobei Pflanzen über das Pflaster quellen, eine Mauer einhüllen oder in Kaskaden über Spaliere herabhängen. Manche Pflanzen müssen jedoch gestützt werden, wenn der gesamte Effekt nicht von willkürlichem Charme in ungepflegtes Chaos übergehen soll. Eine Möglichkeit ist das Verwenden von unauffälligen Stützen wie etwa dünnen Haselnußzweigen oder Pfosten und Drähten, die später von den ausgewachsenen Pflanzen zumindest zum Teil verborgen werden. Man kann auch Kletterhilfen benutzen, die genauso attraktiv wie die Pflanzen selbst sind.

Eine dekorative Stütze dient nicht nur während des Wachstums der sie umgebenden Gewächse als Blickfang, sondern hat auch das ganze Jahr über ihren Reiz, was besonders bei laubabwerfenden Kletterpflanzen von Vorteil ist. Durch Kletterhilfen können in einem Beet mit niederwüchsigen Pflanzen Kontraste in Höhe und Struktur erzeugt werden. Sie eignen sich auch als auffällige Markierungspunkte, um die Konturen einer Anordnung zum Beispiel an den vier Ecken eines Gemüsegartens oder in der Mitte eines symmetrischen Kräutergartens hervorzuheben. Sogar ein ziemlich formales Element wie etwa eine Steinsäule kann in einer natürlichen Umgebung wirkungsvoll sein, da es einen guten Kontrast zu den lockereren Formen der Pflanzen bildet.

130 *Praktisches Gartenzubehör*

Die strenge, geometrische Form eines alten Steinobelisks, der von einer Kugel gekrönt wird, bildet in jedem Garten eine auffällige Ergänzung. Daneben sind auch antike und nachgebildete Metallobelisken erhältlich, die aus Eisen oder Stahl hergestellt und anschließend lackiert werden. Hölzerne Obeliske und dreiseitige Pyramiden, deren Seiten aus Spalieren bestehen, wurden im 17. Jahrhundert eingeführt. Sie sehen leichter und zerbrechlicher aus als solche aus Stein und passen möglicherweise besser in Landhausgärten. Sie sind oft weiß gestrichen, doch diese Farbe kann störend wirken. Für eine unauffälligere Erscheinung kann man Dunkelgrün, Graublau oder Blauviolett verwenden.

Zu einem Zelt geformte, schlichte Stangen haben einen viel einfacheren und natürlicheren Effekt. Sie bieten eine stabile Stütze, die gleichzeitig das Gewicht mehrerer Kletterpflanzen wie etwa einer Rose, einer Waldrebe oder auch Glyzinie *(Wisteria)* tragen kann. Bambusrohre sind für leichtere Pflanzen wie etwa Duftwicken oder Prunkwinden geeignet. Damit Pflanzen nicht auf den Weg oder in den Rasen fallen, kann eine Rabatte mit ein-

Kletterhilfen 131

fachen Minizäunen eingefaßt werden, die man bei Bedarf an einen anderen Platz versetzen kann. Aus gespaltenem Kastanienholz gefertigt, sehen sie auch nach einiger Zeit noch schön aus und halten viele Jahre.

Die Kunst des Spalierbaus – also aus hölzernen Streben und Leisten ein Gitterwerk zu bilden – wird mindestens schon seit dem 14. Jahrhundert ausgeübt. Diese Mode erreichte Ende des 17. Jahrhunderts ihren Höhepunkt, als man kunstvoll gearbeitete Konstruktionen fertigte, die die architektonischen Formen und Details von gemauerten Gebäuden widerspiegelten. Heute sind häufig vorgefertigte Spaliergitter in den unterschiedlichsten Formen und Größen erhältlich, einschließlich solchen in trompel'œil-Form, die den Anblick eines Bogentunnels mit perspektivischen Mitteln vortäuschen. Leichte Spaliere, die für gewöhnlich in rautenförmigen oder rechteckigen Mustern gefertigt sind, werden häufig als Rankhilfe für Kletterpflanzen an einer Mauer befestigt. Stabilere Ausführungen mit einbetonierten Pfosten als Stützen kann man für Zwischenwände zur Unterteilung des Gartens verwenden. Dadurch schafft man abgetrennte Bereiche und erhält trotzdem eine luftige, offene Atmosphäre, um verführerische, flüchtige Blicke in dahinterliegende Gartenteile zuzulassen.

Links: Durch Drähte gefädelte Rosentriebe ranken an diesen neoklassizistischen Säulen empor und bilden einen wunderbaren Blütenvorhang. Zwischen den Rosen hat sich Fingerhut ausgesät, dessen Form einen Kontrast zu den Rosen bildet, während sich ihre Farben ergänzen.

Mitte: In einer Wand aus schlichtem Gitterwerk, das zum Stützen von Duftwicken mit Draht bespannt ist, wurde ein Fenster geschaffen. In dem dahinterliegenden Gemüsegarten schützt ein aus Weiden geformter Kegel die Keimlinge vor versehentlichem Niedertrampeln.

Rechts: Ein gestrichener Obelisk betont die Farben dieser durchdacht bepflanzten Rabatte und dient zugleich als Klettergerüst für eine zwischen dem Fingerhut und dem Knöterich (*Polygonum*) wachsende Waldrebe (*Clematis*).

Wasser im Garten

Ein Teich oder Bach verleiht einem Garten ein Gefühl von Leben und Bewegung und erzeugt einen Einklang mit den natürlichen Rhythmen der Landschaft. Wie entspannend es doch ist, neben einem stillen Wasser zu sitzen und smaragdgrüne Libellen zu beobachten, wie sie sich kurz auf die Wasseroberfläche senken und dann darüber hinwegsausen. An einem heißen Tag wirkt bereits das Geräusch eines plätschernden Baches oder sprudelnden Springbrunnens angenehm und kühlend. Wassergärten ermöglichen es, eine größere Vielzahl von Pflanzen zu kultivieren und locken zahlreiche wildlebende Tiere wie zum Beispiel Wasservögel, Frösche und Wassermolche an, die faszinierend zu beobachten sind und außerdem helfen, die Zahl der Schnecken im Garten niedrig zu halten.

Vielleicht hat man das Glück und besitzt einen natürlichen Teich auf dem Grundstück, der durch Quellen, die das Wasser stets erneuern, versorgt wird. Ein zu einem Bauernhof gehörender Weiher, dessen Ufer mit gelben Schwertlilien *(Iris)* und Binsen überwachsen sind, hat einen einmaligen Charme und wird zu einem Paradies für Schmetterlinge, Amphibien und Vögel sowie Hausenten und Hausgänse. Für den Gärtner ist ein natürlicher Teich ein Segen, da er dort ideale Bedingungen für eine herrliche Auswahl von Pflanzen vorfindet. Im feuchten Uferbereich des Teichs gepflanzte *Gunnera manicata* oder *Rodgersia* verwandeln ihn in einen üppigen Dschungel. Etagenprimeln (zum Beispiel *Primula bulleyana*) in Blaßrosa, Kirschrot oder Orange, die in dichten Gruppen zwischen Gräsern und Farnen wachsen, bieten einen farbenprächtigen und eindrucksvollen Anblick.

Links: Ein großer ländlicher Weiher reflektiert das Licht und bildet einen schönen Kontrast für die umgebende, naturnahe Bepflanzung. Die große, dunkelblättrige Gartenmelde *(Atriplex hortensis)* harmoniert mit den Ähren der weißen Königskerze *(Verbascum)*, während gelbe Nachtkerzen *(Oenothera)* Gleichgewicht in die Anordnung bringen.

Oben: Das üppige Wachstum der Pflanzen im und am Wasser kann eine dschungelartige Atmosphäre zaubern. Hier gedeihen die großen Blätter des Zierrhabarbers *(Rheum palmatum* 'Atrosanguineum') am Ufer des Teichs. Eine silberblättrige Weide bringt ebenso wie der kleine, metallene Grashüpfer Abwechslung in Form und Farbe.

134 *Praktisches Gartenzubehör*

Ein Teich kann wie ein Teil eines Bachlaufs geformt werden, indem man ihn lang und schmal anlegt. Trittsteine oder eine einfache Fußbrücke über den Teich vervollständigen diesen Eindruck.

Links: Frösche (und Kröten) sind eine willkommene Ergänzung in jedem Garten, da sie helfen, ihn frei von Schnecken und anderen kleinen Schädlingen zu halten.

Mitte: Ein stiller, von Bäumen eingeschlossener See glitzert im Sonnenlicht. Hier ist ein idyllischer Platz zum Entspannen entstanden. Der hölzerne, von purpurrotem Blutweiderich *(Lythrum)* gesäumte Steg dient sowohl als Sitzplatz als auch als Aussichtspunkt, während die Bänke den Blick auf den dahinterliegenden See einrahmen.

Auch im kleinsten Garten ist Platz für einen Teich. Ein in den Boden eingesenktes Faß spiegelt den Himmel wider und ist für eine Seerose *(Nymphaea)* oder Schwertlilie gerade tief genug. Mit Hilfe eines schräg in das Wasser gelegten Holzstücks können Frösche und andere kleine Tiere wieder herausklettern und bleiben nicht gefangen. Um abgestandenes Wasser zu vermeiden, kann ein kleiner Springbrunnen eingebaut werden, der das Wasser in Bewegung hält und es mit Sauerstoff anreichert. Für große, künstlich angelegte Teiche verwendet man am besten eine flexible Auskleidung aus Teichfolie, etwa aus Butylkautschuk oder Polyethylen. Dadurch können naturgetreue Formen erzeugt werden, außerdem hält das Material sehr niedrigen Temperaturen zuverlässiger stand als Beton oder steife, vorgeformte Kunststoffwannen. Die Kanten der Folie können an einer Terrasse durch das Steinpflaster oder auf dem Rasen unter den Soden verborgen werden, oder man verlegt einen Teil der Folie in einem naturbelassenen Bereich des Gartens unter der Erde, um eine Feuchtzone für

Wasser im Garten 135

Unten: Große Goldfische schwimmen in einem mit Schwertlilien, Seerosen und Binsen bewachsenen Teich. Die großzügige Pflanzendecke bietet viele Verstecke und hilft, die Fische vor Räubern wie etwa Fischreihern zu schützen, die beim Fischen gerne im flachen, klaren Wasser stehen.

Sumpfpflanzen zu schaffen. Ein Teich kann wie ein Teil eines Bachlaufs geformt werden, indem man ihn lang und schmal anlegt. Am einen Ende plazierte, große Steine verleihen den Eindruck, daß darunter die Quelle entspringt, und Trittsteine oder eine einfache, über den Teich gebaute Fußbrücke aus Planken vervollständigen den Eindruck. Über das hintere Ende könnten die Äste von Weiden *(Salix)* oder Ahornbäumen *(Acer)* herabhängen und es so verbergen.
In einem Garten ohne natürliches Gewässer kann der Klang und die Freude einer Quelle durch das Installieren eines Mühlsteins oder eines Springbrunnens erzeugt werden. Da sollte das Wasser ruhig über den flachen, runden Stein laufen oder auf Pflaster- oder Kieselsteine plätschern, die auf einem Gitter über einem kleinen Becken mit der Pumpe liegen. Einen solchen Brunnen kann man natürlicher gestalten, indem man ihn zum Beispiel mit Funkien *(Hosta)*, Farnen und Ziergräsern säumt und kriechende Pflanzen über die Steine wachsen läßt.

Wasser im Garten 137

Von einem eleganten Springbrunnen mit Sockel plätschert Wasser in das darunterliegende Becken. Das Geräusch von fließendem Wasser ist zugleich beruhigend und angenehm. In alten Zeiten wurde Wasser in den Mittelmeerländern und im Nahen Osten als lebenswichtiges Element betrachtet. Die üppige Bepflanzung mit Akanthus und Rosen gleicht den formalen Stil des Brunnens aus und erzeugt ein Gefühl üppiger Fülle.

138 *Praktisches Gartenzubehör*

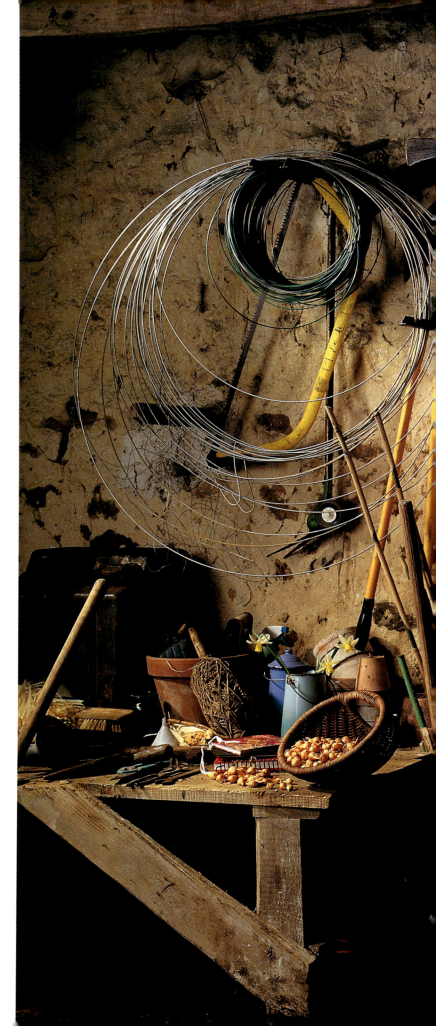

Gartengeräte

Altertümliche Geräte, wie eine unter einem knorrigen Apfelbaum vergessene, rostende Rasenwalze, ein Heukarren oder ein beiläufig an die Wand eines Schuppens gelehnter Rechen verleihen den Eindruck, daß bereits Generationen von Gärtnern das Grundstück gepflegt haben und geben das beruhigende Gefühl von Zeitlosigkeit und Kontinuität. Traditionelle, vorzugsweise alte Metallwerkzeuge mit hölzernen Stielen, die im Lauf der Jahre durch ihre Verwendung glänzend und blankgerieben wurden, sind schön anzuschauen und gut in den Händen zu halten und darüber hinaus sehr praktisch. Ebenso ist eine altertümliche, hölzerne Regentonne zugleich dekorativ und nützlich. Durch ihre sanft gerundeten Seiten und den Holzdeckel bildet sie einen angenehmen Blickfang, besonders wenn noch ein geflochtener Korb aus geschälten Weidenzweigen auf ihr thront.

Im 19. Jahrhundert wurden verzinkte Gießkannen in vielen Größen und mit unterschiedlichen Brausen hergestellt, damit der Gärtner Pflanzen gemäß ihren Bedürfnissen bewässern konnte. Sie sind heute noch genauso

Gartengeräte 139

Altertümliche Geräte verleihen den Eindruck, daß bereits Generationen von Gärtnern das Grundstück gepflegt haben und geben das beruhigende Gefühl von Zeitlosigkeit und Kontinuität.

Links außen: Dieser schöne, alte Apfelbaum mit den herabhängenden Mistelzweigen bildet den passenden Hintergrund für eine schwere, rostgesprenkelte Rasenwalze.

Links: Im kühlen Dämmerlicht dieses Geräteschuppens hat der Gärtner sämtliche Geräte für die verschiedenen Arbeiten zur Hand. Die unterschiedlichen Gabeln haben alle ihre eigene Funktion. Der verzinkte Draht wird zum Erziehen von Kletterpflanzen und Sträuchern verwendet.

140 *Praktisches Gartenzubehör*

Unten: Die dicken Gummireifen dieses Schubkarrens garantieren, daß der Rasen nicht beschädigt wird. Die langstielige Gabel ist zum Umgraben im hinteren Bereich einer dicht bepflanzten Rabatte von unschätzbarem Wert.

Rechts: Ein antiker Gießwagen aus verzinktem Metall steht inmitten von üppig wachsendem Immergrün *(Vinca)*. Wie Statuen stehen diese Wolfsmilchpflanzen *(Euphorbia)* im Hintergrund. Sie gedeihen zwar an solch einem trockenen Platz gut, aber die Töpfe mit den Stiefmütterchen müssen jeden Tag gegossen werden.

nützlich wie vor hundert Jahren, und falls man keine geerbt hat, kann man sie immer noch in Trödelläden und auf Auktionen ersteigern.

Ein gut ausgerüsteter Geräteschuppen ist für einen angenehmen und produktiven Arbeitsplatz förderlich. Die Werkzeuge sind entlang der Wände des Schuppens sauber angeordnet, wobei jedes seinen eigenen Platz hat. Rostfreie Schaufelblätter und Klingen aus Stahl, die vor dem Aufräumen gesäubert wurden, glänzen wie neu, und alte Pflanzhölzer liegen neben Reihen gründlich geschrubbter Tontöpfe bereit, die alle sorgfältig nach Größen sortiert sind. Vielleicht sind da auch noch einige Stapel gefalteter Jutesäcke, die bei Bedarf empfindliche Pflanzen vor beißendem Wind und Frost schützen sollen. In Streifen gerissen, können sie etwa um die Stämme von Hochstammrosen gewickelt werden, um ein Durchfrieren zu vermeiden.

Als Schutz über besondere, spätfrostempfindliche Sämlinge gestülpte, gläserne Glocken oder Laternen sehen wie seltsame, aus dem Boden ge-

schossene Blumen aus, und kleine, speziell für diesen Zweck entworfene Formen haben einen zeitlosen Charme. Mit Laternen unterschiedlicher Formen und Größen schützte man schon Mitte des 18. Jahrhunderts junge und zarte Pflanzen vor dem Frost. Frühbeetkästen und Glasglocken aus Holz beziehungsweise Glas wurden sogar schon eher, nämlich seit dem frühen 17. Jahrhundert, verwendet, was ein Beweis dafür ist, daß ein gut durchdachtes Gartenzubehör nie aus der Mode kommt.

Oben: Wunderschöne Glasglocken, die ebenso reizvoll wie praktisch sind, schützen frisch gepflanzte, empfindliche Gewächse vor späten Nachtfrösten und hungrigen Schnecken.

Register

Mit * versehene Seitenangaben verweisen auf Abbildungen.

Aborte 39–40, 42–43*
Accessoires 116
Acer pensylvanicum 57
Achillea 46*, 93
Ackerwinde 41, 60
Akanthus 136–137*
Akelei 58*
Alant 72*
Alchemilla mollis 31, 73*, 94*
Allium 64–65*, 81
    A. aflatunense 121*
    A. moly 70
    A. schoenoprasum 95, 96*, 97*
Aloysia triphylla
Althaea 58
Amelanchier 55*, 115*
Angelica archangelica 92–93*, 95
Äpfel 88, 91
Apfelbäume 25, 88–89*, 138*
Aquilegia 58*
Artemisia absinthium 95
Artischocken 65*, 92–93*
Asphodeline lutea 64–65*
Astilben 38*, 48

Bänke 109*, 110*
Bartnelke 55*
Basilikum 95
Bäume 50–51, 55, 72
Beinwell 96
Bergamottöl 96
Berufkraut 37
Bienen 100, 101*
Binsen 135*
Birnbäume 88
Birne 51
Blumenkohl 79
Blutweiderich 134–135*
Bodentyp 48
Bohnen 80, 128*
Brandkraut 8–9*, 70
Brennesseln 13*
Buchenhecke 25, 25*
Buchsbaum 25, 28, 59*
Buxus sempervirens 25, 28, 59*

Calendula officinalis 76, 82, 82*, 96
Campanula 6*, 72, 123*
    C. lactiflora 44*
Centranthus 64–65*, 70, 112–113*, 121*
Chamaemelum nobile 96
Chrysantheme 52
Chrysanthemum 64*

Citrus bergamia 96
Clematis 23, 41
    C. vitalba 56*
Cleome hassleriana 88–89*
Convolvulus tricolor 'Heavenly Blue' 41, 60
Cotinus coggygria 'Royal Purple' 19
Cotoneaster 70
Crambe cordifolia 87*
Crataegus 23, 72
Crocosmia 88–89*
Cupressus sempervirens 58
Cynara cardunculus 65*
    C. scolimus 92–93*

Dahlien 88–89*
Delphinium 58, 73*, 78–79*
Dianthus 64–65*, 124
    D. barbatus 55*
Dicentra spectabilis 66–67*
Duftpflanzen 69
Duftwicke 78–79*, 79*

Eberesche 72, 91, 103
Echinops 46–47*, 51
Edeldistel 52–53*, 70, 129
Efeu 23, 39*, 41, 124*
Eibe 28, 58, 64
Eiche 105
Eichenhecke 23, 25
Engelwurz 92–93*, 95
Enten 99–100
Erigeron karvinskianus 37
Eryngium 52–53*, 70, 129
Escallonia 70
Eselsdistel 72
Eselsohren 31
Eßkastanien 105, 105*
Eucalyptus 51, 57
Euonymus 123*

Farben 62–67, 80–81
Farne 37, 55, 62*, 135
Fässer, hölzerne 123, 124*
Federborstengras 37*
Feigenbäume 90*
Felsenbirne 55*, 115*
Fenchel 64, 74*, 76, 93*, 95, 95*, 96, 96*
Feuerbohne 76, 80, 82*, 128*
Feuerdorn 19, 60*, 72
Fingerhut 6*, 45*

Flieder 22–23*
Formgehölze 25, 58, 58*, 59*
Frauenmantel 31, 73*, 94*
Frösche 134*
Funkie 38*, 48, 135

Gaillardia aristata 55*
Gänse 98–99*, 100
Gänseblümchen 38*
Gartengebäude 39–43
Gartengeräte 13*, 138–141
Gartenhäuser 43
Gartenmöbel 105–115, 114*, 115*
Gartenresede 69
Gartensalbei 74*, 96
Geißblatt 28, 69*, 127
Gemüse 76–87
Geranium 64*, 66–67*, 70, 94*
Geräte 13*, 138–141
Geräteschuppen 138–139*, 140–141
Gewächshäuser 13*
Gießkannen 140
Gießwagen 140–141*
Glasglocken 141, 141*
Glockenblume 6, 44*, 72, 123*
Goldgarbe 46, 93*
Goldregen 127
Greiskraut 8*
Gunnera manicata 133

Hagebutten 103*
Hahnenfuß 110*
Hainbuchenhecke 25
Hängematten 111, 111*
Haselnuß 25
Hechtrose 54
Hecken 23–25, 25, 58, 58*, 59
Hedera 23, 39*, 41, 124*
    H. colchica 'Sulphur Heart' 60
    H. helix 'Goldheart' 60
Heiligenkraut 25, 95
Helianthus
    H. annuus 41, 48–49*, 104*
    H. tuberosus 48–49*
Helleborus × sternii 64
Hemerocallis 129*
Hirschzunge 54
Holunder 64, 103
Hortensie 38*, 60
Hosta 38*, 48, 135
Hühner 98, 98*, 99
Hydrangea anomala ssp. petiolaris 60
Hydrocotyle 19*

Ilex 23, 25, 51, 72
Indianernessel 95
Innenhöfe 31, 109
Inula 72*
Iris 8–9*, 46*, 72*, 135
Islandmohn 125*

Jasmin 28, 70
Jungfernrebe 60*
Jungfer im Grünen 31*, 58
Junkerlilie 64–65*

Kamille, Römische 96
Kapuzinerkresse 83*, 88–89
Kardone 65*
Kartoffeln 76, 79*
Kartoffelrose 55*
Katzenminze 46*, 72, 73*, 122–123
Kermesbeere 95
Kirschen 88
Klatschmohn 119*
Klebsame 39*
Kletterhilfen 127–131
Kletterhortensie 60
Kletterpflanzen 60–61, 127–131
Kletterrosen 28, 60, 106*, 127*, 130*
Knöterich 72, 131*
Kohlarten 76, 78–79*, 79
Kokardenblume 55*
Königskerze 41, 51, 51*, 132–133*
Königslilie 68*, 124*
Koriander 96
Kräuter 69, 74*, 93–97, 96, 105
Kübelpflanzen 122–125
Kugeldistel 46–47*, 51
Kürbisse 80*
Küstengärten 70

Laburnum 127
Laternen 120–121*
Lauben 126*, 127
Laurus nobilis 74, 75, 96
Lavendel 70, 72, 88*, 95, 96
Leinkraut 44*
Liebstöckel 74, 95
Liegestühle 114–115*
Lilium regale 68*, 124*
Linaria purpurea 44*
Lorbeer 74, 75, 96
Lupine 66–67*

Magnolia stellata 25*
Majoran 95, 96*, 129*
Malus 91

Malve 96
Mangold 81
Margerite 109*
Mauern 16–17*, 19
Meerkohl 87*
Minze 95, 105
Mohn 19, 49*, 51–52*, 52–53*, 58, 70, 72*, 119*, 125*
Monarda fistulosa 95
Montbretie 88–89*
Mottenkönig 123*
Mutterkraut 64*
Myosotis 52*
Myrte 96*

Nectaroscordum siculum 97
Nelken 55*, 64–65*, 124
Nepeta 46*, 72, 73*, 122–123*
Nicotiana 69
    N. alata 69
    N. sylvestris 88–89*
Nieswurz 64
Nigella damascena 31*, 58
Nüsse 105
Nutztiere 98–100
Nymphaea 134, 135*

*O*beliske 130, 131*
Obst 88–91, 102–103
Onopordum acanthium 72*
Orangenbäume, 83, 90–91, 90–91*

Paeonia-Lactiflora-Hybride 'Sarah Bernhardt' 69
Papaver 49*, 58, 70, 125*
    P. nudicaule 125*
    P. orientale 19, 72*
    P. somniferum 51–52*, 52–53*
Parthenocissus 60*
Pennisetum 37*
Pergola 30*, 69, 127, 127*
Perückenstrauch 19
Pfingstrose 69
Pflanznachbarn 82
Pflanzung
    – Anordnung 50–51
    – Duftpflanzen 69
    – Farben und Strukturen 62–67
    – Formbäume 25, 58, 58*, 59*
    – jahreszeitlich bedingte 52–57
    – Kletterpflanzen 60–61
    – Pflanznachbarn 82
    – Standort und Klima 47, 48, 70
Pflaumen 88, 91*
Phlomis 70
Phlox 48, 69, 124
Phuopsis stylosa 70

Phytolacca americana 95*
Pilze 105, 105*
Pittosporum 39*
Plectranthus 123*
Polygonum 72*, 131*
Primula
    P. bulleyana 133
    P. japonica 63*
Prunus
    P. serula 57
    P. × subhirtella 'Autumnalis' 56
Pyracantha 19, 60*, 72
Pyrus salicifolia 51

*R*asenwalze 138*
Raute 13*, 95
Reseda odorata 69
Rhabarber 133
Rheum palmatum 'Atrosanguineum' 133
Ringelblume 76*, 82, 82*, 96
Rittersporn 58, 73*, 78–79*
Rodgersia 133
Römische Kamille 96
Rosa
    R. 'Albertine' 30*
    R. 'Felicia' 45*
    R. 'Frau Dagmar Hastrup' 55*
    R. 'La Ville de Bruxelles' 69*
    R. filipes 'Kiftsgate' 60
    R. gallica 'Versicolor' 128*
    R. glauca 55
    R. moyesii 55
    R. rugosa 55*
Rosen 8–9*, 23, 38*, 41, 55*, 44*, 58, 73*, 123*, 136–137*
    siehe auch unter Kletterrosen
Rosmarin 95
Roßkastanie 29*
Rote Bete 82*
Ruta graveolens 13*, 95*

*S*alat 78–79*, 79*, 81, 83*
Salvia 8–9*, 13*
    S. 'Kew Gold' 95
    S. 'Purpurascens'-Gruppe 95
    S. microphylla 55*
    S. officinalis 74*, 96
Sambucus ebulus 69*
Santolina chamaecyparissus 25, 95
Schneeball, Gemeiner 20–21*
Schneeglöckchen 64
Schnittlauch 95, 96*, 97*
Schobersteine 116
Schornsteinaufsätze 121*, 124
Schubkarren 125*, 140*
Schwertlilien 8–9*, 46*, 72, 135*

Seen 134–135*
Seerose 134, 135*
Senecio aureus 8*
Sisyrinchium bellum 124
    S. striatum 121*
Skabiose 72
Sonnenblume 41, 48–49*, 104*
Sonnenuhr 116, 116*
Sorbus 72, 91, 103
Spaliere 87, 129, 131
Spinat 79*, 87*
Spindelstrauch 123*
Spinnenpflanze 88–89*
Spornblume 64–65*, 70, 112–113*, 121
Springbrunnen 135, 136–137*
Stachys byzantina 31
Stadtgärten 70
Stangen 128*, 130–131
Statuen 119
Stechpalme 23, 25, 51, 72
Steinbrech-Arten 37
Steinmauern 18*, 19, 19*
Steinsäulen 116*, 129
Stiefmütterchen 140–141*
Stockmalve 58
Storchschnabel 64*, 66–67*, 70, 94
Sträucher 50–51, 54*, 55, 72
    – für Mauerbepflanzungen 60
Strukturen 62–67
Stühle 10–12*, 106*, 108*, 109–115, 110*, 112–115*
Symphytum 96

*T*abak 69, 88–89*
Taglilie 129*
Tamarix 70
Tanacetum densum 70
Tauben 98–99*, 100
Taxus baccata 28, 58, 64
Teiche 132–133*, 133–135
Terrakotta 87, 87*, 122–124, 122*
    siehe auch unter Wandgefäße
Thymian 13*, 37, 66–67*, 96, 96*, 105
    T. caespititius 'Aureus' 95
    T. vulgaris 'Silver Posie' 95
Tische 106*, 109, 110, 112–113*
Tomaten 80
Töpfe 123*
    siehe auch unter Terrakotta, Wandgefäße
Topinambur 48–49*
Torbögen 120*, 127
Tore 28
Tränendes Herz 66–67*
Treppen 32–37
Tröge 124

Tropaeolum 82*, 83*, 88–89*, 96
Türkenmohn 19

*V*eranda 31
Verbascum 41, 51, 51*, 132–133*
    V. olympicum 64
Vergißmeinnicht 52*
Viburnum
    V. × bodnantense 56
    V. farreri 56
    V. opulus 20–21*
Vögel 72, 99–100
Vogelbäder 116
Vogelscheuchen 76*

*W*aldrebe 23, 41
Wandgefäße 124
Waschbecken 124
Wasserelemente 132–137
Wassernabel 19
Wege 32–37, 82
Weide 51
Weigela 112–113*
Weißbuchenhecke 25
Weißdorn 23, 72
Wermut 95
Wicke 78–79*, 79*
Wiesenmargeriten 109*
Wildbeeren 102–103, 102–103*
wildlebende Tiere 72, 133
Winterpflanzung 56–57
Wisteria 127
Wollziest 119*

*Z*antedeschia aethiopica 63*
Zäune 20–23, 28
    – aus Pfosten und Stangen 20, 21*
    – Flechtzäune 84*
    – Holzzäune 10*, 20
    – Hürden 20–21, 20*, 42*
    – Lattenzäune 22–23, 22–23*, 26*, 120–121*
Ziegen 100, 100*
Zieräpfel 91
Ziergräser 39*, 55–56*, 135
Zierrhabarber 133*
Zimmerkalla 63*
Zitronenbäume 88
Zitronenstrauch 122–123*
Zubehör 107–141
Zucchini 80
Zwergholunder 69*
Zwergmispel 70
Zwiebeln 81
Zypresse, Echte 58

144 Danksagung

Danksagung der Autorin
Ich möchte mich bei folgenden Menschen bedanken: bei Rosie Atkins für meinen ersten Auftrag, bei Stuart Cooper, der sein Vertrauen in mich gesetzt hat, und bei Helen Ridge, Julia Pashley und Sue Storey, die meine Ideen Wirklichkeit werden ließen.

Danksagung des Verlags
Der Verlag dankt den folgenden Fotografen und Organisationen für die freundliche Genehmigung zur Abbildung ihrer Fotografien in diesem Buch.
1 Andrew Lawson (Eastgrove Cottage Garden Nursery, Hereford & Worcester); 2/3 Richard Felber; 4/5 World of Interiors (Simon Upton); 6 Brigitte Perdereau; 7 Beatrice Pichon/Clarisse (Wy-dit-Joli Village); 8 links Ken Druse; 8/9 Jerry Harpur (Bruno Goris-Ponce, Alpes-Maritimes, Frankreich); 10 links Roger Foley (Longview Farm/Joanna Reed); 10/11 John de Visser (Feir Mill); 12/13 Christian Sarramon (Maria Hofker); 13 unten Campagne, Campagne (Mouchy); 13 oben Jacqui Hurst (Lavenham Priory, Suffolk); 14/15 Richard Felber (Newport, Rhode Island); 15 Roger Foley (Colonial Williamsburg); 16/17 Marianne Majerus (Elsing Hall, Norfolk); 18 Richard Felber (Michael Trap, Cornwall, Connecticut); 19 Peter Woloszynski/The Interior Archive; 20/21 Richard Felber; 20 links Marijke Heuff (Rietbrinkhof); 21 rechts Andrew Lawson (Vann, Surrey); 22/23 Naturbild (Kenneth Bengtsson); 24 links Deidi von Schaewen (Priere d'Orsan à Mowponnais, France); 24/25 Simon McBride (Landriana Garden, Rom); 25 rechts S & O Mathews; 26/27 Brigitte Perdereau (Chaumont S/Loire); 28 The Garden Picture Library (Jerry Pavia); 29 J C Mayer - G Le Scanff (Festival des Jardins de Chaumont-Sur-Loire, Frankreich/Simone Kroll); 30 Brigitte Perdereau (Niccolo Grassi); 31 Richard Felber (Brian Stoner, Cold Springs, Arkansas); 32/33 Richard Felber (Cape Cod, Massachusetts); 32 links Andrew Lawson (Designer: Ryl Nowell, Cabbages & Kings, Wilderness Farm); 33 rechts Christian Sarramon; 34 links Dency Kane (Dean Riddle Garden, Lanesville, NY); 34/35 Dency Kane (Jacobs/White Garden, East Hampton, NY); 36 Simon Mc Bride (Iford Manor, Wiltshire); 37 oben Andrew Lawson (The Old Chapel, Chalford); 37 unten Christian Sarramon (Maison Decougne, Wirtz); 38 Richard Felber; 39 Sunniva Harte (Frith Lodge, Mr & Mrs G. Cridland); 40/41 Ivan Terestchenko (»The Garden Room«, Clarkson N Potter); 41 rechts Jessie Walker (Van Valin); 42/43 Brigitte Perdereau (Woodhouse Sussex); 42 links S & O Mathews (Furzey, Hampshire); 43 rechts Juliette Wade (Peter & Susy Farrell, Woodnewton, Northants); 44/45 Brigitte Perdereau; 45 Sunniva Harte (Frith Lodge, Mr & Mrs G. Cridland); 46 links Richard Felber; 46/47 Jerry Harpur (Deborah Kellaway, Waveney Rising, Norfolk); 47 rechts Andrew Lawson (Chilcombe House, Dorset); 48/49 Richard Felber (Oehme van Sweden); 49 rechts Jerry Harpur (Marguerite McBey, Tanger, Marokko); 50/51 Andrew Lawson (Designer: Anthony Archer/ Wills); 50 links Inside/V. Motte; 51 rechts Andrew Lawson; 52 links Jacqui Hurst (Wretham Lodge, Norfolk); 52/53 Andrew Lawson (Sticky Wicket, Buckland Newton, Dorset); 54/55 S & O Mathews (12 Rozelle Close, Littleton, Hampshire); 55 oben Gary Rogers (Erika Jahnke); 55 unten S & O Mathews; 56 links Michael Busselle; 56/57 Jerry Harpur (The Manor House, Bledlow, Bucks); 57 unten Marcus Harpur; 58 Juliette Wade (Dr & Mrs Cox, Woodpeckers, Warwickshire); 59 Christian Sarramon (Wirtz); 60 S & O Mathews; 61 Michael Busselle; 62 links Andrew Lawson (Inverewe Garden, Ross & Cromarty); 62/63 S & O Mathews (Merrie Cottage, Hampshire); 64 links Fritz von der Schulenburg/The Interior Archive; 64/65 Andrew Lawson (Westpark, München); 65 rechts Marianne Majerus (Bassibones); 66/67 S & O Mathews (Colwell Cottage, Isle Of Wight); 68/69 Richard Felber (East Hampton, Long Island); 69 unten rechts Sunniva Harte

(Frith Lodge, Mr & Mrs G. Cridland); 69 oben rechts Marianne Majerus (Bassibones); 70/71 Jerry Harpur (Marguerite McBey, Tanger, Marokko); 72 unten Andrew Lawson; 72 oben S & O Mathews (Little Court, Hampshire); 73 Brigitte Perdereau; 74 J C Mayer - G Le Scanff; 75 Jacqui Hurst; 76/77 The Garden Picture Library (Brigitte Thomas); 76 links Jacqui Hurst (Kelly Castle, Fife); 77 rechts J C Mayer - G Le Scanff (Orne, Frankreich); 78/79 Jerry Harpur (Marguerite McBey, Tanger, Marokko); 79 rechts J C Mayer / G Le Scanff; 80 links Richard Felber (Michael Pollen, Cornwall, Connecticut); 80/81 Sunniva Harte (Wisley Gardens); 81 rechts Sunniva Harte (Wisley Gardens); 82 rechts Sunniva Harte (Geraldine Guest); 82 links Jacqui Hurst (Joy Larkham); 83 The Garden Picture Library (Juliette Wade); 84/85 The Garden Picture Library (Juliette Wade); 85/86 Juliette Wade (Sarah Sears & Carlo Jolly); 87 rechts Marianne Majerus (Ballymaloe Kitchen Garden); 88/89 Andrew Lawson (Flintham Hall, Nottinghamshire); 88 links S & O Mathews; 90/91 Jacqui Hurst; 90 links Howard Rice; 91 rechts Howard Rice; 92/93 The Garden Picture Library (Jerry Pavia); 93 rechts Sunniva Harte (Ethne Clarke, Sycamore Barn); 94 Juliette Wade (Jean & Peter Mathews, Yew Tree Cottage, Berkshire); 95 Brigitte Perdereau; 96 oben Jacqui Hurst; 96 unten John Glover (Gardeners Cottage, Cheshire); 97 Marianne Majerus (Felbrigg Hall); 98/99 Roger Foley (Colonial Williamsburg); 98 links Curtice Taylor (Stourton House Garden); 99 rechts S & O Mathews (Hightown Farm, Hampshire); 100 The Garden Picture Library (Ann Kelley); 100/101 Jacqui Hurst; 102 links Jacqui Hurst; 102/103 S & O Mathews; 103 rechts Marianne Majerus; 104/105 Richard Felber (Katherine Whiteside, Cold Springs, New York); 105 oben Jacqui Hurst; 105 unten Jacqui Hurst; 106 J C Mayer - G Le Scanff (Wy-dit-Joli Village, France); 107 Jerry Harpur (Marguerite McBey, Tanger, Marokko); 108/109 Kari Haavisto (Salgkulla Farm, Owners: Sten & Kerstin Enbom; Designer: Kerstin Enbom; Architekt: Sten Enbom); 109 rechts Andrew Lawson (Chilcombe House, Dorset); 110 unten Marijke Heuff (Lenshoek, Holland); 110 oben S & O Mathews (King John's Lodge, Sussex); 111 S & O Mathews (Little Court, Hampshire); 112/113 Marijke Heuff (Joseph Bayol, Frankreich); 114 unten Roger Foley (Edelman Garden); 114/115 Sunniva Harte (Ethne Clark, Sycamore Barn); 115 rechts Sunniva Harte (Sunniva Harte, Lewes); 116 Jessie Walker (Burnham); 117 Richard Felber; 118 Jacqui Hurst (The Hall, Suffolk); 119 unten Sunniva Harte (Frith Lodge, Mr & Mrs G. Cridland); 119 oben Dency Kane (Anna Davis Garden, Atlanta); 120/121 Ken Druse; 121 rechts S & O Mathews (Park Farm, Essex); 122 links The Garden Picture Library (Marijke Heuff); 122/123 Sunniva Harte (Ethne Clarke, Sycamore Barn); 123 links The Garden Picture Library (Juliette Wade); 124/125 Gil Hanly (Sue Foster, Matongi Waikato); 124 links Juliette Wade (Mr & Mrs Vail, Upham, Hampshire); 126/127 The Garden Picture Library (Jane Legate); 127 rechts Neil Campbell-Sharp (Apple Court Nurseries, Hampshire); 128 Juliette Wade (Gwen Bishop, Combe, Oxon); 129 oben Jerry Harpur (Ivan Hicks, Garden In Mind, Sussex); 129 unten Andrew Lawson (Elton Hall, Cambridgeshire); 130/131 Marianne Majerus (Ballymaloe Kitchen Garden); 130 links Christian Sarramon; 131 rechts Andrew Lawson (Gothic House, Oxfordshire); 132/133 Marianne Majerus (Nun's Manor, Shepreth); 133 rechts Marianne Majerus (Woodpeckers, Warwickshire); 134/135 Jerry Harpur (Wesley & Susan Dixon, Lake Forest, Illinois, USA); 134 links Sunniva Harte (Sunniva Harte, Lewes); 135 rechts Juliette Wade (Jean & Peter Mathews, Yew Tree Cottage, Berkshire); 136/137 Andrew Lawson (Sutton Place, Surrey); 138 links Sunniva Harte (Brangwyn's House); 138/139 J C Mayer - G Le Scanff (Domaine de St Jean de Beauregard, Frankreich); 140 links J C Mayer - G Le Scanff (Jardin D'Andre Eve, Frankreich); 140/141 S & O Mathews (Park Farm, Essex); 141 rechts Inside/C. de Virieu.

ÄGYPTEN

Menschen

Götter

Pharaonen

Rose-Marie & Rainer Hagen

ÄGYPTEN

Menschen

Götter

Pharaonen

TASCHEN

Abbildung Seite 2: Statue Ramses' II., Tempel von Luksor
Abbildung Seite 6: Armreif des Königs Scheschonk I. (Detail)
Abbildung Seite 8/9: Sphinx, Gisa
Abbildung Seite 10/11: Nillandschaft
Abbildung Seite 12/13: Reiter vor den Pyramiden von Gisa

© 1999 Benedikt Taschen Verlag GmbH
Hohenzollernring 53, 50672–Köln

Lektorat: Susanne Uppenbrock, Köln
Wissenschaftliche Beratung: Muriel Elsholz, Hamburg
Gestaltung: Kühle und Mozer, Köln
Umschlaggestaltung: Angelika Taschen, Köln

Printed in Italy
ISBN 3–8228–8427–8
D

Inhalt

7 Vorwort

14 Ein Geschenk des Nils

24 Pyramiden – ein Weltwunder

38 Pharao vereint das Land

54 Wer schreibt, bleibt

66 Zur Schrift

72 Streik der Grabarbeiter

94 Zur Kunst

102 Freie Frauen in Pharaos Land?

126 Die Freuden des Herzens

142 Mumien: Überlebenstechniken

156 Reiseführer durchs Jenseits

172 Götter, Göttinnen und Magie

188 Tempel – wo sich Himmel und Erde berühren

208 Grabraub und Fluch

216 Ägypten und das Abendland

232 Zeittafel

236 Index

237 Bibliographie

238 Ägyptische Sammlungen und Museen

240 Bildnachweis

Vorwort

Pyramiden werden immer wieder errichtet, auch in unserer Zeit, mal für ein Hotel in Las Vegas, mal für einen gläsernen Museumseingang in Paris. Doch nicht diese geniale Bauform allein, vieles von dem, was im Reich der Pharaonen gedacht und entwickelt wurde, ist heute noch aktuell – die neuen Pyramiden setzen dafür die weithin sichtbaren Zeichen.

Wie diese gigantischen Grabstätten der Pharaonen aufgetürmt wurden, ist bis heute nicht restlos geklärt. Wie die Menschen lebten, die sie bauten, was die Ägypter erfreute, was sie erregte, wie sie sich die Welt vorstellten, das jedoch ist bekannt, wenigstens zu einem großen Teil. Bilder in den Grabbauten führen es vor Augen, und von den Ägyptologen entschlüsselte Berichte wie der vom Streik der Grabarbeiter geben Auskunft über den Alltag, die Verwaltung, die Lösung von Konflikten.

Verändert hat sich in den 3000 Jahren ägyptischer Geschichte wenig, wenigstens im Vergleich zu den letzten 2000 Jahren und insbesondere zu den letzten 200 europäischer Geschichte. Pharaonen und Götter wechselten die Namen, aber Jenseitsvorstellungen, Regierungssystem, Stand der Technik blieben annähernd gleich. Und immer hing die Ernährung zu allererst ab von den Flutwellen des Nils. Wegen dieser außerordentlichen Stabilität haben wir uns entschieden, das alte Ägypten nicht chronologisch zu beschreiben. Daten werden erwähnt, bleiben aber im Hintergrund. Wer einen Überblick sucht über die Einteilung in Reiche und Dynastien und über die wichtigsten Könige, der findet ihn auf Seite 232-235.

Zu den hervorragenden Leistungen der Ägypter gehört die Entwicklung von Schriftzeichen – um dies sichtbar zu machen, haben wir in jedes Kapitel Hieroglyphen eingestreut. Gleich dreimal werden sie zum Thema: im Schreiber-Kapitel geht es um die bevorzugte Stellung derjenigen, die schreiben konnten, im Schrift-Kapitel wird das ägyptische Zeichensystem erläutert, ein viel komplexeres System als unser Alphabet; im letzten Kapitel erzählen wir von den Zufällen und Mühen, die dazu führten, daß die unbekannt gewordenen Zeichen endlich wieder lesbar wurden.

Weiterführende Literatur wird auf Seite 237 aufgelistet, dieses Buch soll neugierig machen und erste Fragen beantworten. Wir hätten es nicht schreiben können ohne die Hilfe und Anregungen des Ägyptologischen Seminars der Universität Hamburg und insbesondere von Frau Muriel Elsholz. Ihnen gilt unser Dank.

Die Autoren

Der Nil, der fruchtbare Uferstreifen, die Wüste – sie prägen das Bild Ägyptens von Assuan im Süden bis Kairo im Norden und zum Beginn des Deltas. Der bewohnte, fruchtbare Teil macht nur vier Prozent der Gesamtfläche des Landes aus: Ägypten ist eine Flußoase in einem Wüstenstaat.

Ein Geschenk des Nils

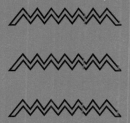

mu = Wasser

Ägypten verdankt seine Existenz einem einzigen Fluß. »Ägypten ist«, schrieb um 450 v. Chr. der griechische Reisende Herodot, »ein Geschenk des Nils.« Ohne den Nil wäre die frühe Hochkultur nicht entstanden, ohne den Nil gäbe es den heutigen Staat nicht.

Das Land im ganzen dagegen ist ein Wüstenstaat, nur etwa vier Prozent der Fläche lassen sich bebauen und bewohnen. Dieser bewohnbare Teil gleicht – von Assuan bis Kairo – einer überdimensionalen Flußoase, an einigen Stellen kaum 100 Meter breit, an anderen dehnt sie sich mehrere Kilometer in das Trockengebiet der Sahara. Nördlich von Kairo beginnt das Delta, der Strom fächert sich auf in mehrere Arme, die Menschen leben nicht mehr links und rechts am Ufer, sondern zwischen den Wassern, das Gebiet ist fruchtbar, im Delta wird doppelt soviel angebaut wie zwischen Kairo und Assuan.

Der Nil ernährt das Land, jahrtausendelang bestimmte der Nil auch den Jahresrhythmus. Zur Zeit der Sommersonnenwende näherte sich von Süden eine große Flut, einen Monat später erreichte sie die Mündung, etwa ein Vierteljahr lang trug sie den Nil über seine Ufer, überschwemmte Oase und Delta. Anschließend, also von Oktober bis November, wurde gesät und gepflanzt, von Januar bis April reiften Früchte und Getreide und wurden geerntet.

Um das Wasser möglichst intensiv zu nutzen, schufen die Ägypter ein kunstreiches System von Kanälen und terrassierten Feldern. Nicht nur die notwendige Feuchtigkeit kam mit dem Nil, er wusch auch das Salz aus dem Boden, schwemmte Unrat fort. Mit sich brachte er einen mineralreichen Schlamm, der das Land schwarz färbte und fruchtbar machte. Die schwarze Erde hieß Kemet. Kemet nannten die Ägypter auch ihr Land, ihren Staat.

Regen fällt im Süden fast nie, und auch im Deltagebiet sind die Niederschläge ohne große Bedeutung, die Ernte hing allein von der Höhe der jährlichen Sommerflut ab: War sie günstig, produzierte Ägypten Korn im Überfluß, konnte Vorräte anlegen und exportieren. Zu heftige oder zu geringe Überschwemmungen mehrere Jahre hintereinander führten dagegen zu Hungerkatastrophen.

Die Ägypter lebten nicht nur am, sie lebten mit dem Nil, die Sommerflut bildete mit Abstand das wichtigste Ereignis für ihre materielle Existenz. An mindestens 20 Stellen wurde sie gemessen, einige der Nilometer – Treppenschächte mit Höhenmarkierungen – sind noch heute zu sehen. Die Meßergebnisse dienten zur Vorhersage der Erntemengen und auch, so wird vermutet, zur Berechnung der jährlichen Abgaben.

Mit dem Bau der Staudämme bei Assuan – der erste wurde 1902, der letzte und höchste 1971 eingeweiht – hat sich die Situation verändert: Die Wassermassen werden über das ganze Jahr verteilt, die Anbaugebiete konnten erweitert, die Anzahl der Ernten erhöht werden, zudem produziert das Wasserkraftwerk von Assuan ein Viertel des ägyptischen Stroms. Jedoch: in dem angestauten Wasserreservoir, dem

Bis 1902, bis zum Bau des ersten Staudamms bei Assuan, trat der Nil einmal im Jahr von Süden her über die Ufer und überschwemmte das Flußtal. Das Foto aus dem 19. Jahrhundert zeigt im Hintergrund die Pyramiden von Gisa.

War die jährliche Flut vorüber, wurden die Felder über ein Grabensystem bewässert. Heute pumpen Motoren das Wasser in die Gräben, jahrtausendelang benutzten die Ägypter dafür Eimer an stufenweise hintereinandergestaffelten Hebebalken.

Ein Geschenk des Nils

Nassersee, sinken die mitgeführten Mineralstoffe zu Boden, die natürliche Düngung des Fruchtlandes mußte ersetzt werden durch Industrieprodukte. Zudem fließt das vom Schlamm gereinigte Wasser schneller, reißt Uferbefestigungen fort, der Grundwasserspiegel steigt und bedroht die alten Bauten – es scheint heute so, als ob diese gewaltigen Eingriffe in die Natur ebensoviele Nach- wie Vorteile bringen. Die Quellen des Nils und die Ursachen der Flut waren den alten Ägyptern unbekannt. Herodot erklärt: »Über die Natur des Nils habe ich weder von den Priestern noch sonst irgend etwas erfahren können. Ich hätte gerne gewußt, welche Gründe die Anschwellung des Nils hat ... Kein Ägypter ... konnte meine Frage beantworten, woher es kommt, daß es beim Nil umgekehrt ist wie bei allen anderen Flüssen.« Umgekehrt heißt, daß er mitten im Sommer anschwillt und nicht nach der Schneeschmelze. Erst im 19. Jahrhundert drangen Forscher bis in die Quellgebiete vor und entdeckten, daß der Nil mit seinen über 6700 Kilometern der längste

Der französische Architekt Hector Horeau publizierte 1838 eine perspektivische Darstellung des Nils mit einigen der wichtigsten Bauwerke. Im Vordergrund die Pompejus-Säule in Alexandria, darüber die Pyramiden von Gisa und Sakkara, dann u.a. das Ramesseum, auf der gegenüberliegenden Seite des Nils die Tempel von Karnak und Luksor, am oberen Rand der Felsentempel von Abu Simbel.

iteru = Fluß

Ein Geschenk des Nils 17

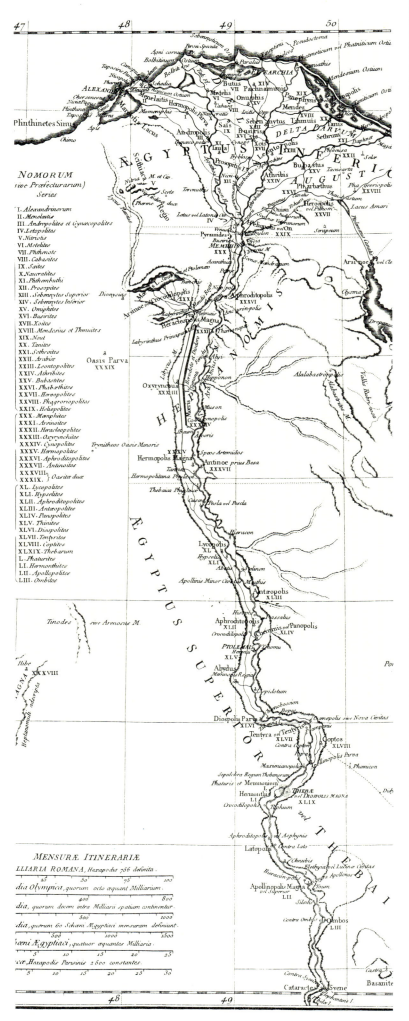

Wenn der Nil, aus Nubien kommend, Ägypten erreicht, hat er schon mehrere 1000 Kilometer hinter sich. Die Ägypter haben die Quellgebiete nicht gekannt, eines liegt in Äthiopien, ein anderer Arm speist sich – auf Höhe des Äquators – aus dem Victoriasee. Das Foto zeigt einen der Flußarme, der sich seinen Weg durch Uganda bahnt. Die Karte »Aegyptus Antiqua« stammt aus dem Jahr 1765.

Ein Geschenk des Nils

Fluß der Erde ist. Er entsteht aus dem Blauen Nil, der aus dem äthiopischen Hochland kommt, und aus dem Weißen Nil, dessen Quellgebiet im Südsudan liegt und bis zum Victoriasee reicht. Gespeist werden diese Flüsse durch die regelmäßigen Niederschläge des Tropengürtels und die gewaltigen sommerlichen Monsunregen in Äthiopien.

Hauptstraße des Landes

Der Nil bestimmte im alten Ägypten den Jahresrhythmus, die Ernährung und auch den Verkehr: Hauptstraße des Landes war der Fluß, gereist und transportiert wurde auf dem Wasser, für Großbauten wie die Pyramiden gruben die Ägypter zuerst einen Zufahrtskanal möglichst nah an die Baustelle heran.

Verkehrstechnisch waren sie eine Flußgesellschaft: Die Ägypter entwickelten eine große Anzahl von Bootstypen, meist aus gebündelten Papyrusstauden, besaßen aber keine Wagen für Landtransporte. Zwar übernahmen sie von den Hyksos, asiatischen Eindringlingen, die zwischen 1650 und 1550 v. Chr. das Land regierten, den leichten, mit Pferden bespannten Jagd- und Streitwagen, aber Material wurde nach wie vor auf Eseln (und Kamelen durch die Wüste) transportiert oder von Ochsen und Menschen auf Holzschlitten gezogen. Die Mißachtung des Rades als Transporthilfe läßt sich am ehesten damit erklären, daß der Fluß das Denken der Ägypter beherrschte.

Der Nil hält das über 1200 Kilometer lange Land zusammen, er teilt es aber auch in eine westliche und eine östliche Hälfte.

Die beiden Ufer hatten für die Ägypter eine unterschiedliche Bedeutung: Im Osten geht die Sonne auf, der östliche Teil galt als das Land der Lebenden, im Westen versinkt sie, hier lag das Land der Toten. Diese Unterscheidung wurde nicht streng durchgehalten, ist aber immer noch eindrucksvoll bei der einstigen Hauptstadt Theben (heute Luksor) zu erkennen. Das Zentrum der Lebenden lag am Ostufer, die Gräber der Könige, Königinnen und hohen Beamten liegen aber alle auf dem Westufer des Nils, die gesamte Führungselite hat sich dort am Rande der Wüste für das jenseitige Leben ihre »Häuser« bauen lassen.

Hapi = Gott des Nils, der Überschwemmung

Der blaue Nilgott Hapi hält das Gerippe eines Palmblattes in der Hand. Es ist das Schriftzeichen für »Jahr« und symbolisiert die jährliche Flutwelle, von deren Höhe die Ernte abhängt und damit das Wohlergehen der Bevölkerung. Rechts hält der Fruchtbarkeitsgott seine Hände über zwei Seen.
Aus dem Totenbuch des Ani, 19. Dynastie, London, British Museum

Ein Geschenk des Nils

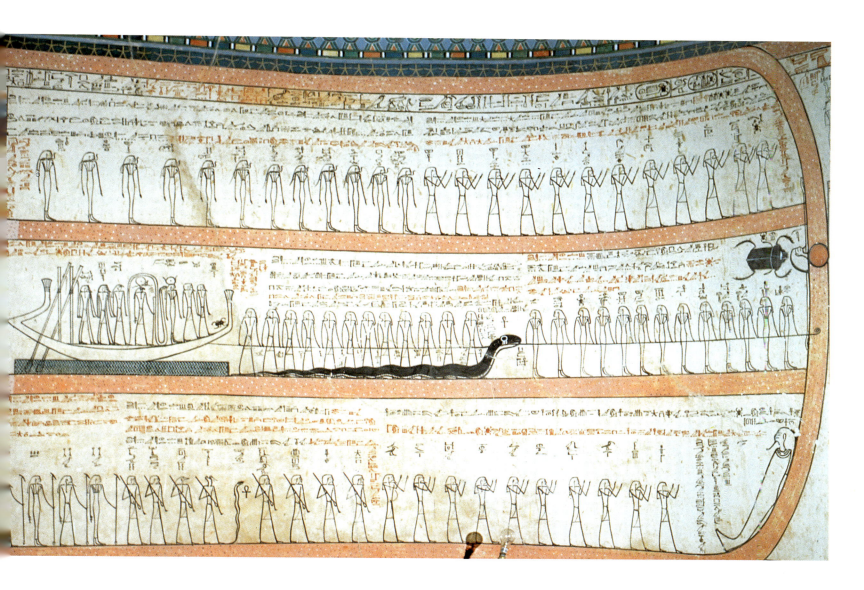

Der Fluß der Götter

Wenn Ägypten ein Geschenk des Nils war, dann war – für die alten Ägypter – der Nil ein Geschenk der Götter. Sie gaben oder sie entzogen das Wasser, und zu den Aufgaben eines Pharaos gehörte es, die Nilgötter gnädig zu stimmen. Dabei wurde zwischen Fluß und Gott nicht genau unterschieden, für die Ägypter waren reale Welt und Götterwelt ineinander verwoben. Das Wort Hapi macht es deutlich: Es bezeichnet den Nil, das Überschwemmungswasser und gleichzeitig den Gott des Nils. In Assuan kannte man darüber hinaus die Flußgötter Krophi und Mophi, die dickbäuchig unter den Felsen hocken und die Wasser in Bewegung bringen. Es kommt direkt aus den unterirdischen Seen des Nun, dem Urgewässer, aus dem die Welt entstand und auf dem die sichtbare Welt gleichsam schwimmt. In der Vorstellung der alten Ägypter floß der Nil in die Urgewässer zurück und kam in einem ewigen Kreislauf wieder hervor. »Heil dir, Nil, der du aus der Erde kommst und wiederkehrst, um Ägypten zu beleben …«, heißt es in einer Verehrungshymne.

Der Strom, den die Ägypter täglich vorbeiziehen sahen, bestimmte nicht nur das irdische Leben, sondern auch ihre gesamte Vorstellungswelt. In einem Boot fuhr der Sonnen-

Göttliche Wesen ziehen nachts die Barke des Sonnengottes auf den Wassern der Unterwelt von Westen nach Osten. In der Schlange »Leben der Götter« verjüngt sich die Sonne, die sich am Morgen erneut in den Himmel erhebt. Symbol für die verjüngte Sonne ist der Skarabäus.
Teil eines Wandbildes aus dem Grab Thuthmosis' III., Theben, Tal der Könige, Neues Reich, 18. Dynastie

Unter den Felsen des 1. Katarakts läßt der Nilgott Hapi aus seinen Gefäßen Wasser strömen.
Relief am Isis-Tempel der Insel Philae, 2. Jahrhundert n. Chr.

Ein Geschenk des Nils   21

gott über den Himmel und nachts auf den Wassern der Unterwelt zurück in den Osten. Wenn die Priester Götterstatuen in Prozessionen herumtrugen, saßen die Statuen in Barken, als bewegten sie sich auf dem Fluß.
Den Verstorbenen wurden für die gefahrvollen Wege durch die Unterwelt Sandalen und Boote mit ins Grab gegeben: Sandalen in der Fußgröße des Verstorbenen, Schiffe als kleine Holz- oder Tonmodelle, oft mit Ruderern bemannt, oder auch in der Originalgröße für den menschlichen Gebrauch wie in den Gruben zu Füßen der Cheops-Pyramide. 1954 wurde das erste von fünf Schiffsgräbern neben der Pyramide des Cheops entdeckt, es enthielt ein 43 Meter langes, in seine Einzelteile zerlegtes, schwimmfähiges Ruderboot – die meisten Planken aus kostbarer libanesischer Zeder, denn die Palmen des Niltals waren für den Bootsbau wenig geeignet. Mit Tauen wurden die Bretter zusammengehalten, Taue und Stoffbahnen für die Kabinenabdeckung lagen ebenfalls in dem Schacht. Heute steht dieses über 4000 Jahre alte und wohlerhaltene Boot wie einsatzbereit in einem eigenen Museum direkt über der Fundstätte: ein Zeuge für die Schiffbautechnik der alten Ägypter und für den Einfluß des Nils auf ihre Vorstellungen von einer jenseitigen Welt.

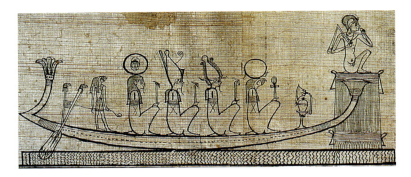

In der Vorstellung der Ägypter bewegten sich die Götter fast immer auf dem Wasser, bei Prozessionen trugen Priester die Götterstatuen in Barken umher.
Aus dem Totenbuch des Chonsuju, Neues Reich, Wien, Kunsthistorisches Museum

Fischfang mit Schleppnetz zwischen zwei Papyrusbooten. Hinter ihnen Vergnügungs- oder Reiseboote eines wohlhabenden Herrn.
Holzmodelle aus dem Grab des Kanzlers Meketre, 11. Dynastie, um 2000 v. Chr., Turin, Museo Egizio

22 Ein Geschenk des Nils

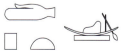

depet = Boot

Über 4000 Jahre alt ist diese schwimmfähige, 43 m lange Königsbarke. Ihre 1224 Einzelteile lagen wohlgeordnet und mit Bauhinweisen versehen in einer Grube vor der Cheops-Pyramide. 1954 wurde die Barke entdeckt, heute steht sie über dem Fundort in einem eigenen Museum.

Die berühmten Pyramiden von Gisa zählten im Altertum zu den Sieben Weltwundern. Gebaut wurden sie zwischen 2550 und etwa 2490 v. Chr. als Königsgräber, die vordere für Mykerinos, die mittlere für Chephren, die hintere und höchste für Cheops. Pyramiden boten dem einbalsamierten Körper des Königs Schutz vor Räubern und erleichterten seiner Seele den Aufstieg zu den Sternen.

Pyramiden – ein Weltwunder

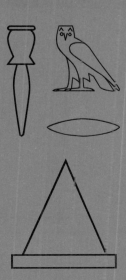

mer = Pyramide

1,42 m hoch ist diese Kalksteinstatue, sie zeigt in Lebensgröße den auf seinem Thron sitzenden König Djoser aus der 3. Dynastie. Er trägt Zeremonienbart und Perücke, in den Augenhöhlen befanden sich Edelsteine. Trotz aller Beschädigungen verbreitet die Statue immer noch die Aura eines großen Herrschers.
Kairo, Ägyptisches Museum

In Ägypten kursierten mehrere Erzählungen von der Entstehung der Welt. Eine von ihnen besagt, daß es vor Beginn der Zeit weder Himmel noch Erde, auch keine Götter gegeben habe, nur Wasser. In diesem Urwasser habe sich Schlamm zusammengeballt und sei als Urhügel aufgetaucht, auf dem dann das Leben begann.

Daß Land aus dem Wasser emportaucht, war ein den Ägyptern vertrautes Schauspiel, jedes Jahr nach der Nilflut erlebten sie es wieder. Die Pyramiden erinnerten sie an das allererste Mal, an das erste Emporsteigen der Erde aus dem chaotischen Urgrund.

Nicht nur mit der Tiefe und dem Urwasser wurden die Pyramiden verbunden, auch mit dem Himmel. In der Vorstellung der Ägypter waren ihre Könige Götter oder Göttersöhne, und nach ihrem Tod stiegen sie auf zu den Sternen. Die anderen Götter »heben dich empor auf ihren Armen«, heißt es in einem Pyramidentext, »und du steigst, o König, zum Himmel hinauf und kletterst zu ihm empor wie auf einer Leiter.« Die Pyramiden waren gleichsam Rampen, die den Pharaonen den Aufstieg erleichtern sollten.

Rein irdisch und praktisch betrachtet, dienten die Pyramiden als Festungen. Sie sollten den einbalsamierten Körper des Königs und die kostbaren Grabbeigaben vor Räubern schützen. Nach ägyptischem Glauben lebte der Tote im Jenseits weiter und benötigt dafür seine irdische Hülle: »Knüpfe dir deinen Kopf an deine Knochen, und knüpfe deine Knochen an deinen Kopf.« Er benötigt den Körper, damit die »Seele« sich mit ihm vereinigen kann, er braucht die Beigaben, um sich ernähren und im königlichen Stil wohnen zu können. Gräber waren »Häuser für die Ewigkeit«. Um den Toten zu schützen, wurden die Gänge innerhalb der Pyramiden durch schwere Fallsteine versperrt und die Zugänge von außen unsichtbar gemacht. Im Unterschied zu anderen Monumentalbauten besaßen die Pyramiden keinen sichtbaren Eingang, und solange Totenpriester ihre Dienste versahen, wagte niemand einzudringen.

Djoser

Der Grabbau des Königs Djoser – ein Vorläufer der klassischen Pyramide – entstand um 2650 v. Chr. Djoser hatte als erster Ober- und Unterägypten miteinander vereinigt, vielleicht hat man ihm wegen seiner herausragenden Bedeutung statt der damals noch üblichen flachen Mastaba ein in die Höhe strebendes Grabmal errichtet. Die Grundfläche ist rechtwinklig, aber noch nicht völlig quadratisch wie bei den späteren Pyramiden.

26   Pyramiden – ein Weltwunder

Von der Stufenpyramide des Djoser aus tasteten sich die Ägypter im Trial-and-error-Verfahren an die klassische Pyramidenform heran. Die Knickpyramide des Königs Snofru (gebaut um 2570 v. Chr.) hat bereits einen quadratischen Grundriß, wurde aber mit einem Neigungswinkel begonnen, den die Baumeister nicht bis zur Spitze durchzuhalten wagten. Ab halber Höhe bauten sie flacher.

Die Stufenpyramide des Djoser stand nicht allein, sie gehörte zu einer Grabanlage von 544 m Länge und 277 m Breite. Umschlossen wurde sie von einer hohen Mauer, die heute teilweise rekonstruiert ist.

Gräber hoher Beamter und von Mitgliedern der königlichen Familie neben der Pyramide des Cheops. In oder unterhalb solcher »Mastaba-Gräber« genannten Flachbauten wurden zu Beginn des Alten Reiches auch Könige begraben.

Gebaute Geometrie

Pyramiden waren nicht plötzlich da, sie haben eine Vorgeschichte. Zu Beginn des Alten Reiches wurden die Könige in rechteckigen Grabbauten beigesetzt. Neben dem Raum für den Sarg befanden sich darin Kammern für Vorräte, für Jagdgeräte oder zum Verweilen des Toten, außerdem ein Bereich zum Auftischen der Opfergaben. Die Mauern bestanden aus Ziegeln aus getrocknetem Nilschlamm. Von Ferne ähneln diese Gräber niedrigen Sitzbänken, arabisch Mastaba, deshalb nannten die Archäologen sie Mastaba-Gräber.

Auch die Grabanlage des Königs Djoser, des Begründers der 3. Dynastie, war als Mastaba geplant, wurde aber als erste aus Stein gebaut und stufenförmig erhöht. Schließlich erreichte sie 60 Meter. Es entstand eine fast quadratische Stufenpyramide mit verschiedenen Kultstätten, umfaßt wurde die Anlage von einer zehn Meter hohen Mauer. Es wurde eine Grabanlage von bis dahin ungekannter Größe. Warum? Unter Djoser war das Reich endgültig vereinigt worden, er war der bislang mächtigste Pharao – offensichtlich sollte sein Grab der irdischen Bedeutung des Verstorbenen entsprechen. Verantwortlich für den Bau der Stufenpyramide war Djosers oberster Beamter, der Wesir Imhotep. Sein Name blieb mit den neuen Formen und den neuen Dimensionen im königlichen Grabbau eng verbunden. Seit dem Neuen Reich wurde Imhotep verehrt, er galt nun als Sohn des Gottes Ptah, des Herrn aller Baumeister. Nachfolgende Generationen füllten die Stufen der Pyramiden auf zu glatten Schrägflächen und bauten die Basisseiten genau gleich lang – die geometrische Form der Pyramide war gefunden. Allerdings wußte man nicht gleich, wie steil gebaut werden konnte. Die sogenannte Knickpyramide des Königs Snofru macht es sichtbar: In gut 40 Metern Höhe änderte man den Neigungswinkel, sie wurde flacher als vorgesehen vollendet. Vermutlich hatte ein Erdbeben die Erbauer alarmiert, und sie fürchteten den Einsturz.

Pyramiden – ein Weltwunder 29

Vierzig Jahrhunderte in Stein

Snofrus Sohn war Cheops, er regierte von 2553 bis 2530. Für ihn wurde die größte aller Pyramiden errichtet, 146 Meter hoch. Zum Vergleich: Die Freiheitsstatue in New York mißt 92 Meter, das indische Taj Mahal 95 Meter, der Petersdom in Rom 139 Meter. Die Griechen zählten die Cheops-Pyramide zu den Sieben Weltwundern, und Napoleon soll – während einige seiner Offiziere hinaufkletterten – ausgerechnet haben, daß die Steinmassen der Cheops-Pyramide und der beiden kleineren benachbarten Pyramiden ausreichen, um eine drei Meter hohe und einen halben Meter dicke Mauer um ganz Frankreich zu bauen. »Soldaten!« soll er seiner Armee zugerufen haben, »40 Jahrhunderte blicken auf euch herab!«

Die oberen zehn Meter der Cheops-Pyramide mit dem Abschlußstein fehlen heute. Auch die Verkleidung aus hellem Kalkstein ist nur noch an wenigen Stellen erhalten. Nicht Naturgewalten haben Spitze und Ummantelung verschwinden lassen, sondern Herrscher und Anwohner auf der Suche nach Baumaterial. Kalif Abdullah el-Mamun, der 820 bis 827 n. Chr. in Ägypten regierte, wollte die Pyramide sogar ganz abreißen, um die darin vermuteten Schätze zu bergen. Er ließ jedoch davon ab, als ihm vorgerechnet wurde, daß diese Arbeiten mehr kosten würden, als Ägypten an Steuern einbringt, und beschränkte sich darauf, in die Nordwand jenen Zugang herausschlagen zu lassen, den wir noch heute benutzen. Seine Arbeiter, schreibt mehrere Jahrhunderte später ein arabischer Autor, fanden bei der Öffnung ein Gefäß mit 1000 Goldstücken, und der Kalif ließ »zusammenrechnen, was er für die Herstellung der Bresche verausgabt hatte, und es ergab sich, daß die Summe des gefundenen Goldes ganz genau jenen Ausgaben gleichkam. Da geriet er in großes Staunen darüber, daß sie gewußt, was er ausgeben werde …«

Arbeiter des el-Mamun waren es, die bis in die Grabkammer vordrangen und den Sarg herausholten. Als man ihn öffnete, »gewahrte man drinnen den Leichnam eines Menschen, der einen goldenen, mit allerlei Edelsteinen geschmückten Panzer trug. Auf seiner Brust lag eine Schwertklinge ohne Griff und neben seinem Haupte ein roter Hyazinthstein von der Größe eines Hühnereis, der wie Feuerflammen leuchtete. Den nahm el-Mamun an sich.«

Heute steht in der Cheops-Pyramide als einziger Teil der Grabausstattung nur der schwere Steinsarkophag, in dem sich vermutlich der Holzsarg mit den mumifizierten Überresten des Cheops befand. Der Deckel des Sarkophags fehlt, und auch sonst ist die Pyramide leergeräumt, zumindest in den jetzt zugänglichen drei Räumen. Gut 30 Meter unter der Pyramidenbasis liegt eine aus dem Felsen herausgeschlagene Kammer, die aber nicht fertiggestellt und offenbar nie benutzt worden ist. Vielleicht fehlte es an Sauerstoff für Arbeiter und Fackeln. Auch eine zweite, kleinere Kammer blieb unvollendet, und wieder weiß man nicht, warum die Arbeiten abgebrochen wurden. Sauerstoffmangel kann es

30 Pyramiden – ein Weltwunder

Über einem felsigen Wüstenplateau erhebt sich die mächtige Cheops-Pyramide. Die Seiten maßen an der Basis 227,50 m, die Höhe betrug 146,60 m. Heute ist die Spitze abgetragen, und bis auf wenige Stellen fehlt die Ummantelung aus weißem Tura-Kalkstein – Bauherren späterer Zeiten bedienten sich des kostbaren, bearbeiteten Materials.

Cheops war der Erbauer der höchsten Pyramide, als Abbild des Königs aber ist nur eine Elfenbeinstatuette von 5 cm Höhe erhalten.
Kairo, Ägyptisches Museum

32 Pyramiden – ein Weltwunder

nicht gewesen sein, denn der Raum liegt oberhalb der Pyramidenbasis. Königinnenkammer wird er genannt, obgleich Hinweise auf eine Königin fehlen. Noch höher liegt die Königskammer mit dem Sarkophag: Wände, Decke, Boden bestehen aus polierten Rosengranitblöcken, die Grundfläche mißt etwa 60 Quadratmeter. Oberhalb der Königskammer haben Forscher fünf niedrige Dachkammern gefunden, jeweils durch mächtige Felsblöcke abgedeckt, vermutlich eingebaut, damit nicht das volle Gewicht des oberen Pyramidenteils auf der Decke der Königskammer lastet.
Der eindrucksvollste Teil der inneren Pyramide aber ist der Zugang zur Königskammer, Große Galerie genannt: eine fast 47 Meter lange, sanft ansteigende Halle, ein Treppenaufgang von der Höhe eines mittleren Hauses, nämlich achteinhalb Meter. Die Wände bestehen aus poliertem Kalkstein, oberhalb von zwei Metern rücken die übereinandergeschichteten Blöcke von Lage zu Lage jeweils etwas näher zueinander, so daß ein Stufendach entsteht. Keine Zeichnung und kein Foto kann den außerordentlichen Raumeindruck wiedergeben, und es wäre auch ein Irrtum zu glauben, die Große Galerie sei für irgendein Publikum gebaut: Allein dem König zu Ehren wurde sie errichtet. Als technische Konstruktion bildet sie ein Meisterwerk innerhalb des Meisterwerks dieser Pyramide. Nach der Beisetzung diente die Schräge als Rampe für riesige Fallblöcke aus Granit, die für alle Ewigkeit den Zugang verschließen sollten.

Am oberen Ende der Großen Galerie liegt die Grabkammer, die im Mittelalter ausgeraubt wurde. Geblieben ist nur ein Sarkophag aus Rosengranit, in dem der Holzsarg des einbalsamierten Königs stand.

iner = Stein

Einen ganz außergewöhnlichen und fotografisch nicht erfaßbaren Raumeindruck vermittelt die Große Galerie, ein 47 m langes Treppenhaus, dessen Decke durch mehrere Lagen vorkragender Steinblöcke geschlossen ist. In der »Description de l'Egypte«, geschrieben von Wissenschaftlern der Ägypten-Expedition Napoleons, wird sie zweimal abgebildet, einmal vom oberen, einmal vom unteren Ende her.

Der Querschnitt durch die Cheops-Pyramide zeigt drei Grabkammern, von denen nur die oberste (3) fertiggestellt und benutzt wurde. Über ihr befindet sich eine Konstruktion aus gewaltigen Steinplatten (2), die das andernfalls auf der Kammer liegende Gewicht abfangen soll. Zwei Schächte (1) führen von der Grabkammer nach außen, sie ermöglichten die Luftzufuhr und sollten wohl auch der Seele des Königs der Weg zu den Sternen erleichtern. Vor der Grabkammer die Große Galerie (4) mit einem Zugang zur »Königinnenkammer« (5). Unter der Erde lag die vermutlich älteste Kammer (6).

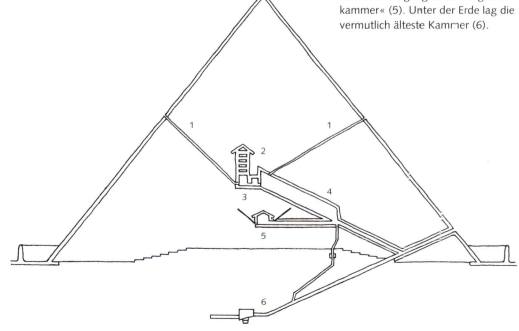

Pyramiden – ein Weltwunder 33

Technik unbekannt

Zu der Frage, mit Hilfe wie vieler Menschen, welchen Arbeitsgeräten und nach welchen Konstruktionsplänen Pyramiden errichtet wurden, gibt es keinerlei zeitgenössische Dokumente. Vielleicht wurden sie im Laufe der Jahrtausende vernichtet, vielleicht wurden sie nie geschrieben. Auch zur Bedeutung der Pyramiden fehlt alles Schriftliche. Ägyptologen müssen ihre Interpretationen aus den Bauten selbst oder aus zeitgenössischen Texten ableiten.

Exakt feststellen ließ sich, woher die Steine kamen: der Rosengranit aus Assuan, der Kalkstein, mit dem die Pyramiden außen und stellenweise innen verkleidet waren, aus Tura, das Füllmaterial aus den Steinbrüchen von Gisa, auf denen die Cheops-Pyramide steht. Assuan liegt 800 Kilometer stromaufwärts, Tura am jenseitigen Ufer des Nils. Der Transport erfolgte per Schiff. Mit Hilfe von Kanälen und eigens errichteten Anlegestellen wurde die Fracht nah an die Baustelle herangebracht. Vom Hafen wurde aus Erde, Ziegeln und Felsbrocken eine Rampe gebaut, die zum 40 Meter höher gelegenen Gisa-Plateau führte. Unklar ist, wie die Ägypter beim Bau der Pyramide selber das Material nach oben transportierten. Sie müssen eine weitere Rampe errichtet haben, die zusammen mit dem Bau wuchs. Zwei Möglichkeiten gibt es: Entweder wurde die Rampe seitlich heran- oder um die vier Seiten der Pyramide herumgeführt. Berechnungen haben ergeben, daß die von einer Seite herangeführte Rampe, wenn sie die Spitze erreichte, mehr Material benötigte als die Pyramide selbst. Die um die Pyramide herumgeführte Rampe benötigte weniger Material, verbarg aber den jeweils schon fertiggestellten Teil und erschwerte damit die Kontrolle der Kanten und Neigungswinkel. Welche Variante die Ägypter benutzten oder ob es eine dritte Möglichkeit gab, ist bislang nicht sicher zu entscheiden. Transportiert wurden die Steinblöcke vermutlich auf hölzernen Schlitten. Fahrzeuge mit Rädern waren zur Zeit des Cheops unbekannt. Ebenso Pferde als Zugtiere. Nur Ochsen wurden in der Ebene zum Ziehen eingesetzt, aber kaum auf den schmalen Rampen. Viele der Blöcke waren über fünf Tonnen schwer, um sie aufwärts zu ziehen, dürften 50 Arbeiter nötig gewesen sein. Herodot, der griechische Historiker, der um 450 v. Chr. Ägypten bereiste, schrieb, daß die Ägypter Hebevorrichtungen benutzt hätten. Aber als Herodot sich berichten ließ, lag der Pyramidenbau bereits 2000 Jahre zurück, und nach neueren Forschungen gab es keinerlei kranartige Hilfsmittel, nur Hebel, Walzen, Brechstangen und Schlitten.

Vermutlich wurden die Felsbrocken im Steinbruch roh behauen und an der Baustelle in ihre endgültige Form gebracht. Die Präzision, mit der dies geschah, hat immer wieder Bewunderung hervorgerufen. Der englische Ägyptologe William Flinders Petrie verglich sie mit der »Genauigkeit hervorragender Optiker«. Sie zeugt von handwerklichen Fähigkeiten bei der Steinbearbeitung, die bis heute unübertroffen sind.

Räder waren im Alten und Mittleren Reich unbekannt, schwere Lasten wie Steinblöcke für den Pyramidenbau oder Monumentalskulpturen wurden auf Schlitten gezogen. Vorarbeiter schlagen den Arbeitstakt, einer der Arbeiter befeuchtet vor dem Schlitten die Gleitbahn. *(Wiedergabe einer heute zerstörten Wandzeichnung aus dem Mittleren Reich, publiziert 1824 in dem Buch »Reise zur Oase des Jupiter Ammon« des preußischen Generalkonsuls Freiherr Heinrich von Minutoli)*

kat = Bau

Wie die Pyramiden hochgezogen wurden, ist bis heute ungeklärt. Die Ägypter müssen Rampen benutzt haben, die mit dem Bauwerk wuchsen und entweder seitlich heran- oder um die Pyramiden herumgeführt wurden. Kranartige Hebewerkzeuge besaßen sie nach heutigen Erkenntnissen nicht. Ochsen als Zugtiere dürften kaum rampentauglich gewesen sein.

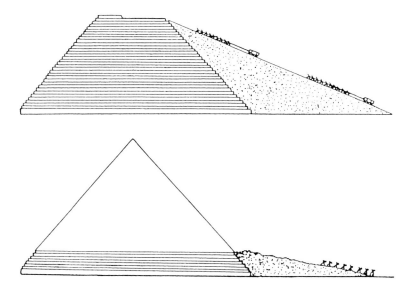

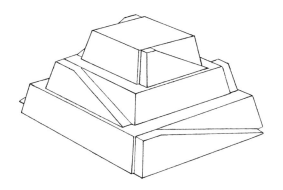

34 Pyramiden – ein Weltwunder

Auch die Fähigkeit, gezeichnete Pläne umzusetzen, war hoch entwickelt. Wie wäre es sonst gelungen, so große Bauwerke mit genau demselben Neigungswinkel an allen Seiten hochzuziehen? Die Pyramiden so zu bauen, daß sie nicht zu einer Seite »kippen«? Voraussetzung war (neben Winkelmessern) eine waagerechte Basis. Wasserwaagen gab es nicht, aber vermutlich war deren Prinzip bekannt: Man hob an den vier 230 Meter langen Grundseiten der Cheops-Pyramide einen flachen Wassergraben aus und korrigierte ihn so lange, bis das Niveau ausgeglichen war.

Auch zur Arbeitsorganisation fehlen zeitgenössische Dokumente. Zahlen liefert 2000 Jahre später erst wieder Herodot: »100 000 Menschen waren es, die daran arbeiteten und alle drei Monate abgelöst wurden«, schrieb er, und »an der Pyramide ist in ägyptischen Buchstaben verzeichnet, welche Mengen von Rettichen, Zwiebeln und Knoblauch die Arbeiter verzehrt haben. Wenn ich mich recht an die Summe erinnere, die mir der Dolmetscher nannte, der die Inschriften entzifferte, so waren es 1600 Talente Silbers, … 20 Jahre lang dauerte … der Bau.« Und zehn Jahre habe man für die Zuwege gebraucht.

Heutige Experten halten die Angaben über die Länge der Bauzeit für realistisch. Doch dürften die Facharbeiter, also die Steinmetzen, das ganze Jahr über gearbeitet haben; die große Masse der Hilfskräfte hingegen wurde vermutlich nicht alle drei Monate abgelöst, sondern nur drei Monate im Jahr im vollen Umfang herangezogen: während der Überschwemmung des Fruchtlandes durch den Nil, einer Zeit, in der sie auf den Feldern nichts tun konnten.

Für Herodot und die ägyptischen Priester, die ihn informierten, war der Pyramidenbau Zwangsarbeit und Cheops ein menschenverachtender Tyrann. Sogar die Reize seiner Tochter soll er ausgebeutet haben: »Cheops war ein so verruchter Mensch, daß er in seiner Geldnot die eigene Tochter in ein Freudenhaus brachte und ihr eine bestimmte Geldsumme – wieviel, sagten mir die Priester nicht – zu schaffen befahl. Sie brachte die verlangte Summe zusammen und faßte auch den Entschluß, ebenfalls ein Denkmal für sich zu errichten. Jeden Mann, der sie besuchte, bat sie, ihr einen Stein für den großen Bau zu schenken. Aus diesen Steinen soll sie die mittlere der drei Pyramiden haben bauen lassen, die vor der großen Pyramide steht …«

So unsinnig diese Anekdote ist, sie belegt den schlechten Ruf, den Cheops zur Zeit Herodots hatte. Dessen Informanten wußten offensichtlich wenig von der Blütezeit des Alten Reiches: Cheops galt damals als Gott und Ägypten mit allen Menschen als sein persönliches Eigentum. Ob auf den Feldern, im Tempel oder Palast, direkt oder indirekt arbeiteten sie immer für ihn. Und wenn sie ein solches Mammutwerk wie die Grabpyramide für ihren Gottkönig errichten halfen, dann dienten sie nicht nur ihm, sondern ebenso dem eigenen Wohl, denn auch im Jenseits war der Pharao Garant für die Versorgung seiner Untertanen.

Vor den Pyramiden wacht der Sphinx

Begonnen wurde mit dem Bau einer Pyramide – oder später eines Felsengrabs – gleich nach der Inthronisierung des Pharaos. Verantwortlich war jeweils der höchste Beamte, die Bezeichnung »Wesir« gaben ihm – nach orientalischem Vorbild – die Ägyptologen. Cheops' Wesir hieß Hemiunu, als 1912 sein Grab geöffnet wurde, fand man, wenn auch beschädigt, seine lebensgroße Statue. Cheops dagegen kennen wir nur als fünfeinhalb Zentimeter hohe Elfenbeinstatuette. Sie befindet sich im Ägyptischen Museum in Kairo.

Die Pyramiden standen nicht allein, sie waren Teil einer großen Anlage. Zu ihr gehörten die Gräber der höheren Beamten (wie Hemiunu) und der Familienmitglieder: Cheops' Beamte sind westlich der Pyramide in genau ausgerichteten Reihen von Mastaba-Gräbern bestattet, seinen drei Frauen wurde an der Ostseite jeweils eine kleine Pyramide errichtet. Zur Pyramidenanlage gehörte darüber hinaus ein Tempel für den täglichen Totenkult, Reste seines Basaltbodens sind an der Ostseite der Pyramide erhalten. Vom Totentempel neben der Pyramide führte ein überdeckter Weg abwärts zum Taltempel, er liegt heute unter bewohnten Häusern, und seine Überreste bleiben den Archäologen vorerst verborgen. Hier wurden Opfergaben für den Verstorbenen niedergelegt: frischer Proviant für die lange Reise durch das Totenland beziehungsweise für die Priester, die den Kult verrichteten und die Grabstätten bewachten. Die Barken, in denen Cheops durch die Unterwelt reisen sollte, waren in großen Schächten zu Füßen der Pyramide eingelagert.

Neben der Pyramide des Cheops steht die seines Bruders Chephren und die von dessen Sohn Mykerinos, beide zählen zu Cheops' Nachfolgern. Ihre Pyramiden sind etwas kleiner, bilden aber mit der Cheops-Pyramide – und dem mächtigen Sphinx des Chephren – eines der berühmtesten Architekturensembles der ganzen Welt.

20 Meter hoch und 73 Meter lang ist der Sphinx, herausgeschlagen aus dem gewachsenen Felsen: ein Löwenkörper mit Menschenkopf, als Pharao erkennbar an dem königlichen Kopftuch und der Uräusschlange an der Stirn, der Ansatz für den verlorenen Zeremonienbart ist noch deutlich zu erkennen. Als Beschützer der Pyramidenanlage, später auch als Erscheinungsform des Sonnengottes verehrt und noch später von den Arabern als »Vater des Grauens« gefürchtet, liegt er weithin sichtbar im Wüstensand.

Dies war nicht immer so. Mehrmals hat in den vergangenen Jahrtausenden der Wind die monumentale Skulptur mit Sand zugeweht, so daß nur der Kopf herausragte, und zumindest zweimal in pharaonischer Zeit wurde sie auf göttliche Weisung vollständig wieder ausgegraben. Mitgeteilt wurde der Götterwunsch jeweils einem Prinzen. Der Aufstieg zum Pharao wurde ihm vorausgesagt, wenn er den Sphinx befreit. Auf einer Stele zwischen seinen Pranken ist zu lesen, wie es dem späteren Thuthmosis IV. erging: Im Schatten des steinernen Kopfes legte er sich schlafen und hörte, »wie die Majestät dieses herrlichen Gottes mit eigenem Munde redete, so wie ein Vater zu seinem Sohne spricht …«

Daß er wieder und wieder zugeweht wurde, hatte auch Vorteile, denn so haben Araber und Mameluken nur den Kopf beschädigt – Bart und Nase fehlen – und nicht auch den Körper. Das besorgen heute steigendes Grundwasser und Luftverschmutzung. Sie verursachen Erosionen, die viel gravierender sind als der einstige Mißbrauch als Zielscheibe. Große Brocken haben sich aus der linken Vordertatze, aus der Schulter und aus dem Schwanz gelöst, die göttliche Gestalt wird zum Dauerpatienten, und auch das von der Europäischen Union finanzierte Kanalisationssystem wird sie auf Dauer nicht heilen.

Der deutliche Verfall schmälert nicht den Zauber des Sphinx, seine fortwirkende, die Phantasie stimulierende Kraft. Er war das Vorbild für viele Fabeltiere und göttliche Wesen: Die Ägypter selbst haben den Löwenkörper später auch mit Tierköpfen kombiniert, und bei den Griechen verwandelte sich der männliche in eine weibliche Sphinx mit Flügeln, die den Wanderern Rätsel aufgab und jene verschlang, die sie nicht lösen konnten. Aus dem Wächter wurde ein Wegelagerer, aus dem Schutzherrn ein Dämon, der durch die Romantik geistert wie auch durch die Comic strips und Gruselfilme unserer Tage.

Eines haben Sphinx und Cheops-Pyramide gemeinsam: Sie erregen seit Jahrtausenden Neugier, Entdeckungslust und Phantasie, besonders bei Anhängern von Geheimwissenschaften. Diese bekämpfen die vergleichsweise nüchternen Ägyptologen und behaupten etwa, die Große Galerie habe als Sternwarte gedient, aus den Grundmaßen der Cheops-Pyramide ließe sich der Erdumfang berechnen und überhaupt hätten die Erbauer mit der Cheops-Pyramide ein »monumentales Lehrbuch« des gesamten Wissens ihrer Zeit errichten wollen. Und dem Sphinx sagen sie nach, er sei keineswegs ein Monument des Alten Reiches, sondern stamme aus Zeiten lange vor der Sintflut.

Streng und unnahbar ruht der Sphinx, 73 m lang und 20 m hoch, zusammengesetzt aus Löwenleib und Pharaonenhaupt, eine mythische Gestalt, die in vielen Abwandlungen das Altertum beschäftigt und beunruhigt hat. Die Uräusschlange an der Stirn und der Zeremonienbart sind abgeschlagen, von den Würdezeichen des Pharaos blieb nur das königliche Kopftuch.

Die linke Göttin trägt die Krone von Unterägypten, die rechte die von Oberägypten, dem Pharao setzen sie eine Krone auf, die die zwei Kronen vereinigt – denn der König soll die beiden Landesteile zusammenhalten, Streitigkeiten und Chaos verhindern.
Relief aus dem Tempel von Edfu, 181–145 v. Chr.

Pharao vereint das Land

anch, udja, seneb
= er lebe, bleibe heil und gesund
(Dieser Wunsch begleitete
immer Pharaos Namen.)

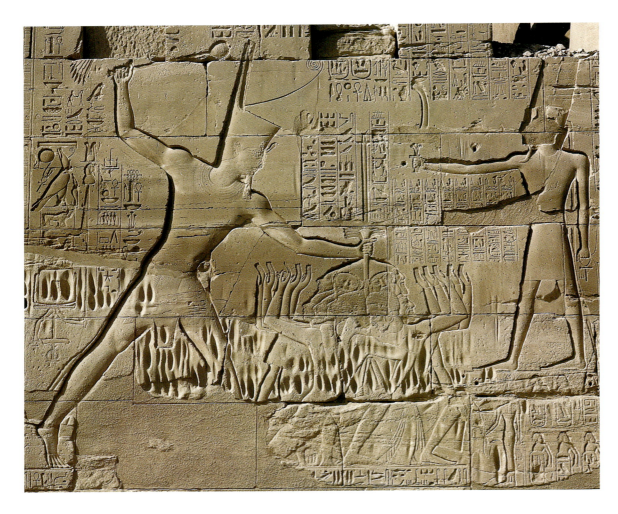

Zu den traditionellen Aufgaben des Pharaos gehörte die Verteidigung des Landes. Eines der immer wiederkehrenden »Piktogramme« für den siegreichen König zeigt ihn mit geschwungener Keule über einer Gruppe von Gefangenen, die er am Schopfe hält. Flehend heben die Besiegten die Hände. Entsprechend ihrer geringen Bedeutung sind sie körperlich viel kleiner als König Thuthmosis I.
Relief aus dem Tempel von Karnak, Neues Reich, 18. Dynastie

Mit erhobener Keule bedroht der Pharao die Feinde, an den Haaren hält er sie fest und drückt sie herab. Diese Darstellung des Königs als Sieger findet sich als Relief hundertfach in Stein gehauen, in den Residenzstädten ebenso wie an den Grenzen und weit bis nach Nubien hinein. Das Bild des siegreichen Pharaos schildert nicht ein Ereignis, sondern eine Aufgabe: Der Pharao muß Ägypten schützen.

Es zählt zu den großen Leistungen der altägyptischen Kultur, daß sie für alle wichtigen Aufgaben ihres Herrschers Bildformeln entwickelt hat. Was ein Pharao war und tun mußte, an den Tempelwänden konnten die Ägypter es sehen.

Seine allererste Aufgabe war es, die beiden Landesteile zu vereinigen. Während der Bürgerkriege in den sogenannten Zwischenzeiten (zwischen dem Alten und dem Mittleren und dem Mittleren und dem Neuen Reich) war dies eine reale, sonst eher eine mythische Aufgabe: Die Ägypter fühlten sich vom Chaos bedroht, der Pharao mußte sie retten. Dieser Vorgang wurde dargestellt durch die Vereinigung von Unter- und Oberägypten, repräsentiert durch zwei Pflanzen, Papyrus und Lotos, die zusammengebunden werden, oder durch zwei Götter, die gemeinsam den Pharao segnen. Wie wichtig dieser Vereinigungsgedanke war, geht auch aus dem Titel der Pharaonen hervor, sie hießen stets ausdrücklich »König von Ober- und Unterägypten«.

Neben Vereinigung und Verteidigung gehörte die Erhaltung der inneren Ordnung zu den wichtigsten Aufgaben des Pharaos. Gerechtigkeit, Wahrheit und Harmonie wurden personifiziert in der Göttin Maat. Sie trägt eine aufrecht stehende Feder auf dem Kopf, wird gelegentlich auch nur durch diese Feder dargestellt. Der Pharao, der auf seiner Handfläche den Göttern eine kleine Maat bringt, zeigt, daß er seine Macht nicht mißbrauchen und in Streitfällen seiner Untertanen nach der Wahrheit suchen wird. »Handle maatgerecht, solange du auf Erden weilst«, rät ein König seinem Sohn, »tröste den Weinenden, bedränge nicht die Witwe, verdränge keinen vom Eigentum seines Vaters, und schädige nicht die Beamten in ihrer Stellung. Hüte dich vor ungerechter Bestrafung und töte nicht, denn das kann für dich nicht nützlich sein.« Das Bekenntnis zur Maat bedeutet eine Selbstbeschränkung des allmächtigen Königs, und sie verpflichtet ihn auch, den Konsens mit seinen Untertanen zu suchen. »Du machst die Gesetze fest bis in die Ewigkeit«, loben Beamte einen Pharao und fügen mit Bedacht hinzu: »zur Zufriedenheit der Menschen«.

Wie viele Völker haben die Ägypter den Stammbaum ihrer Herrscher auf göttliche Vorfahren zurückgeführt, und zu Beginn des Alten Reiches galten die ägyptischen Könige wohl auch noch als Götter. Doch dieser Nimbus verging, ab der 4. Dynastie werden die Könige nur noch als deren Söhne angesprochen. Der Reichsgott Amun, so hieß es, zeuge jeweils in Gestalt des regierenden Pharaos mit dessen Gattin den zukünftigen König. Da göttlicher Natur, war er auch der oberste Priester des Landes und zuständig für den Umgang mit den Überirdischen.

40   Pharao vereint das Land

Die Einheit von Ober- und Unterägypten wurde nicht nur durch die Doppelkrone symbolisiert, sondern auch durch das Zusammenbinden von Lotos und Papyrus, den Wappenpflanzen der beiden Landesteile.
Relief am Sockel der Memnonskolosse, Theben, 18. Dynastie

neb-taui = Herr der beiden Länder

Das besondere Kennzeichen der Göttin Maat ist die Straußenfeder auf ihrem Kopf. Maat verkörpert Ordnung, Gesetz, Wahrhaftigkeit, und jeder Pharao ist ihr verpflichtet. Hier beschützt sie mit ihren ausgebreiteten Flügeln die Königin Nefertari, Gattin von Ramses II.
Wandbild aus dem Grab der Nefertari, Tal der Königinnen, Neues Reich, 19. Dynastie

Pharao vereint das Land 41

Zu den wichtigsten Aufgaben eines Pharaos gehörte die Verteidigung des Landes. Erst bei der Besetzung durch die Hyksos am Ende des Mittleren Reiches lernten die Ägypter Pferde und Streitwagen kennen. *Stele, 18. Dynastie, Kairo, Ägyptisches Museum*

sie ließen die Flut kommen oder ausbleiben, in ihren Händen lag die Macht. Schwache oder unwürdige, also von den Göttern ungeliebte Pharaonen ließen die Tempelschreiber gerne aus, sie paßten nicht zur ägyptischen Königsideologie. Daß die Nachfolge nicht immer ordnungsgemäß geregelt wurde, läßt sich nur indirekt feststellen. Im Idealfall setzte der Pharao seinen erstgeborenen Sohn als Thronfolger ein. Aus Prozeßakten wissen wir von Intrigen um unmündige Nachfolger, und gelegentlich wird deutlich, daß ein besonders starker Mann außerhalb der Familie den Thron mit Gewalt an sich gerissen hat. Er gründete eine neue Dynastie, achtete aber darauf, daß die Vorstellung von der göttlichen Zeugung und von der ungebrochenen Kontinuität gewahrt blieb. Nur wer die Rituale und die äußere Form der Macht übernahm, konnte zum legitimen Herrscher werden. Auch die fremden, aus Makedonien stammenden Ptolemäerkönige ließen sich in traditioneller Pharaonenkleidung und bei der Ausführung der alten Rituale auf den Wänden der Tempel von Philae und Edfu darstellen, und selbst die römischen Kaiser, deren Provinz Ägypten geworden war, ließen sich dort nach altägyptischem Vorbild abbilden.

Mythos und Wirklichkeit

Die Ausübung der Herrschaft war begleitet von Ritualen. So schoß ein Pharao bei seiner Thronbesteigung gegen mögliche Feinde Pfeile in alle vier Himmelsrichtungen und umrundete in feierlichem Lauf eine abgesteckte, das Reich symbolisierende Fläche. Nach 30 Jahren mußte er die Rituale wiederholen und – wenigstens am Anfang der ägyptischen Geschichte – dabei seine körperlichen Kräfte demonstrieren, die durch die Götter magisch erneuert wurden.

Wie stark der Glaube war, daß jeder Pharao das Reich vereint und damit neu schafft, zeigt sich auch an der ägyptischen Zeitrechnung. Anders als bei Christen und Moslems gab es keinen Religionsstifter, dessen Geburt oder dessen Aufbruch das Jahr Null bestimmte. Die Ägypter setzten es mit jedem König neu und datierten ab seiner Thronbesteigung, etwa: Tag drei im zweiten Monat der Nilüberschwemmung, im Jahr zehn der Regierung des Königs X. Die Geschichte ihres Landes stellte sich für die Ägypter dar als eine Kette von Königen, zusammengefaßt in Dynastien. Der erste uns bekannte, der sich Narmer oder Menes nannte, lebte um 3 000 v. Chr., der oder die letzte, Kleopatra VII., gab sich im Jahr 30 v. Chr. den Tod, als sie ihr Land an die Römer verlor. Aufgezeichnet wurde die Geschichte Ägyptens in den Tempeln. Nicht bedeutende Ereignisse, nicht Kriege, Katastrophen oder Eroberungen wurden dort festgehalten, sondern die Namen der Könige, die Anzahl der Regierungsjahre, Tempelgründungen, Zeremonien, eventuell die Höhe der Nilflut. Wichtig war das Verhältnis zu den Göttern, denn

König Djoser läuft 30 Jahre nach seinem Regierungsantritt um eine das Reich symbolisierenden Fläche. Diese kultische Handlung demonstrierte die körperlichen Kräfte eines Königs und deren ständige Erneuerung durch die Götter.
Wandrelief in der Grabanlage des Djoser, 3. Dynastie

⌐⌐ = Haus

◁── = groß

per-aa = Palast/Pharao

König Haremhab steht vor dem Gott Horus mit Falkenkopf, der für ihn die Krone von Ober- und Unterägypten trägt. Inhalt der Beischrift: Haremhab betet Horus an, wofür Horus ihn belohnt.
Bemaltes Relief im Grab des Haremhab, Tal der Könige 19. Dynastie

Pharao vereint das Land 43

Das Design der Macht

Noch heute stehen die Pharaonen uns eindrucksvoll vor Augen – Dank der Künstler und Handwerker, die die königlichen Bildformeln entwickelten. Zum Macht-Design gehörten die Attribute des Herrschers, seine Kleider, Insignien und die ihn begleitenden Götter in Tiergestalt. An erster Stelle stand Horus, der Falkengott, »dessen Augen Sonne und Mond waren und dessen Flügelspitzen die Grenzen der Erde berührten«. Horus galt als Sohn der Götter wie der Pharao auch, und der König wurde deshalb mit Horus identifiziert als »Horus im Palast«. Das Bild des Falken verweist auf die Göttlichkeit des Königs und auch auf göttlichen Schutz.

Als weibliche Beschützer des Königs galten die Geiergöttin Nechbet aus Oberägypten und die Schlangengöttin Uto aus Unterägypten. Sie verkörpern die beiden Landesteile und verteidigen gemeinsam den Herrscher. Die Schlangengöttin schmückt als sich gefährlich aufbäumende Kobra das königliche Diadem.

Insignien der Macht waren die goldene Geißel und der goldene Krummstab in den Händen des Pharaos, Relikte aus frühen Zeiten, als die Ägypter noch als Nomaden durch die Wüste zogen. Mit der Peitsche trieben sie die Viehherden zusammen, mit dem Haken am Stab fingen sie die Tiere am Hinterlauf: Der Pharao als oberster Hirte. Aus dieser legendären Frühzeit dürfte auch das Tierfell stammen, das zum Zeremonienkleid des Pharaos gehört, »Starker Stier« war einer seiner Titel. Darüber hinaus wird er meist mit einem kurzen gefälteten Schurz aus weißem Leinen dargestellt und dem gestärkten Kopftuch, das im Nacken zu einem zopfartigen Wulst zusammengedreht wurde. Für Zeremonien wurde dem König ein schmaler geflochtener Kinnbart umgebunden – auch wenn es sich, wie bei Hatschepsut, um eine Frau handelte. Sechs verschiedene Kronen konnte der Pharao tragen, sie bildeten die Hauptinsignien seiner Macht. Jede hatte ihren eigenen Symbolwert: Die beiden wichtigsten waren die weiße Krone Oberägyptens und die rote Unterägyptens, oft wurden sie kombiniert als eines der vielen Zeichen für die Einheit der beiden Landesteile.

In dieser Zeremonialkleidung, die wir heute noch an vielen Tempelwänden betrachten können, sah das Volk seinen Pharao nur bei großen Prozessionen. Ansonsten lebte er abgeschirmt in seinem Palast. Der Führungselite zeigte er sich festlich gekleidet innerhalb des Palastes an einem besonders dafür vorgesehenen »Erscheinungsfenster«, wenn er Beamte mit dem »Ehrengold« auszeichnete. Das Wort »Pharao« kommt übrigens von der Bezeichnung »per-aa«, Großes Haus, die sich ebenso auf den königlichen Palast wie auf den Pharao selbst bezog.

Eine der eindrucksvollsten Darstellungen eines Schutzgottes: Horus als Falke breitet seine Flügel um den Kopf des Pharaos Chephren. Vielleicht schützt er ihn nicht nur, sondern ist mit Chephren identisch – im Alten Reich glaubte man lange, daß die Könige selbst Verkörperungen von Göttern seien.
Teil einer Statue aus Diorit, 4. Dynastie, Gesamthöhe 1,68 m, Kairo, Ägyptisches Museum

Das Golddiadem des Königs Tutanchamun mit den Symboltieren von Ober- und Unterägypten, dem Geier und der Königskobra.
Kairo, Ägyptisches Museum

Deckel eines der vier Gefäße, in denen die Eingeweide Tutanchamuns aufbewahrt wurden. Er zeigt Kopf und Oberkörper des Königs in vollem Ornat.
18. Dynastie, Kairo, Ägyptisches Museum

Amenophis IV., der sich Echnaton taufte und die ägyptische Götterwelt radikal veränderte. Auch die Darstellung des Königs löste er aus dem traditionellen Schema: Die Lippen sind wulstiger, die Augen enger, der Kopf ist schmaler und länger, der Körper etwas weiblicher modelliert.
Neues Reich, 18. Dynastie, Sandstein, Höhe 64,5 cm, Luksor, Museum für altägyptische Kunst

Neu war auch, daß intime Familienszenen wiedergegeben wurden. Hier spielen Echnaton und seine Gemahlin Nofretete mit ihren Töchtern. Statt der üblichen vielen Götter ließ Echnaton nur Aton anbeten, der als Sonnenscheibe sichtbar ist und seine Strahlen mit helfenden Händen den Menschen schickt.
Kalksteinplatte, Höhe 32,5 cm, Breite 39 cm, Berlin, Ägyptisches Museum

Echnaton, der Revolutionär

Von den meisten ägyptischen Königen, besonders denen des Alten Reiches, kennen wir nicht mehr als die Namen und vielleicht die Regierungsdaten, erst ab der 18. Dynastie gewinnen einige der Pharaonen deutlicheres Profil. Zu ihnen zählt Amenophis IV. Er regierte 17 Jahre lang, vermutlich ab 1350 v. Chr., und sein Bild unterscheidet sich von den genormten Königsdarstellungen durch wulstige Lippen, ein schmales Gesicht und einen überdimensionierten Hinterkopf. Dieser König erschütterte das Land. Als oberster Priester entschied er, daß statt der alten Göttervielzahl nur noch der Gott Aton in seiner Gestalt als Sonnenscheibe angebetet werden sollte. Er tilgte den Namen des Gottes Amun aus seiner Titulatur, ersetzte ihn durch Aton und nannte sich Echnaton. Diesen einen Gott konnten die Menschen direkt sehen, seine Macht konnten alle spüren. Bildlich dargestellt wurde Aton als Sonnenscheibe, meist mit der Uräusschlange als Herrschaftszeichen und mit Strahlen, die in Händen enden. Es sind die Hände, die den Menschen die Wohltaten ihres Gottes reichen.

Vielleicht waren die Ursachen für diese Revolution nicht nur religiöser Natur, es ist möglich, daß der König gleichzeitig zu stark gewordene Priesterschaften entmachten und die ihnen nahe Verwaltung erneuern wollte. Wenigstens baute er nicht nur in Karnak einen großen Tempel für Aton, sondern auch eine neue Residenz in Mittelägypten. Im sechsten Jahr seiner Regierung verläßt er Theben, die alte Königsstadt, tauscht vor dem Umzug viele der Beamten aus, siedelt über nach Achetaton, dem heutigen Amarna.

Wie die Religion veränderte der König auch den Darstellungsstil. Mit dem ausladenden Hinterkopf distanziert er sich deutlich vom bislang gepflegten Ideal. Auch den eher weiblich gerundeten Körper hatte man bisher nicht gekannt. Eine Erklärung für diese Abweichungen hat man in einer Mißbildung oder Erkrankung des Königs gesucht, aber es fehlen die Beweise.

Neu im Bildrepertoire der Pharaonen waren auch Einblicke in das Familienleben: die miteinander spielenden Töchter oder das königliche Paar mit dreien seiner Töchter auf Schoß und Arm, sitzend unter den Strahlen der Aton-Sonnenscheibe.

Nach Echnatons Tod – man weiß nicht, wie er starb, noch, wo er begraben wurde – gewannen Priester und Anhänger der abgesetzten Götter ihre Macht zurück. Sein Nachfolger Tutanchaton (er hatte eine Tochter Echnatons geheiratet) änderte seinen Namen in Tutanchamun, ehrte damit den alten Gott Amun und zog mit seinem Hofstaat nach Theben zurück. So wie Echnaton einen Bildersturm auf die alten Götter angeordnet hatte, verfolgte sein Nachfolger beziehungsweise die Priesterschaft jetzt ihn und Aton. Seine Residenz und die von ihm errichteten Tempel wurden zerstört oder umgewidmet, die Bilder des Königs ausgemeißelt. Die Vorwürfe gegen ihn waren die schwersten, die man einem

Pharao vereint das Land 47

König machen konnte: Er habe »ohne Maat« geherrscht, also gegen die göttliche Ordnung, folglich war er eine »Krankheit Ägyptens«. Geblieben sind von Echnaton und seiner Familie nur zufällig erhaltene Reste: Grabbilder, Reliefs auf Steinen, die als Baufutter für neue Tempel benutzt wurden, oder Abfall aus einer Bildhauerwerkstatt wie der berühmte Kopf der Nofretete, der heute in Berlin zu sehen ist.

Vermutlich diente die Büste als Muster, nach dem andere Werke angefertigt werden sollten. So wenigstens ließe sich erklären, daß nur das rechte Auge eine Bergkristalleinlage aufweist. Die Königin trägt einen breiten Schmuckkragen und eine blaue Krone, um die ein Band geschlungen ist. Oberhalb der Stirn bäumte sich eine Uräusschlange als Zeichen königlicher Macht, sie ist abgebrochen. Wie üblich weiß man über die Persönlichkeit und das Schicksal der Königin nur, daß sie mehrere Töchter geboren hat, nach dem zwölften Regierungsjahr Echnatons wird sie nicht mehr erwähnt, vermutlich war sie gestorben. Daß ihr Name weit über den Kreis der Ägyptologen hinaus bekannt ist, daß sie heute noch bewundert und verehrt wird, verdankt sie dem Zufall, daß diese Büste in den Trümmern einer Bildhauerwerkstatt erhalten blieb, und – zu allererst – einem Künstler, der ihr Gesicht in ein überzeitliches Schönheitsideal verwandelte.

 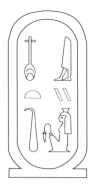

Echnaton   Nofretete

Königsnamen sind immer von einem stilisierten Seil umgeben, Kartusche genannt.

Zwei der Töchter Echnatons und Nofretetes mit extrem langen Hinterköpfen, einem der charakteristischen Merkmale bei der Darstellung der königlichen Familie.
Fragment einer Wandmalerei, Oxford, Ashmolean Museum

Die berühmteste Büste der ägyptischen Kunst: Nofretete, Gattin Echnatons, stilisiert zu einem Zeiten überdauernden Schönheitsideal. Die Büste stammt aus einer zerstörten Bildhauerwerkstatt und sollte wohl als Vorlage für weitere Werke dienen. Der Pupillenstein für das linke Auge war deshalb nicht notwendig.
Um 1340 v. Chr., Kalkstein, Höhe 50 cm, Berlin, Ägyptisches Museum

Pharao vereint das Land   49

Ramses II., der Großbaumeister

Anders als aus der Ära des Echnaton sind aus der Regierungszeit Ramses' II. viele Denkmäler erhalten, in Stein geschlagene Berichte, Statuen, Reste von Palast und Totentempel, dem Ramesseum in Theben-West, die Felsentempel in Abu Simbel – wie kein anderer König vor ihm hat er vom Delta bis nach Nubien das Land mit Bauwerken überzogen. Ramses der Große wurde er genannt, kam um 1279 auf den Thron und regierte 66 Jahre lang.

Er war ein Meister der Selbstdarstellung, der Propaganda, nicht nur mit Bauten, auch in Texten. Ein Beispiel: In der berühmten Schlacht von Kadesch (südlich von Beirut) ging er dem Hethiterkönig in die Falle, sein Heer wurde geschlagen, und er selbst entkam nur knapp dem Tod oder unrühmlicher Gefangenschaft. Auf den Tempelwänden von Luksor jedoch wird aus der Beinahe-Katastrophe eine Heldentat: »Seine Majestät metzelte die Streitmacht des Hethiterlandes insgesamt nieder, zusammen mit ihren großen Fürsten und all ihren Brüdern … Ihre Fuß- und Streitwagentruppen fielen auf ihre Gesichter, einer über den anderen. Seine Majestät tötete sie, … und sie lagen hingestreckt vor seinen Pferden. Seine Majestät aber war allein, niemand war in seiner Begleitung …«

Der öffentliche Kriegsbericht enthält – gegen alle Traditionen – auch einen Tadel. Er traf jene Befehlshaber, die den König falsch über den Feind informiert hatten, und diente vermutlich zur Entmachtung friedensfeindlicher Offiziere. Denn Frieden war das Ziel des Königs. Seine Vorgänger hatten den Machtbereich Ägyptens noch einmal erweitert, er dehnte sich von der Grenze der heutigen Türkei bis weit nach Nubien hinein; Ramses wollte die Grenzen sichern, dann in Frieden leben und die Ausgaben für die Armee reduzieren. Seine Regierung brachte Ägypten eine letzte Blütezeit. Die Bauten, die er errichten ließ, dienten neben der eigenen Verherrlichung auch der inneren Ordnung: Überall im Lande war der König präsent.

Wir kennen Ramses durch seine Selbstdarstellung, wir kennen seinen Körper buchstäblich auch von innen: Als seine Mumie zu zerfallen drohte, wurde sie 1976 für eine Rettungsaktion von Kairo nach Paris geflogen; Wissenschaftler nutzten die Gelegenheit, die königlichen Überreste zu vermessen und zu durchleuchten: Größe: 1,73 Meter. Haarfarbe: rot, im Alter grau. Alter: etwa 90 Jahre. Gelenkentzündungen, Zahnabszeß, krummer Rücken …

Der Totentempel des Pharaos Ramses II., das sogenannte Ramesseum, liegt gegenüber von Luksor in Theben-West. Das Grab befindet sich einige Kilometer entfernt im Tal der Könige, die Mumie, die zur Untersuchung auch schon in Europa war, ruht im Ägyptischen Museum, Kairo.
Neues Reich, 19. Dynastie

Immer wieder wurde der Eingang zum Felsentempel von Abu Simbel von Wüstensand zugeschüttet. Dieses Foto von Maxime du Camp, aufgenommen um 1850, läßt nicht nur die Sandmassen ahnen, sondern auch das Größenverhältnis der königlichen Kolossalstatuen zu gewöhnlichen Menschen.

Um seinen Herrschaftsanspruch über Nubien, den südlichen Nachbarn, zu dokumentieren, ließ Ramses II. dort mehrere Tempel bauen oder in den Felsen schlagen, der berühmteste von ihnen, der Tempel von Abu Simbel, liegt nördlich von Assuan. Vor dem Eingang thronen vier Statuen des Königs, jeweils 20 m hoch.

Pharao vereint das Land 51

Das Profil der durch ihre Reize berühmten und ihre Liebschaften berüchtigten Kleopatra als Relief in Kom Ombo, einem Tempel aus der Spätzeit des alten Ägypten.

Kleopatra VII., Geliebte des Caesar und des Antonius, letzte Königin der Ägypter, die sich selbst den Tod gab. So wie Nofretete dank ihrer Büste als schönste Frau Ägyptens weiterlebt, ist Kleopatra die beliebteste und populärste. Ungezählte Dramen, Opern, Bilder, Romane, Filme, Comic strips beschreiben ihr Schicksal, und ständig kommen neue hinzu.
Ausschnitt aus einem Gemälde von Artemisia Gentileschi, um 1640, Rom, Privatbesitz

Kleopatra, die letzte Königin

Der letzte Pharao war eine Frau und stammte aus einer nichtägyptischen Familie: Sie war Griechin. Alexander der Große hatte 332 v. Chr. Ägypten erobert und als Statthalter seinen Feldherrn Ptolemäus eingesetzt, der als Pharao die alte Herrschertradition fortführte. Mit Kleopatra VII., der Ptolemäerin, endet die Geschichte Ägyptens als selbständiger Staat.

Geboren wurde sie 69 v. Chr., im Alter von 17 Jahren besteigt sie zusammen mit ihrem Bruder Ptolemäus XIII. den Thron. Der Bruder ist ihr Feind, erst drängt er sie aus Alexandria, dann verbündet sie sich mit Caesar, und dieser vertreibt Ptolemäus schließlich aus der Hauptstadt, im Nildelta ertrinkt er. Caesar, der römische Feldherr und Staatsmann, war nach Ägypten gekommen, um Geldforderungen einzutreiben, der 52jährige und die 21jährige verlieben sich ineinander, und Kleopatra gebiert ihm den gemeinsamen Sohn Caesarion.

Caesar jedoch muß zurück nach Rom, Kleopatra folgt ihm, sie wird hofiert und gleichzeitig geschmäht als Verführerin tugendhafter Römer. Mit der Ermordung Caesars verliert sie ihren Liebhaber und Protektor, sie eilt zurück nach Alexandria. Schon ihr Vater war von Rom abhängig gewesen, und sie muß erneut einen Römer wählen, der sie schützen kann: Octavian oder Antonius. Octavian, der »tugendhafte« spätere Kaiser Augustus, lehnt die Königin und ihren orientalischen Lebensstil ab. Bleibt Antonius, der siegreiche General und Herr der römischen Ostprovinzen.

41 v. Chr. reist Kleopatra nach Tarsos (an der Südküste Kleinasiens), besucht Antonius in einem prächtig ausgestatteten Boot, und wieder entwickelt sich eine Liebesgeschichte von historischen Dimensionen.

Natürlich ist auch diese Verbindung auf wechselseitigen Interessen begründet – Kleopatra braucht Schutz, Antonius die ägyptischen Vorräte an Gold und Getreide. Aber glaubt man den Berichten, so durchleben die beiden – sie ist 28 Jahre alt, er 42 – höchst leidenschaftliche Wochen, er folgt ihr nach Alexandria, und sie »erfand immer neue Formen der Sinnenlust, durch die sie Antonius beherrschte«. Obgleich in Rom verehelicht, heiratet Antonius die ägyptische Königin und schenkt ihr und den drei gemeinsamen Kindern große Gebiete im Osten des Römischen Reiches. Er läßt sich in Alexandria einen Tempel bauen und verliert offensichtlich den Sinn für die römischen Verhältnisse. 31 v. Chr. besiegt sein alter Gegner Octavian die ägyptische Flotte in der Seeschlacht bei Actium, im folgenden Jahr auch die Truppen des Antonius. Dieser begeht Selbstmord. Kleopatra tut es ihm nach, angeblich, indem sie sich eine giftige Schlange an den Busen legt. Octavian macht Ägypten zur römischen Provinz.

39 Jahre wurde Kleopatra alt. Der Tod durch die Schlange ist umstritten, doch die Schlange als ägyptisches Herrschaftszeichen und zugleich als Symbol weiblicher Verführungsmacht gibt ihrem Tod einen mythischen Glanz. Wie immer schreiben die Sieger die Geschichte und verleumden Kleopatra als »königliche Hure«. Aber gerade diese Antipropaganda hat die Königin berühmt gemacht, hat sie, die eine Fremde war, zur populärsten Gestalt der ägyptischen Geschichte werden lassen. Mehr als 100 Schauspiele und Opern sind ihr gewidmet, Filme und Comic strips sorgen dafür, daß auch kommende Generationen sie nicht vergessen werden.

Hesire, einer der höchsten Beamten unter König Djoser, hält in der Linken einen Stab und ein Zepter als Insignien seines Amtes. Auf dem Rücken trägt er ein Etui für Schreibpinsel und ein Säckchen für Farbbrocken, vor der Brust die Palette für die Farben Rot und Schwarz – denn alle Beamten begannen ihre Laufbahn als Schreiber, und die Schrift galt als Basis jeder Verwaltung.
Teil eines Holzreliefs aus der Mastaba des Hesire, Altes Reich, 3. Dynastie, Kairo, Ägyptisches Museum

Wer schreibt, bleibt

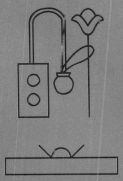

sesch = schreiben
(Palette, Wassertöpfchen,
Binse und Papyrusrolle)

Zweimal im Jahr mußten die Schreiber-Beamten die Felder vermessen: Nach der Nilüberschwemmung, um die Grenzen neu zu markieren, und vor der Ernte, um die Steuerabgaben festzulegen.
Wandbild aus dem Grab des Schreibers Menena, Theben Nr. 69, Neues Reich, 18. Dynastie

Schreiber und Beamte bildeten eine so wichtige Gruppe innerhalb der ägyptischen Gesellschaft, daß für sie eigene, typisierende Darstellungsformen entwickelt wurden. Eine von ihnen ist der Sitzende mit untergeschlagenen Beinen und einer Papyrusrolle auf den Knien.
Skulptur des Beamten Ptah-schepses aus seinem Grab in Gisa, 5. Dynastie, Höhe 32,5 cm, Hildesheim, Pelizaeus-Museum

Ein Mann wandert mit seinem Sohn in die Hauptstadt. Der Vater heißt Cheti, der Sohn Pepi. Sie kommen von weither, aus der Nordostecke Ägyptens, der Vater will Pepi in der Beamtenschule unterbringen, am »Ort der Lehre der Schriften«. Cheti nutzt den langen Weg, um Pepi zu erklären, warum dieser »sein Herz auf die Bücher richten«, also die Mühe des Lernens auf sich nehmen soll. Arbeitern und Handwerkern, sagt er, geht es schlecht – der Barbier muß spät abends noch nach Kunden suchen, der Maurer arbeitet ohne Hemd im Wind, seine »Arme stecken im Lehm, seine Gewänder sind beschmiert, sein Brot ißt er mit ungewaschenen Fingern.« Schreibern dagegen geht es gut, sie werden nicht geprügelt und zu Frondienst geholt, der Pharao sorgt für sie, als Beamte können sie Karriere machen.
Die Lehren des Cheti aus der Zeit der 12. Dynastie sind durch Abschriften aus der 18. oder 19. Dynastie überliefert, offensichtlich wurden sie immer wieder in den Schulen kopiert und jeder Generation neu eingeprägt: Sie bildeten eine Art Basistext zum Selbstverständnis von Schreibern und Beamten. Auch wenn Cheti die Handwerkerberufe übertrieben negativ darstellt – der Abstand zwischen ihnen und den Schreibkundigen ist realistisch gesehen. »Ein Schreiber ... leidet keine Not«, heißt es, seine Schriftrollen »sind ein Boot auf dem Wasser«.

eine Papyrusrolle am Ende eines Wortes = Buch, Schrift, Abstraktion

Holzetui eines Schreibers mit mehreren Binsen (harten Gräsern), die als Pinsel benutzt wurden, und den beiden üblichen Vertiefungen für die Schreibfarben Schwarz und Rot.
Aus dem Grab des Tutanchamun, Neues Reich, 18. Dynastie, Kairo, Ägyptisches Museum

'er schreibt, bleibt

Stützen des Staates

Zum Ausbildungsprogramm gehörten neben den Hieroglyphen und einer schnelleren Kursivschrift (hieratisch) alle Kenntnisse, die ein Funktionär des Pharaos benötigte: Orte und Landesteile, Pflanzen, Götter, Feste sowie die Funktionen und Anredeformeln innerhalb der Beamtenhierarchie. Neben dem Fachwissen mußte er die Leitsätze verschiedener »Weisheitslehren« kennen, und er mußte ihnen auch folgen. Das heißt, ihm wurde richtiges Verhalten beigebracht. Zwei Gebote galten als besonders wichtig: Gerechtigkeit gegenüber Schwächeren und Gehorsam gegenüber Höhergestellten. Dieser Gehorsam war gleichbedeutend mit der Anpassung an bestehende Regeln und Machtstrukturen. »Ahme deinen Vätern und deinen Vorvätern nach. Erfolgreich arbeiten kann man nur in der Tradition.« Zur Anpassung gehörte Selbstbeherrschung: »Nur vor dem Zurückhaltenden hat man Hochachtung, und ein Mann von Charakter, der zugleich reich ist, setzt sich in der Verwaltung durch wie ein Krokodil.«
Eine der wichtigsten Aufgaben der Beamten bestand darin, die Reichtümer des Landes zu registrieren und zu verteilen oder bei großen Unternehmungen wie dem Bau einer Pyramide die Arbeiter zu versorgen. Sie mußten rechnen lernen, und einige ihrer Übungsaufgaben sind erhalten. Etwa: Wie

Ein Beamter mit aufgerolltem Meßstrick auf den Knien. Der Widderkopf mit Federkrone über dem Knäuel verkörpert den Gott Amun, den Schutzpatron der Feldvermesser.
Kniefigur des Penonuris, aus Abydos, Neues Reich, 18. Dynastie, Granit, Höhe 43 cm, Kairo, Ägyptisches Museum

Bereits die alten Ägypter benutzten das Ohr, um ihr Schreibgerät griffbereit zu haben.
Relief aus der Mastaba des Kaninisut, Gisa, 5. Dynastie

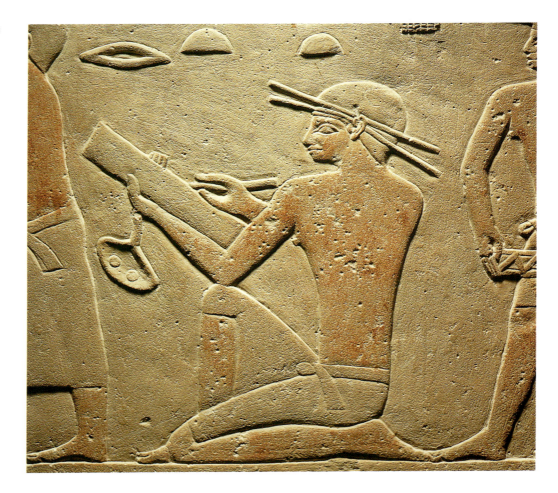

Imhotep leitete die Arbeiten für das erste steinerne Großgrab der ägyptischen Geschichte, die Stufenpyramide des Djoser (3. Dynastie). Im Laufe der Jahrtausende wurde der Baumeister vergöttlicht und von den Schreibern als einer ihrer Schutzpatrone verehrt.
Sitzstatue des Imhotep, Berlin, Ägyptisches Museum

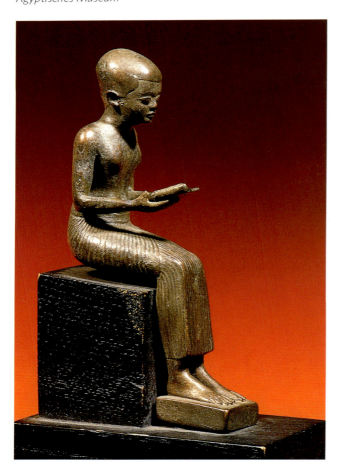

verteilt man 100 Brote auf zehn Männer, wenn drei von ihnen – der Schiffer, der Mannschaftsführer und der Türhüter – jeweils die doppelte Ration erhalten sollen: »Du erhöhst die Zahl der zu Versorgenden auf 13; teile 100 durch 13; das macht 7 9/13; du sagst: dieses ist die Ration der sieben Männer«, die anderen bekommen das Doppelte. Natürlich folgten die Schüler nicht stets den Anweisungen der Lehrer oder den Weisheitssprüchen, die sie kopieren mußten. »Man sagt mir, du verläßt das Schreiben und taumelst in Vergnügungen ... Du bist im Bordell ... schlägst Purzelbäume ...« Wer nicht hören wollte, mußte fühlen: »Das Ohr eines Jungen sitzt doch auf seinem Rücken, er hört nur, wenn man ihn schlägt!«

Im Alten Reich bildeten einzelne Beamte ihre Schüler selbst aus und benutzten sie als Hilfskräfte, im Mittleren Reich begann man, sie in Schulen zu unterrichten. Das höchste Ansehen genoß die Prinzenschule. Hier lernten die Söhne des Königs und seiner Familie, der obersten Beamten oder gelegentlich auch besonders empfohlene Jungen, wie vielleicht Pepi. Der Wesir – oberster Beamter und Stellvertreter des Königs – hatte die Kontrolle. Einer von ihnen, Imhotep, Wesir des Djoser und verantwortlich für dessen Stufenpyramide, wurde hoch verehrt und später vergöttlicht. Schreiber pflegten bei Beginn der Arbeit ihm zu Ehren einen Tropfen aus ihrem Wassernapf zu versprengen.

Bürokratie

Die große Bedeutung von Buchstaben, Zahlen und Beamten in Ägypten kann man mit der jährlichen Nilflut erklären. Sie überschwemmte die Felder, diese mußten aktenmäßig erfaßt und jedes Jahr neu vermessen werden, anderenfalls gab es Streit. Die Bürokratisierung wäre also die notwendige Folge eines ständig wiederkehrenden Naturereignisses gewesen. Wichtiger scheint aber ein anderer Grund. Zu Beginn der ägyptischen Geschichte galten Land und Menschen als Eigentum des Pharaos. Ihm mußten die Bauern die Ernte abliefern, er gab das Korn den Handwerkern, Beamten und Priestern, während den Landarbeitern ein kleiner Teil zum eigenen Unterhalt blieb. Im Alten Reich war Ägypten ein zentralistisch organisierter Versorgungsstaat und ohne schreibende, rechnende und archivierende Beamte nicht zu regieren.

Das galt natürlich nur im großen und solange die Zentralmacht erhalten blieb, auf einer unteren Ebene funktionierte wohl immer auch der Tauschhandel. Die aus dem Neuen Reich stammenden Tonscherben, aufgefunden im Handwerkerdorf Deir el-Medina (bei Theben), überliefern Details (vgl. S. 88): Da geht es um einen Topf Schmalz, einen Esel, um Sargbemalung. Aber ihren Lohn in Form von Getreide bekamen die Handwerker von der Verwaltung. Münzgeld kannte man nicht. Verrechnungseinheiten im Tauschhandel bildeten Kupfergewichte, sogenannte »Deben« (ca. 91 Gramm). Ein Krug Honig war ein Deben, ein Esel 31 Deben wert. Brach unter einem schwachen Pharao die Zentralversorgung zusammen, stiegen die Preise, und die Armen hatten wenig zu essen. Insgesamt aber blieb das Preisgefüge über drei Jahrtausende erstaunlich stabil.

Da die Nilflut des nächsten Jahres ungewiß und damit die zukünftige Ernte nicht vorhersehbar war, mußten Vorräte angelegt werden. Daß dies nicht immer in ausreichendem Maße geschehen ist, ergaben Untersuchungen an Mumien: etwa 30 Prozent der Toten hatten in der Jugend an Unterernährung gelitten. Von drohenden Hungersnöten berichtet auch die berühmte Geschichte des Joseph im Alten Testament. Der jüdische Jüngling war als Sklave nach Äypten verkauft worden und sollte dem Pharao einen Traum deuten. Sieben fette Kühe hatte der König im Traum gesehen, die von sieben mageren Kühen gefressen werden. Joseph deutete dieses Bild folgendermaßen: »Sieben reiche Jahre werden kommen in ganz Ägyptenland. Und nach ihnen werden sieben Jahre des Hungers kommen, so daß man vergessen wird alle Fülle in Ägyptenland.« Der Pharao setzt Joseph, den klugen Ausländer, als Wesir ein, und dieser schafft den Überfluß der guten Jahre in die Speicher. »Als nun im ganzen Lande Hungersnot war, tat Joseph alle Kornhäuser auf und verkaufte den Ägyptern … Und alle Welt kam nach Ägypten, um bei Joseph zu kaufen.« Der jüdische Bericht gilt dem Lobe Josephs, erwähnt aber nicht das Heer ägyptischer Schreiber und Beamter, ohne die die Vorräte gar nicht hätten eingesammelt, registriert, über lange Zeit bewacht, kontrol-

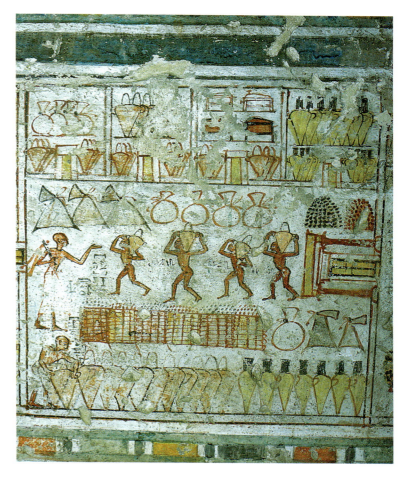

Vorratsgefäße für Öl oder Wein werden von dem Beamten eines Schatzhauses in Empfang genommen. Da die Ernten je nach Höhe der Nilschwemme sehr unterschiedlich ausfielen, war staatliche Vorratshaltung lebenswichtig. *Wandbild aus dem Grab des Beamten Neferrenpet, Theben Nr. 178, 19. Dynastie*

Wollte ein Pharao einen Beamten oder Offizier belohnen, gab er ihm Grundbesitz als Lehen oder schenkte ihm Gold. Hier läßt Tutanchamun dem siegreichen Feldherrn Haremhab mehrere Goldketten umlegen. *Teil eines Wandreliefs aus dem Grab des Haremhab in Sakkara, 18. Dynastie, Leiden, Rijksmuseum van Oudheden*

liert und endlich verteilt werden können. Nur mit Hilfe einer kompetenten Zentralverwaltung und einer funktionierenden Beamtenschaft konnte Josephs Hilfswerk gelingen.
Die ägyptischen Könige wußten sehr wohl, wie wichtig für sie und die Bevölkerung die Beamtenschaft war, und sie haben deren Elite immer besonders gepflegt. »Mache deine Beamten reich, damit sie deine Gesetze ausführen«, riet einer der Pharaonen seinem Sohn. »Denn einer, der in seinem Haushalt reich ist, braucht nicht parteiisch zu sein«, er wird sich also nicht so leicht bestechen lassen. Reichtum bedeutete einerseits Gold und kostbare Steine, andererseits Grundbesitz. Früh begannen die Könige, ihre oberen Beamte mit Land zu belohnen. Sie schenkten ihnen Dörfer mit ihren Bewohnern, behielten sich aber vor, alles zurückzufordern, falls der Beamte sich illoyal zeigen sollte. Die Schenkung war somit Auszeichnung und zugleich Disziplinierungsmittel, zumindest unter starken Pharaonen. Unter schwachen wurde sie zu vererbbarem Familienbesitz.
Die Bedeutung der Schreiber-Beamten innerhalb der ägyptischen Gesellschaft wird auch in der Kunst deutlich. Sie bilden – neben den Priestern – die einzige Berufsgruppe, für deren Darstellung besondere Formeln entwickelt wurden. Auf Reliefs werden sie durch ihr Arbeitsgerät gekennzeichnet, sie tragen an einer Schnur über der Schulter Schreibbinse, Wasserbehälter und Palette, auch dann noch, wenn sie, in der Hierarchie emporgestiegen wohl eher schreiben ließen als es selber zu tun. Die Skulpturen zeigen sie in zwei Versionen. Entweder wurden sie mit gekreuzten Beinen sitzend dargestellt, auf den Knien liegt die Schreibtafel. Oder sie erscheinen – ab dem Mittleren Reich – als Kubus mit Kopf. Das heißt, der hockende Körper wird zum Block stilisiert, nur der Kopf ragt heraus. Diese sogenannten »Würfelhocker« sind Sinnbilder geballter Kraft und demonstrieren gleichzeitig mit ihrer einfachen geometrischen Form das Bedürfnis nach Ordnung, der die Beamten verpflichtet waren.

Häufig waren oberste Beamte auch die Erzieher der Königskinder, und gelegentlich wurden sie zusammen abgebildet wie Senenmut mit der Prinzessin Nefrure, Tochter der Königin Hatschepsut.
Neues Reich, 18. Dynastie, Granit, Höhe 100,5 cm, Berlin, Ägyptisches Museum

Ein Büro mit Schreibern und Archiv aus der 5. Dynastie, vor mehr als 4500 Jahren ...
Umzeichnung eines Wandreliefs aus dem Grab des Beamten Ti, Sakkara

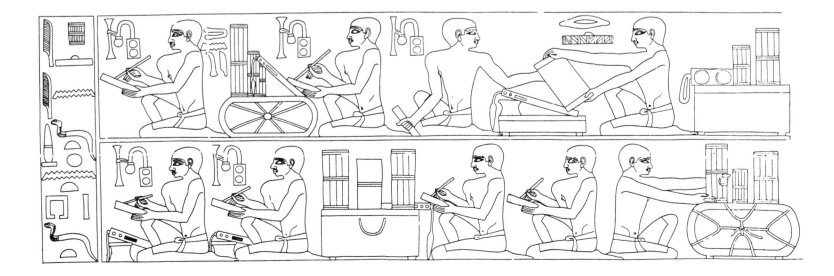

60 Wer schreibt, bleibt

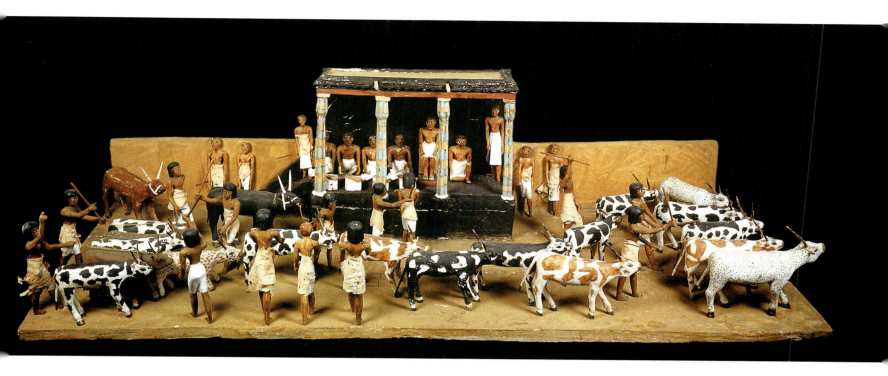

Teilzeit-Priester

Priester sind (ab dem Neuen Reich) in den Darstellungen an ihren kahlen Köpfen zu erkennen. Neben den Beamten bildeten sie die zweite Gruppe einflußreicher Männer und waren oft mit den ersteren identisch. Es gab keine Trennung zwischen Kirche und Staat: Der Pharao war auch der oberste Priester, die Götter bestimmten über das Wohl des Landes, sie gut zu versorgen gehörte zu den staatlichen Aufgaben. Dies geschah in immer wiederholten Ritualen, die die Priester in Vertretung des Pharaos vollzogen. Mit Gefühlsfrömmigkeit und der Vorstellung von persönlicher Berufung zum Priesteramt dürfte das wenig zu tun gehabt haben. Der Pharao setzte die höchsten Priester selbst ein und versorgte die Tempel mit Ländereien, deren Produkte den Göttern geopfert werden konnten und die Priester ernährten. Ähnlich wie die katholischen Kirchen und Klöster im europäischen Mittelalter waren die ägyptischen Tempel Großgrundbesitzer und damit mächtige Institutionen.

Ihr Besitz konnte auch aus Minen, Fischfangrechten, Viehherden oder Bienenstöcken bestehen. Weiter entfernt liegende Besitzungen wurden normalerweise nicht von den Tempelarbeitern selbst bewirtschaftet, sondern verpachtet, die Pachtverträge mit einem festen Prozentsatz der Erträge (etwa 30 Prozent) abgegolten. Bezahlt wurde zumeist in Getreide oder Flachs. In einem Papyrus ist von einer Flotte aus 21 tempeleigenen Booten die Rede, die den Nil auf und ab segelt, um bei den Pächtern, also kleineren Bauern, Getreide und Öl abzuholen und in die Vorratskammern des Tempels zu bringen.

Die Vorräte dienten nicht nur dem eigenen Bedarf, sie bildeten eine königliche Verfügungsmasse, die in den von hohen Mauern umgebenen Tempelbezirken sicher gelagert wurde. Die Kornspeicher des Ramesseums in Theben-West

Hirten treiben Vieh an Aufsehern, Beamten und wohl dem Eigentümer vorbei. Sie sitzen erhöht im Schatten eines Baldachins, um sich einen Überblick zu verschaffen, vermutlich zur Steuerschätzung.
Aus dem Grab des Meketre, Theben Nr. 280, bemaltes Holz, Höhe 55,5 cm, Länge 173 cm, Breite 72 cm, Kairo, Ägyptisches Museum

Tonmodelle von Getreidesilos. Die Grabbeigabe für einen unbekannten Toten aus dem Mittleren Reich zeigt den hohen Rang, den die Vorratshaltung im alten Ägypten besaß.
Aus einem Grab in Gebelen, Mittleres Reich, 11. Dynastie, Breite 21 cm, Turin, Museo Egizio

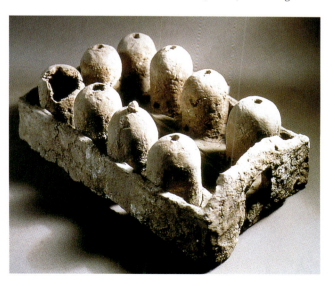

Wer schreibt, bleibt

hätten gefüllt bis zu 20 000 Personen ein Jahr lang zu ernähren vermocht. Natürlich konnten diese Großunternehmen nicht ohne Schreiber, Verwalter und Beamte funktionieren. Wirtschaftliche Bedeutung besaßen die religiös-staatlichen Institutionen auch durch ihre Organisationsform. Lediglich die Beamten und die obersten Priester, die auch über besondere religiöse Kenntnisse verfügten, waren, so scheint es, fest angestellt. Nach Aufzeichnungen aus der 5. Dynastie arbeiteten die anderen Bediensteten, die vielen Wächter, Türhüter, Lagerarbeiter und Reinigungspriester, nur jeden zehnten Monat. Ihre Arbeit war nach einem »Job-sharing-System« aufgeteilt und wurde offensichtlich gut honoriert: Nach den gefundenen Aufzeichnungen erhielten die Teilzeit-

Auf der rechten Seite ein Schatzhaus mit Arbeitern und Aufsehern, links davor Wartende, die sich ihren Lohn in Naturalien abholen wollen und dafür jeweils einen weißen Beutel mitgebracht haben. Gewartet wird auch unten zwischen Bäumen, und zwar auf einen Friseur.
Wandbild aus dem Grab des Userhet, Theben Nr. 56, Neues Reich, 18. Dynastie

62 Wer schreibt, bleibt

Auch auf dem Schlachtfeld wurden Schreiber-Beamte benötigt: Der eine zählt die aufgehäuften Hände gefallener Feinde, ein zweiter notiert und addiert.
Relief im Totentempel Ramses' III., Medinet Habu, Neues Reich, 20. Dynastie

wab = ein Priester
(zur Reinheit verpflichtet)

Wer schreibt, bleibt   63

Dschehuti = Thoth

Um schreiben zu können, wurden die Enden der Binsen vorne schräg angeschnitten und dann zu Pinseln weichgekaut. Thoth, der Schutzgott der Schreiber in Gestalt eines Pavians, bereitet sich vor auf seine Aufgabe als Protokollant beim Totengericht.
Aus dem Totenbuch des Herihor, 21. Dynastie, London, British Museum

Ein Schreiber in der traditionellen Haltung mit untergeschlagenen Beinen entrollt einen Papyrusbogen, auf dem linken Knie liegt die Farbpalette. Über ihm thront Thoth als Pavian mit Mondsichel und Sonnenscheibe auf dem Kopf. Die kleine Statue verdeutlicht die religiöse Dimension von Schreiben und Verwalten.
Aus Amarna, Neues Reich, 18. Dynastie, Schiefer, Höhe 14 cm, Kairo, Ägyptisches Museum

64 Wer schreibt, bleibt

Hieroglyphen sollten schön sein, das war den Ägyptern wichtig. Dieser Text, der den Verstorbenen durchs Jenseits führen sollte, wurde in farbiger Glaspaste in Zedernholz eingelegt. Er schmückt einen Sarg aus dem 4. Jahrhundert v. Chr. *Detail einer Inschrift auf dem Sarkophag des Djeddjehutiefanch, aus Hermopolis, Turin, Museo Egizio*

Zur Schrift

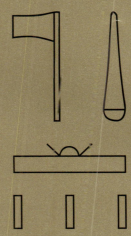

medu netscher = Gottes Worte
𓏤𓏤𓏤 = zeigt Mehrzahl an

Erfunden wurde die ägyptische Schrift um 3 000 v. Chr., als der Staat entstand und Ober- und Unterägypten vereinigt wurden.

Lange bestand sie aus ca. 1000 Zeichen, den Hieroglyphen – stilisierten Darstellungen von Menschen, Tieren, Pflanzen, Geräten etc. Erst in der Spätzeit wuchs die Zahl auf mehrere Tausend an.

Die Bezeichnung »Hieroglyphen« stammt aus dem Griechischen (hieros = heilig, glyphein = schreiben).

Die Ägypter selbst nannten die Hieroglyphen »Gottes Worte«, schrieben ihre Erfindung dem Weisheitsgott Thoth zu und hatten auch eine eigene Göttin der Schrift: Seschat. Hieroglyphen wurden vor allem als Denkmalschrift benutzt, um Texte für die Ewigkeit in den Stein zu meißeln. Mit der Binse auf Papyrus schrieben die Ägypter eine kursive, flüchtigere Form der Hieroglyphen. Diese Buchschrift wird Hieratisch genannt. Außerdem bediente man sich in der Spätzeit einer noch flüssigeren Schrift, des Demotischen, für Urkunden und Listen.

Obwohl »heilig«, wurde die Schrift aus praktischen Gründen erfunden, weil die Organisation eines Reiches es nötig machte, Fakten zu notieren, zu bewahren und Menschen an weit entfernten Orten mitzuteilen.

Dafür benutzten die Ägypter am Anfang bildliche Darstellungen, sogenannte Ideogramme (das Abbild eines Objekts

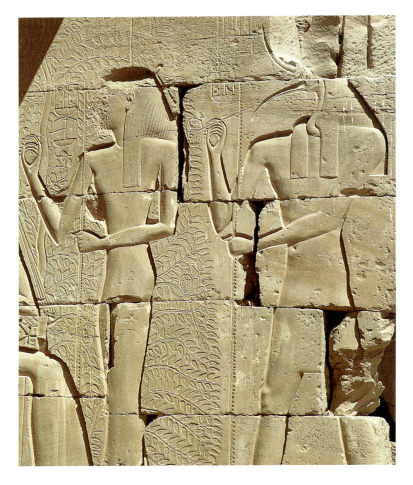

Thoth, der ibisköpfige Gott des Wissens, galt den Ägyptern als Erfinder der Schrift. Zusammen mit der Schreibergöttin Seschat zeichnet er den Namen von König Ramses II. auf die Blätter eines Baumes.
Wandrelief im Totentempel Ramses' II., Theben, 19. Dynastie

Für die Ewigkeit bestimmt waren die in Stein gemeißelten Hieroglyphen. Die Signatur von Imhotep, dem berühmten Wesir und Baumeister, ist heute noch auf dem Sockel der Statue seines Königs Djoser zu lesen.
Altes Reich, 3. Dynastie, Kalkstein, Kairo, Ägyptisches Museum

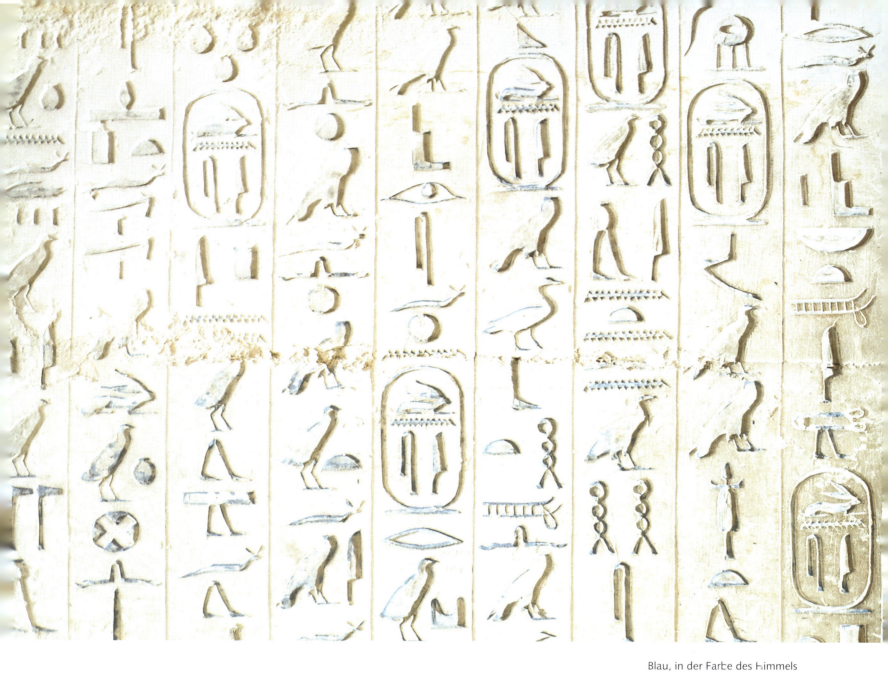

Blau, in der Farbe des Himmels und besonders kunstvoll ausgeführt, sind die frühen Hieroglyphen der »Pyramidentexte« vor König Unas. Als einer der ersten ließ Unas in seiner Pyramide die unterirdische Grabkammer mit Sprüchen schmücken, die ihm beim Aufstieg zum Himmel helfen sollten.
Sakkara, Altes Reich, 5. Dynastie

Auf Papyrus malten die Ägypter des Neuen Reiches ihre Texte mit der Schreibbinse in einer eleganten, flüssigen Buchschrift.
Detail aus dem Totenbuch des Maiherperi, Theben, Tal der Könige, Neues Reich, 18. Dynastie, Länge 117,5 cm, Höhe 35 cm, Kairo, Ägyptisches Museum

bezeichnet das Objekt, das es darstellt). Drei gezeichnete Töpfe registrierten eine Steuerabgabe von drei Töpfen Öl an den Pharao. Für zehn Töpfe konnte man zehn Striche neben einen Topf setzen, bei 1000 jedoch wurde dies unrationell. Auch die Namen des Steuerpflichtigen und des Königs waren bildlich kaum darzustellen.

Doch eine geniale Erfindung half weiter: Für die schwer darstellbaren Dinge zeichnete man solche, die ähnlich klangen, nicht der Sinn des Schriftzeichens wurde dabei berücksichtigt, sondern sein Lautwert. (Im Deutschen ließe sich etwa das Wort »Orkan« durch ein »Ohr« und einen »Kahn« darstellen.)

Da im Ägyptischen die Zahl 1000 und die Lotospflanze beide »Kha« genannt wurden, zeichnete man die Pflanze statt der Zahl 1000; 2000 Töpfe Öl konnten so mit einem Topf und zwei Lotosstengeln wiedergegeben werden.

Der Name eines der ersten Könige, »Narmer« schreibt sich mit einem Fisch (nar) und einem Meißel (mer).

Der Mund hieß im Ägyptischen »ra«, sein Abbild wird also für den Laut »r« benutzt. Aus derartigen Phonogrammen (das Bild steht für einen bestimmten Laut) läßt sich ein ägyptisches Alphabet aus 24 »Buchstaben« zusammenstellen, womit sich im Prinzip jedes ägyptische Wort schreiben ließe:

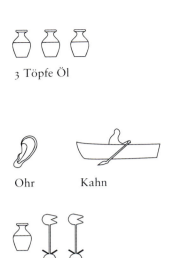

3 Töpfe Öl

Ohr Kahn

2000 Töpfe Öl

Nar-mer

70 Zur Schrift

Was macht das Lesen von Hieroglyphen so schwer?

Leider begnügten sich die ägyptischen Schreiber nicht damit, diese 24 Phonogramme zu benutzen. Weil sie weniger Wert auf Einfachheit oder Systematik als auf Variationsmöglichkeiten und optische Schönheit legten, erfanden sie dazu Mehrkonsonantenzeichen (also Zeichen, die einer Kombination von Buchstaben entsprechen), in der Spätzeit wurden es immer mehr.

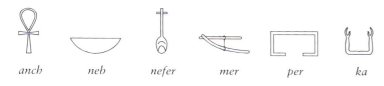

anch   neb   nefer   mer   per   ka

Meist schrieben sie nur die Konsonanten, ließen wie im Hebräischen und Arabischen die Vokale aus. Die Mund-Hieroglyphe kann deswegen nicht nur »r« sondern auch »ra, re, ri, ro, ar, er, ir« oder »or« gelesen werden. Wir wissen also nicht, wie die ägyptische Sprache wirklich geklungen hat. Damit man sie aussprechen kann, setzen die Ägyptologen – wenn kein Vokal notiert ist – zwischen die Konsonanten immer ein e.
Da ohne Vokale viele Wörter einander ähnlich sind (z.B. im Deutschen »Mund« und »Mond«), setzten die Schreiber hinter die Begriffe Determinative, Zeichen ohne Lautwert, die ihre Bedeutungskategorie angeben.

Etwa zwei Beine für Wörter, die mit Bewegung zu tun haben.

Eine Papyrusrolle für abstrakte Begriffe.

Einen Mann für alle männlichen Wesen,

eine Frau für alle weiblichen Wesen,

einen Mann mit Bart für göttliche Wesen.

Wie alle Bilder konnten auch Hieroglyphen lebendig werden. Damit sie keinen Schaden anrichteten, wurden sie gelegentlich nur verstümmelt dargestellt, wie zum Beispiel die männliche Gestalt, die zum Namen des Verstorbenen gehörte.
Sarg des Idu, Zedernholz mit Bemalung, aus Gisa, Altes Reich, späte 6. Dynastie, Hildesheim, Pelizaeus-Museum

Erschwert wird das Lesen noch dadurch, daß Wörter und Sätze weder durch Abstände noch durch Satzzeichen getrennt werden und die Hieroglyphen von rechts nach links, von links nach rechts und von oben nach unten geschrieben werden konnten. Einen Hinweis auf die Leserichtung geben die Tier- und Menschenhieroglyphen, die immer zum Wortanfang schauen.
Verwirrend ist das Nebeneinander von Phonogrammen, Determinativen und Ideogrammen, mit denen alles begonnen hat. Diese Mischung ist es, unter anderem, die das Entziffern der Hieroglyphen lange unmöglich machte.

Zur Schrift 71

Spezialisierte Handwerker bauten
die Königsgräber bei Theben,
schmückten und statteten sie aus:
Ein alter Tischler sägt ein Brett
zurecht, ein anderer fertigt einen
vergoldeten Sargschmuck.
Grab der königlichen Bildhauer
Nebamum und Ipuki, Theben
Nr. 181, 18. Dynastie

Streik der Grabarbeiter

pa cher = Grab

zeigt am Wortende an, daß es sich
um ein Haus/Gebäude handelt

Würdevoll präsentierten sich die Beamten, die in Pharaos Reich für Ordnung sorgten.
Statuette mit Götterstandarte, 19. Dynastie, Holz, Höhe 27 cm, Turin, Museo Egizio

Der erste Streik der Weltgeschichte begann am 14. November 1152 v. Chr. (wenigstens ist er der erste, der dokumentiert wurde). An jenem Tag im 29. Regierungsjahr von Ramses III. legten etwa 60 Handwerker ihre Werkzeuge nieder. Angeführt vom Schreiber Patwere und zwei Vorarbeitern, verließen Steinmetzen, Zimmerleute und Zeichner geschlossen ihren Arbeitsplatz im Tal der Könige, auf dem Westufer des Nils bei der ägyptischen Hauptstadt Theben. Statt das Grab des Pharaos, das sie in den Felsen gehauen hatten, weiter auszuschmücken, zogen sie über den Berg zurück in ihr Dorf, durchquerten es und marschierten ins Fruchtland hinunter. Ihr Ziel war der Totentempel von Ramses II., das Ramesseum. Dort lag das für sie zuständige Verwaltungszentrum mit seinen wohlgefüllten Vorratshäusern. Vor dem Tempeltor ließen sie sich nieder und inszenierten ein Sit-in.

»Wir haben Hunger und Durst«, lautete ihre Beschwerde. Mit Nachdruck reklamierten sie die seit über einem Monat ausgebliebene Zuteilung von Lebensmitteln, ihren Lohn. Vergeblich. Am folgenden Tag kamen sie wieder. Sie äußerten sich so nachdrücklich oder argumentierten so überzeugend, daß Mentmose, der Polizeihauptmann des Tempelgebiets, sich persönlich aufmachte, um den Bürgermeister von Theben zu informieren. Als er am Abend unverrichteter Dinge zurückkam, lagerten die Streikenden immer noch vor dem Tempeltor, entschlossen, diesmal auch die Nacht dort zu

Die protestierenden Grabarbeiter zogen zum Ramses-Tempel, weil dort in den Magazinen Vorräte lagerten, mit denen sie entlohnt werden sollten.

Streik der Grabarbeiter

verbringen – gestärkt mit 55 kleinen süßen Kuchen, die der Schreiber Patwere für sie im Lauf des Tages beim Tempel beschafft hatte.

Trotzdem behaupteten sie am folgenden Morgen erneut lautstark, Hunger und Durst habe sie hergetrieben: »Wir haben keine Kleider, kein Schmalz, weder Fisch noch Gemüse. Laßt es den Pharao, unseren guten Herrn wissen, sendet nach unserem Vorgesetzten, dem Wesir, damit er dafür sorgt, daß wir Nahrung bekommen.«

Die Nilüberschwemmungen waren günstig gewesen, die Kornspeicher gefüllt, und die Streikenden hegten den Verdacht, daß ein korrupter Verwaltungsbeamter die Auszahlung des ihnen zustehenden Lohnes verschleppte. Deshalb wollten sie sich an den Wesir wenden, dem sie direkt unterstanden. Diese Drohung zeigte Wirkung. Endlich wurden ihre Proteste von den Tempelbeamten protokolliert, die Vorräte ausgegeben. Die Handwerker erhielten ihre Monatsrationen von je etwa vier Säcken Weizen und anderthalb Säcken Gerste. Sie zogen ab und nahmen ihre Arbeit wieder auf: Der dreitägige Streik war erfolgreich beendet.

Das Ramesseum, monumentaler Totentempel von Ramses II und wichtiges Wirtschaftszentrum für die Region.

Das Zentrum Thebens lag dort, wo sich heute die Stadt Luksor befindet. Die Totenstadt und das Handwerkerdorf lagen auf dem Westufer des Nils.

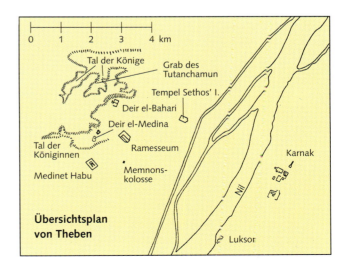

Streik der Grabarbeiter 75

Geheimnisträger

Noch mehrmals streikten die Handwerker in den folgenden unruhigen, von Bürgerkriegen heimgesuchten Jahrhunderten. Solche Protestaktionen konnte sich nur eine sehr selbstbewußte Gruppe leisten. Wirklicher Hunger trieb sie kaum, denn die Vorratskeller in ihrem Dorf boten Platz für beträchtliche Getreidemengen, und die Monatsrationen, die sie vom Staat erhielten, waren reichlich bemessen. Die meisten Bewohner des Niltals mußten mit weniger auskommen. Gestreikt hatten die Handwerker vielmehr für die Beibehaltung ihres gewohnten Lebensstandards.

Die Grabarbeiter des Pharaos bildeten eine privilegierte Elite: Baumeister, Zimmerleute, Steinmetzen, Bildhauer, »Umrißzeichner« und Maler, allesamt Meister in ihrem Fach. Ihnen war die wichtige Aufgabe anvertraut, das »Haus der Ewigkeit« für ihre Könige herzurichten und damit deren Überleben zu sichern. Sie arbeiteten auf dem westlichen Ufer in Thebens Nekropole, der »Stätte der Wahrheit«, dem »großen Platz, den Sündige nicht betreten dürfen«.

Die zählebige Legende, daß aus Gründen der Geheimhaltung die Königsgräber von Kriegsgefangenen gebaut, daß der Pharao bei Nacht bestattet und der ganze Bautrupp anschließend getötet wurde, ist durch nichts belegt. Im Gegenteil: Diese Spezialisten wurden vom jeweiligen Nachfolger des toten Pharaos dringend gebraucht, denn natürlich strebte er nach seinem Regierungsantritt danach, so schnell wie möglich das eigene Grab bauen zu lassen. Zu seinen Lebzeiten sollte es vollendet sein. Gelegentlich hatte er es so eilig, daß er sich die Grabstätte seines Vorgängers aneignete und diesen in eine bescheidene Behelfskammer umbetten ließ.

Das Ghetto der Grabhandwerker lag in einem gut zu bewachenden Wüstental. Die Ausgrabungen lassen im von den Arabern Deir el-Medina genannten Dorf noch heute Straßen und Grundrisse der Häuser erkennen.

bak = arbeiten

Auskunft über die Dorfbewohner geben die von ihnen selbst in den Felsen gehauenen und ausgestatteten Grabkammern. Hier breitet über der Tür ein Falke schützend seine Flügel aus, und an der Wand trinkt der Grabherr aus einem Teich.
Grab des Paschedu, Theben Nr. 3, Ramessidenzeit

Streik der Grabarbeiter　　77

Das Ghetto der Spezialisten

Weil die Grabhandwerker Geheimnisträger waren – sie wußten, wo die Königsgräber lagen –, brachte man sie mit ihren Familien in einem engen, gut zu überblickenden Tal unter. Es war eine Art Ghetto, fern vom Fruchtland gelegen, von Mauern umgeben, mit zwei von nubischen Polizisten bewachten Toren. Verlassen durften die Handwerker das Dorf nur, um auf einem steilen Weg, der noch heute existiert, über das Gebirge, »wo die Geierkönigin wohnt, die die Stille liebt«, zu ihrem Arbeitsplatz zu steigen. Ihr Protestzug zum Ramses-Tempel verstieß gegen alle Gebote und war unerhört. Erst nachdem die Könige der 17. Dynastie von Memphis nach Theben übergesiedelt waren, ließen sie sich in versteckten Felsengräbern im sogenannten Tal der Könige bestatten, zu Füßen eines pyramidenförmigen Berges. Für die Grabarbeiter wurde ein Dorf angelegt, das heute auf Arabisch Deir el-Medina, »Kloster der Stadt«, heißt. Es bestand etwa fünf Jahrhunderte lang, bis zum Ende des zweiten Jahrtausends (ca. 1050 v. Chr.). Generationen von Spezialisten lebten dort und vererbten ihre handwerklichen und künstlerischen Fertigkeiten vom Vater auf den Sohn. Sonderbarerweise wissen wir über sie weitaus mehr als über die Herren, denen sie dienten, die großmächtigen Pharaonen jener Zeit. Innerhalb der Mauern müssen etwa 70 einstöckige weiß getünchte Häuser mit roten Türen gestanden haben, dichtgedrängt zu beiden Seiten eines schmalen überdachten Weges. In ihnen wohnten etwa 500 Männer, Frauen und Kinder. Meist hielten sich im Dorf nur die Frauen und Kinder auf, die Männer schliefen während der Arbeitstage in Behelfshütten bei den Gräbern. Ins Dorf kamen sie normalerweise nur an den Ruhetagen (jeder zehnte Tag) oder zu den zahlreichen Festen. Die Archäologen haben Türpfosten ausgegraben, auf denen in roter Hieroglyphenschrift der Name der einstigen Bewohner noch zu lesen ist: Hier wohnte der Handwerker Sennedjem, gegenüber der Schreiber Ramose mit seiner Familie.

Doch nicht nur Namen, auch die Gesichter einiger Dorfbewohner sind uns wohlbekannt, denn sie haben sich und ihre Nachbarn an den Wänden von Grabkammern porträtiert. Grabkammern, die sie für sich selbst in ihrer freien Zeit mit Hilfe von Kollegen in die Felsen oberhalb ihres Dorfes

Ähnlich wie dieses Steinmodell aus griechisch-römischer Zeit müssen die einstöckigen Häuser mit Dachterrasse in Deir el-Medina ausgesehen haben.
Hannover, Kestner-Museum

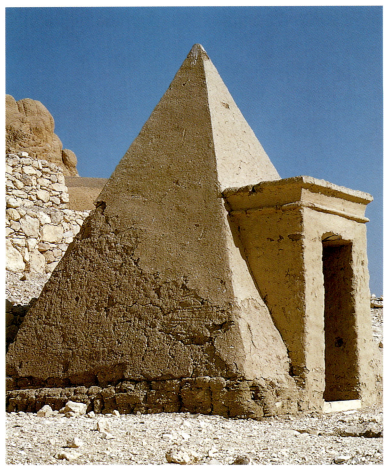

Oft krönte eine kleine Pyramide den Grabeingang – das alte Symbol für die königlichen Gräber war Allgemeingut geworden.
Restaurierter Eingang zum Grab des Sennedjem

78 Streik der Grabarbeiter

Anrührende Porträts der Dorfbewohner schmücken die Grabwände: Die kleine Tochter des Sennedjem steht, mit Ente und Lotosblume, unter dem Sessel ihrer Mutter. *Detail aus dem Grab des Sennedjem, Theben Nr. 1, 19. Dynastie*

Sennedjem und seine Frau Iineferti empfangen kühles Wasser von ihrem Sohn Bunakhtef, der hier, mit dem traditionellen Tigerfell bekleidet, als Totenpriester für seine Eltern fungiert.
Grab des Sennedjem

gehauen und fachkundig ausgebaut haben. Mehrere sind heute zu besichtigen. Natürlich sind sie kleiner und viel weniger prächtig als die der Pharaonen – aber oft mit einer kleinen Pyramide bekrönt: Das alte Symbol für ein königliches Grab war zum Allgemeingut geworden.

Fast gegenüber von seinem Haus liegt die Grabkapelle des Meisters Sennedjem, und an den Wänden der kleinen, intakt gebliebenen Grabkammer sehen wir den Besitzer persönlich, seine Frau Iineferti, den Sohn Bunakhtef, der seinen Eltern Opfer bringt, und die jüngeren Kinder des Paares, die mit dem Finger im Mund unter deren Sessel sitzen. Daß der Handwerker seinen Zollstock mit ins Grab nahm, zeigt, wie wichtig ihm sein Beruf gewesen ist.

Als »ehrlicher Schreiber« ließ sich Ramose in seiner Kapelle verewigen. In dieser wichtigen Funktion wirkte er seit ca. 1275 v. Chr. 38 Jahre lang im Dorf, ein wohlhabender Mann, der gleich drei Gräber anlegen ließ.

Weil er und Mutemwija, »die Hausherrin, die er liebte«, kinderlos blieben, errichteten sie Stelen, Denksteine, zu Ehren verschiedener Gottheiten, darunter einen großen Phallus aus Stein – die Nachkommen blieben dennoch aus. Ob die neun anderen Frauen, die Ramose in seinen Grabkammern bestatten ließ, Verwandte, Dienerinnen oder Konkubinen waren, ist den Archäologen bis heute ein Rätsel geblieben, die Texte geben keine Auskunft darüber.

Der »ehrliche Schreiber« Ramose ließ sich beim Gebet auf dem pyramidenförmigen Giebel seiner Grabkapelle im Flachrelief abbilden.
Turin, Museo Egizio

80   Streik der Grabarbeiter

Archiv aus Scherben

Dies alles wissen wir, weil große Teile des Dorfarchivs erhalten sind. Die Archäologen fanden es in einem Brunnen beim nahen Tempel von Medinet Habu, vermutlich wurde das Archiv in den unsicheren Zeiten am Ende des 2. Jahrtausends v. Chr. dorthin ausgelagert. Es bestand aus Papyri, aber vor allem aus Tonscherben und Steinsplittern, sogenannten Ostraka. Auf diesen preiswerten Unterlagen entwarfen die Handwerker Pläne und Skizzen, verfaßten die Schreiber ihre Listen. Uns heute schenken sie ein einmalig detailreiches Bild vom Leben des einfachen Mannes.

Aufgabe des Schreibers und seiner beiden Gehilfen war es, ein genaues Tagebuch aller Arbeitsvorgänge zu führen: Sie zählten die Körbe mit Bauschutt, die aus den unterirdischen Gängen hinausgetragen wurden, hielten fest, wieviele Dochte am Tag für die Öllampen zur Beleuchtung der Arbeit in den dunklen Grabkammern ausgegeben wurden. Aus den Listen läßt sich schließen, daß der Arbeitstag in zweimal vier Stunden eingeteilt war, mit einer Mittagspause dazwischen. Kontrolliert wurde auch die Aus- und Rückgabe der kostbaren Werkzeuge aus Kupfer oder Bronze. Sie gehörten dem Staat, der Abnutzungsgrad wurde jedesmal aufs genaueste vermessen: Zehn kupferne Spitzmeißel waren ungefähr so viel wert wie die Jahresration eines Grabarbeiters an Getreide.

Vor allem aber führten die Schreiber täglich Buch über An- und Abwesenheit der Handwerker. So erfahren wir zum Beispiel, daß im Jahr 40 der Regierungszeit von Ramses II.

Strichliste – vermutlich für Grabbeigaben, bestehend unter anderem aus zwei Dolchen und acht Götterbärten – auf einem 13 x 20 cm großen Ostrakon. Diese Kalksteinsplitter wurden im Alltag für Notizen und Skizzen benutzt.
Leipzig, Ägyptisches Museum der Universität

Mit in sein Grab nahm der Baumeister Cha aus Deir el-Medina sein Arbeitsgerät: eine zusammenklappbare vergoldete Holzelle und ein hölzernes Etui für die Handwaage.
18. Dynastie, Turin, Museo Egizio

ein gewisser Neferabu fehlte, weil er seinen Bruder einbalsamieren, und Hehnektu, weil er den Leichnam seiner Mutter einwickeln mußte. Wadjmose nahm sich einen Tag frei, um sein Haus zu bauen, und Pendua, weil er mit seinem Freund Khons trinken wollte. Augenkrankheiten und Skorpionbisse werden mehrmals als Gründe für das Fernbleiben vom Arbeitsplatz angeführt. Auch das Bierbrauen für Festtage wurde akzeptiert sowie verschiedene Familienfeiern. Einer der Handwerker entschuldigte sein Fehlen damit, daß seine Frau ihn bei einem Ehekrach arbeitsunfähig geprügelt habe.

Die Dechsel eines Zimmermanns, mit einer Klinge aus Bronze und einem Griff aus Holz aus der 18. Dynastie, diente zum Glätten größerer Holzteile. Der schwere Holzschlegel aus dem Neuen Reich gehörte zu den Werkzeugen der Grabarbeiter.
Hildesheim, Pelizaeus-Museum

Ein Mann beim Brauen von Bier, damals ein Grundnahrungsmittel. Ein Arbeiterhaushalt verbrauchte durchschnittlich dreieinhalb Liter pro Tag.
Aus Gisa, Altes Reich, Kalkstein, Höhe 16 cm, Hildesheim, Pelizaeus-Museum

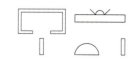

per medjat = Bibliothek, Archiv

Streik der Grabarbeiter

Unrasiert und ungekämmt arbeitet ein Zimmermann mit der Dechsel auf einem Baugerüst.
Fragment einer Wandmalerei, Fundort unbekannt, 18. Dynastie, Höhe 15 cm, Berlin, Ägyptisches Museum

Streik der Grabarbeiter 83

Eine unleserliche Handschrift

Der »ehrliche Schreiber« Ramose, der viele dieser Listen angelegt hat, verfügte über eine besonders elegante, schwungvolle Handschrift, doch sein Adoptivsohn und Nachfolger Kenherchepeschef schrieb fast unleserlich, zum Kummer der Ägyptologen. Im 33. Regierungsjahr von Ramses II. (ca. 1247 v. Chr.) taucht er zum ersten Mal auf einem Ostrakon als Assistent des Ramose auf, im 40. Regierungsjahr wurde er zu dessen Nachfolger ernannt und protokollierte im Lauf der nächsten 40 Jahre für die pharaonische Verwaltung den Bau von nicht weniger als drei Königsgräbern. Bevor er im hohen Alter starb, heiratete er mit etwa 60 Jahren ein Mädchen von zwölf Jahren, Naunachte. Ihr hinterließ er den größten Teil seiner Güter, darunter einen Papyrus, der heute im British Museum in London aufbewahrt wird, darauf hat der Schreiber eigenhändig die damals hochaktuelle Hymne auf den Sieg Ramses' II. in der Schlacht von Kadesch kopiert (siehe S. 50).

Die Rückseite dieses Papyrus ist noch interessanter. Dort befindet sich ein Text, der schon zu Kenherchepeschefs Zeiten ein halbes Jahrtausend alt war und einen seltenen Einblick in das Unterbewußtsein der alten Ägypter gewährt. Er listet 108 Träume auf, deutet sie als göttliche Hinweise auf die Zukunft des Träumers und bietet Deutungen an. John Romer, ein englischer Ägyptologe, hat sie untersucht: Gewinn und Verlust spielen darin eine große Rolle, desgleichen die Bedrohung durch Lebensmittelknappheit, gewaltsamen Tod oder Verstümmelung. Vermeiden konnten die Träumenden die Katastrophen, so heißt es, wenn sie beim Aufwachen frisches Brot und in Bier eingeweichte Kräuter aßen und dazu einen bestimmten Zauberspruch aufsagten. Die steinerne Kopfstütze, auf die der so undeutlich schreibende Kenherchepeschef sein Haupt nachts legte, ist erhalten geblieben, mit seinem Namen versehen und geschmückt mit Gebeten und Bildern von Fabelwesen, die seine Träume beschützen sollten. Auch ein Amulett, das ihn vor Kopfschmerzen bewahren sollte, hat sich gefunden. Kenherchepeschefs Grab dagegen wurde bisher nicht entdeckt.

Besonders sympathisch scheint dieser Schreiber nicht gewesen zu sein, er war wegen Bestechung in zwei Prozesse verwickelt und zwang die Handwerker, ihm während der offiziellen Arbeitszeit zur Hand zu gehen, wobei er sie auch noch schlecht behandelte: »Ich bin für dich wie ein Esel. Wenn es Bier gibt, schaust du nicht nach mir aus«, beschwert sich der Zeichner Parahotep, »aber wenn es Arbeit gibt, läßt du mich kommen …« Er war offenbar ein mächtiger, selbstbewußter Beamter: Über einen schattigen Steinsitz in der Nähe des Grabes von Pharao Merenptah hat er persönlich und für alle Zeiten in den Stein gekritzelt: »Sitzplatz des Schreibers Kenherchepeschef.«

Manuskriptfragment mit einem Hymnus auf den Sieg von Pharao Ramses II. in der Schlacht von Kadesch, aufgezeichnet in seiner fast unleserlichen Handschrift vom Schreiber Kenherchepeschef.
London, British Museum

sesch = Schreiber

Gefürchtet und verehrt wurde das Krokodil als Gott der Fruchtbarkeit und des Wassers. Krokodile spielten in magischen Praktiken eine Rolle und wurden, wie andere heilige Tiere, auch mumifiziert.
Römerzeit, Länge 37,5 cm, Kairo, Ägyptisches Museum

Aus dem Traumbuch des Schreibers Kenherchepeschef

Sieht sich jemand im Traum:
- einen alten Mann begrabend
  = gut: das bedeutet Wohlstand
- warmes Bier trinkend
  = schlecht: das bedeutet Leiden
- Krokodilfleisch essend
  = gut: er wird Beamter
- in den Spiegel blickend
  = schlecht: eine neue Frau
- tot
  = gut: das bedeutet langes Leben

Zauberspruch, damit die schlechten Träume sich nicht erfüllen:
»*Komm zu mir, komm zu mir meine Mutter Isis; siehe, ich erblicke, was meiner Stadt fern ist*«
(dazu sollte man frisches Brot und in Bier eingeweichte grüne Kräuter essen).

Zauberspruch gegen den Kopfschmerzen erregenden Dämon, der sich von Exkrementen nährt und auf Dünger wohnt:
»*Zurück, Schehakek, der du aus dem Himmel und der Erde stammst ... Nedrachse ist der Name deiner Mutter, Dschubeset der Name deines Vaters. Wenn er den Schreiber Kenherchepeschef angreift, den Sohn des Sentnefer, werde ich rufen zu ...*«

(nach Morris Bierbrier: The tomb builders of the Pharaohs, London 1982. John Romer: Sie schufen die Königsgräber, die Geschichte einer altägyptischen Arbeitersiedlung, München 1986)

Streik der Grabarbeiter 85

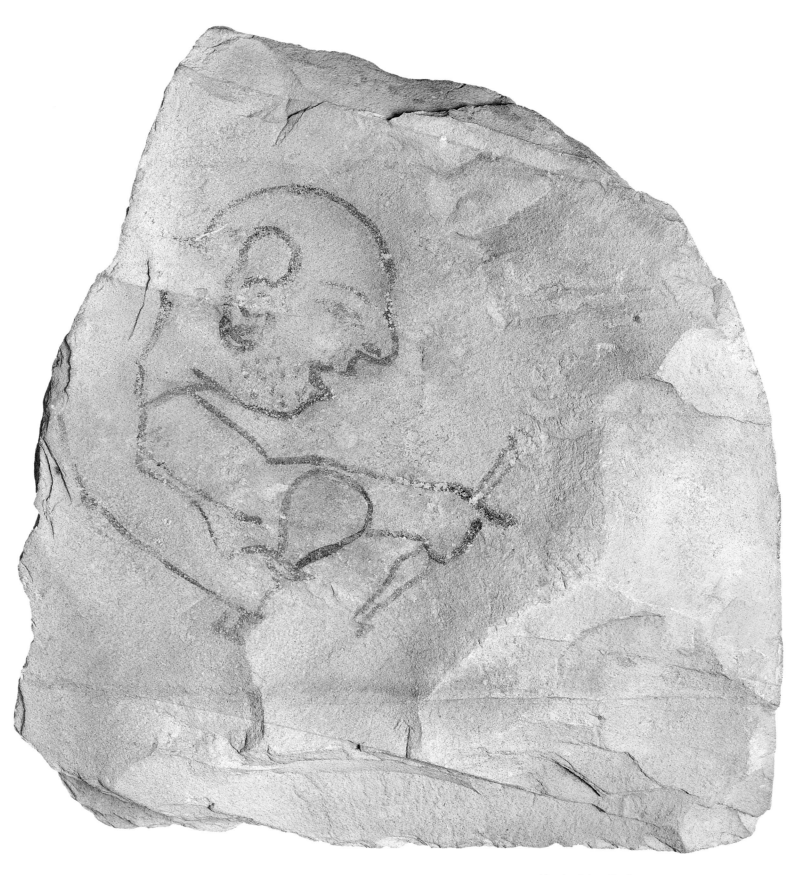

Von brutalem Realismus waren die Skizzen auf den Ostraka – im Unterschied zu den idealisierten Darstellungen für die Ewigkeit in Gräbern und Tempeln.
Steinmetz auf einem Kalksteinfragment, Ramessidenzeit, 14,5 x 13,5 cm, Cambridge, Fitzwilliam Museum

Paneb

86 Streik der Grabarbeiter

Paneb, der Schläger

Den Ägyptologen wohlbekannt ist auch ein gewisser Paneb, der gegen Ende der 19. Dynastie im Dorf für Aufregung sorgte: ein tüchtiger Steinmetz und Vorarbeiter, aber zugleich ein Schläger, Säufer und Weiberheld. Das wenigstens behauptet sein Feind, der Handwerker Amunnacht, in einer langen Anklageschrift, aufgezeichnet auf einem Papyrus. Er beschuldigt Paneb, er habe ihm, Amunnacht, die ihm von Rechts wegen zustehende Stelle eines Vorarbeiters weggenommen und sich undankbarerweise gegen den eigenen Adoptivvater gewendet, er habe »einen Stein aufgehoben und Neferhoteps Tür eingeschlagen«. Der gewalttätige Paneb »schlug neun Männer in dieser Nacht« und drohte seinem Kollegen, dem Vorarbeiter Hay: »Ich werde mitten in der Wüste über dich kommen und dich umbringen.« Hay blieb am Leben, Paneb wandte sich anderen Vergnügen zu. »Er hat es mit der Tuju getrieben«, berichtet Amunnacht empört, »als sie mit Arbeiter Kenna verheiratet war, mit Hurro ..., und danach hat er sich auch noch an ihrer Tochter vergangen.« »Er riß Iymuai (der Ehefrau des Klägers) das Kleid vom Leib, warf sie auf eine Mauer und vergewaltigte sie.«

Dies alles scheint Paneb nicht besonders geschadet zu haben, er war wohl als Schläger gefürchtet und hatte Protektoren in der Verwaltung, den Schreiber Kenherchepeschef zum Beispiel soll er mehrfach bestochen haben. Doch die Situation änderte sich, als Paneb beschuldigt wurde, er habe sich an einem Grabraub beteiligt. Aus der Grabkammer des Königs Merenptah soll er eine hölzerne Gans gestohlen haben und aus einem Privatgrab ein Bett und Steine, um sie für sein eigenes Grab zu benutzen.

Damit verstieß der Vorarbeiter gegen den Eid, »keinen Stein in der Umgebung eines Pharaonengrabes zu verändern«, den er wie alle seine Kollegen geleistet hatte. Doch schlimmer noch: Betrunken soll er auf dem Sarkophag des Pharaos gesessen haben – das war Majestätsbeleidigung und ein Sakrileg. Diesmal kam es zum Prozeß, das Urteil ist nicht bekannt. Aber vermutlich wurde Paneb überführt und vom Wesir zum Tode verurteilt. Jedenfalls verschwindet sein Name aus den Berichten, und er wurde als Vorarbeiter ersetzt. Die übliche Todesart für Grabräuber war das Pfählen.

Eindeutig erotische Darstellungen wie diese sind selten in der ägyptischen Kunst. Ägyptologen sehen sie im Zusammenhang mit Fruchtbarkeitsriten.
Spätzeit, bemalter Kalkstein, 16,5 x 17 x 9,5 cm, New York, The Brooklyn Museum, Gift in memory of Dr. Hirsch and Charles Edwin Wilbour Fund 58.13

Ein Bäcker beim Brotbacken. Er schützt sich mit der Hand gegen die Hitze. Pro Tag erhielten die Handwerker ca. 10 kg Weizen, das ergab ca. 5 kg Brot, genug für einen 6-Personen-Haushalt.
Statuette aus Gisa, Altes Reich, Höhe 26,2 cm, Hildesheim, Pelizaeus-Museum

ta = Brot

heb = Fest

Erotische Szene aus dem sogenannten Turiner Papyrus. Er stammt aus der Ramessidenzeit und wurde in der Nähe von Deir el-Medina gefunden.
Ergänzende Nachzeichnung nach einem schlecht erhaltenen Fragment, Turin, Museo Egizio

Brot und Spiele

Bei leichteren Vergehen bildeten die Dorfbewohner selbst ein Gericht. Anklage und Verteidigung übernahmen die Betroffenen, und es scheint, als hätten sie einen gewissen Spaß an schönen, langwierigen Prozessen gehabt.
Der bekannteste Streitfall aus Deir el-Medina zog sich über volle 18 Jahre hin. Dabei stritten zwei besonders zähe Gegner um einen Topf Schmalz. Der Arbeiter Menna hatte ihn auf Kredit dem Polizeichef Mentmose (demselben, der für die Streikenden aktiv wurde) verkauft. Der hatte zwar versprochen, »ich will dafür in Gerste zahlen«, tat es aber nicht. Der Kläger Menna gewann diesen und auch einen anderen Prozeß – gegen den Wasserträger Tscha, der ihm einen kranken Esel verkauft hatte.
Die meisten Prozesse wurden um materielle Güter geführt, dadurch kennen wir einige Preise. Zwar gab es keine Münzen, aber Bezugsgrößen, an denen der Wert einer Ware gemessen werden konnte, etwa den Sack Weizen (76,56 Liter) oder den Deben Kupfer (91 Gramm). Sandalen kosteten je nach Ausführung einen halben bis drei Deben Kupfer, für ein Hemd wurden drei bis fünf Deben bezahlt, für ein Schwein fünf Deben, ein Brot kostete nur ein Fünftel Deben, ein Holzsarg dagegen 25 Deben.
Die Grabarbeiter wurden für ihre Arbeit direkt vom Staat

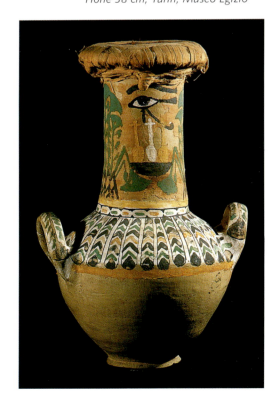

Bemaltes Vorratsgefäß mit Originalverschluß aus dem Grab des Baumeisters Cha.
Höhe 38 cm, Turin, Museo Egizio

Streik der Grabarbeiter

entlohnt, in Waren, die dieser als Steuerabgaben von den Bauern einzog. Mit seiner durchschnittlichen Monatsration von vier Sack Weizen (einer im Deutschen »Emmer« genannten primitiven Weizenart) verfügte ein Handwerker pro Tag über zehn Liter Weizen, das ergab etwa fünf Kilo Brot, genug selbst für einen Haushalt von sechs Personen und mehr. Mit den anderthalb Sack Gerste konnte er ca. 115 Liter Bier im Monat brauen, das heißt dreieinhalb nahrhafte Liter pro Tag.

Alle zehn Tage, so zeigen die Listen, lieferten zwei Fischer frischen oder getrockneten Fisch im Wert von je 200 Deben. Ein Wasserträger versorgte den Brunnen des Dorfes, das in einem Wüstental lag, täglich mit Wasser aus dem Nil, und zu besonderen Gelegenheiten schickte der Pharao »Belohnungen«: »Oh ihr Handwerker, ausgesucht, geschickt und stark …, eure Versorgung wird überfließen, und es wird keinen Mangel geben«, versprach ihnen einer der Könige, »… denn ich kenne eure wahrhaft mühselige Tätigkeit, bei der der Arbeiter nur jubelt, wenn sein Bauch voll ist!« Die »Belohnungen« bestanden aus Salz, Natron, das als Seife diente, Wein, Datteln, süßen Kuchen, Ochsenfleisch aus den nahen Tempeln und Töpfen mit weißem Käse.

Waren, die sie im Überfluß besaßen, tauschten die Grabarbeiter gegen andere Güter. Als tüchtige Zimmerleute und Zeichner konnten sie in ihrer freien Zeit teure Särge herstellen oder bemalen, es ging ihnen nicht schlecht, und sie haben viel gefeiert. Gelegenheit dazu boten die vielen Feste, zum Beispiel zu Ehren des Dorfgründers und Patrons König Amenophis I. »Die Arbeiterschaft jubiliert vor ihm an vier Tagen«, lautet ein Bericht, »voll des Trinkens zusammen mit ihren Kindern und ihren Frauen.« Glaubt man dem weitgehend zerstörten »erotischen Papyrus« in Turin, der bei Deir el-Medina gefunden wurde, so waren seiner Bewohnern sexuelle Ausschweifungen nicht fremd. Vermutlich gab es so etwas wie ein Bordell im Dorf, und der gewalttätige Paneb dürfte nicht der einzige gewesen sein, der bei den mehrtägigen Trinkgelagen alle Hemmungen verlor.

Im Tal der Könige

Besonders ausgiebig wurde im Dorf getafelt, wenn der König starb. Denn dies bedeutete jedesmal für die Handwerker prompte Anfangsentlohnung und – wenn der neue Pharao es besonders eilig hatte, weil er bei der Thronbesteigung schon alt war – reichliche Gratifikationen. Kaum war der Tote bestattet, erschien im Tal der Könige, am »großen Platz«, eine Sonderkommission unter Leitung des Wesirs, um den passenden Ort für eine neue Grabanlage auszusuchen. Das wurde immer schwieriger, denn im Lauf von 420 Jahren hatte man dort 62 Gräber angelegt (nur fünf blieben ungeplündert), und immer häufiger kam es vor, daß Arbeiter beim Graben auf eine vergessene Kammer oder einen alten Gang stießen. War der passende Ort gefunden, legten die Baumeister den Plan vor, meist nach einem nur wenig variierten Schema: Ein steiler, langer Gang führte nach unten zu den Kammern, ein Schacht erschwerte den Zutritt und fing eindringendes Regenwasser auf. Danach machten sich die Handwerker an die Arbeit: Im ersten Bauabschnitt, der etwa vier Jahre dauerte, wurde das Gestein mit Holzhämmern und Meißeln aus Kupfer herausgeschlagen und der Bauschutt in Körben nach draußen getragen. Dann wurden die Wände geglättet, Risse mit Lehmputz und Gips ausgefüllt und das ganze mit einer dünnen Stuckschicht als Unterlage für die Dekorationsarbeiten überzogen. Diese zogen sich über viele Jahre hin, die meisten Königsgräber waren unvollendet, wenn der König starb, und blieben es auch. Gearbeitet wurde im Sommer wie im Winter, die Handwerker waren in zwei Mannschaften organisiert, eine für die linke, die andere für die rechte Seite. Aber wegen der räumlichen Enge waren nie mehr als etwa 120 Mann im Einsatz – kein Vergleich zu den Menschenmassen, die die Pyramiden bauten.
Einen Unterschied zwischen Handwerker und Künstler kannten die Ägypter nicht. Im Team schufen sie die unzähligen Quadratmeter bemalter Reliefszenen, die alle Wände

Einen Fußmarsch von ihrem Dorf entfernt lag das Tal der Könige, der Arbeitsplatz der Grabspezialisten, die dort in Behelfsunterkünften übernachteten.

set-maat = Tal der Könige, eigentlich: Platz der Wahrheit, der Maat, die von einer Feder symbolisiert wird

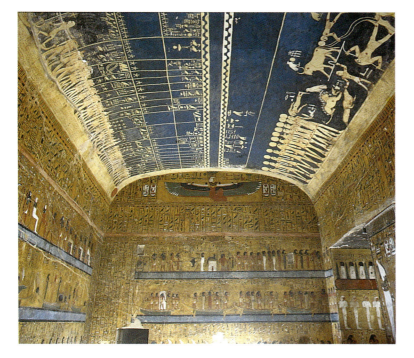

Damit der tote König direkt in den Himmel aufsteigen konnte, war über seinem Sarkophag am Deckengewölbe der Nachthimmel mit den Sternbildern dargestellt. Der Stier rechts entspricht unserem Großen Bären, die anderen Sternbilder bleiben geheimnisvoll.
Astronomische Decke, Detail aus dem Grab von Sethos I.

Ein Meisterwerk der Handwerker aus Deir el-Medina ist das Grab von Pharao Sethos I. aus der 19. Dynastie, vollständig in bemaltem erhabenem Relief dekoriert und gut erhalten.
Tal der Könige, Theben Nr. 17

Streik der Grabarbeiter

Durch die großen, aufgemalten Augen konnte der Tote, im Sarg auf der Seite liegend, die Außenwelt betrachten.
Sarkophag des Senbi, Mittleres Reich, bemaltes Holz, Höhe 63 cm, Länge 212 cm, Kairo, Ägyptisches Museum

Tischler bei der Herstellung von vergoldetem Sargschmuck.
Grab von Nebamun und Ipuki, Theben Nr. 181, 18. Dynastie

Plan des Grabes von Ramses IX. Diese Zeichnung auf einem Ostrakon diente wahrscheinlich als Orientierungsplan für den die Baustelle überwachenden Aufseher.
20. Dynastie, Kairo, Ägyptisches Museum

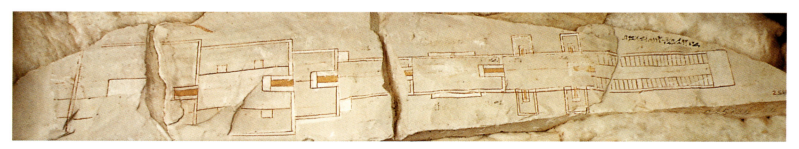

vom Eingang bis zur Grabkammer schmücken. Die Zeichner skizzierten die Umrisse, schrieben die Sprüche, bevor die Steinmetze sie als Hochrelief oder versenktes Relief ausführten. Zum Schluß wurden Figuren und Hieroglyphen von den Malern mit Farbe versehen – alles streng nach einem vorgegebenen Bildprogramm.

Die Freuden des Diesseits, wie sie die Handwerker, Priester und Beamten in ihre Gräber mitnehmen wollten, fehlen bei den Königen, dargestellt wird immer nur die mythische Reise des toten Pharaos bei Nacht in der Barke des Sonnengottes: Sie fährt durch die Unterwelt, trotzt deren Gefahren und kommt jeden Morgen wieder heil ans Licht.

Die Handwerker lernten von ihren Vätern nicht nur die Technik der Darstellung, sondern auch die geheimen Sprüche, mit denen das Gemalte »animiert«, belebt werden konnte. Nur dann bekamen die Bilder ihre magische Kraft. Dies galt auch für die eigenen Gräber. Der Adoptivvater des wilden Paneb, der Zeichner Neferhotep, berichtet: »Ich öffnete die Augen des Sarges für Ramses, den Torwächter.« Das heißt, der Sarg, den er in seiner freien Zeit für den Kollegen Torwächter anfertigte, wurde zu einem lebendigen Teil des Körpers des Verstorbenen. Mit den von Neferhotep gemalten und belebten Augen konnte der Tote sehen.

Den allerletzten Dienst erwiesen die Grabarbeiter aus Deir el-Medina ihren Königen zu Anfang des letzten vorchristlichen Jahrtausends. Die meisten der so kunstvoll gebauten und geschmückten Pharaonengräber waren während der Bürgerkriege unter Ramses XI. (ca. 1098–1069 v. Chr.) aufgebrochen und geplündert worden, und die Dorfbewohner hatten in dem befestigten Tempel von Medinet Habu Zuflucht gesucht. Als die Ordnung wieder einkehrte, sammelten die davongekommenen Handwerker zusammen mit den Priestern die ausgeraubten Mumien ein und versteckten sie in zwei geheimen Kammern, den »Cachettes«, wo man sie im 19. Jahrhundert entdeckt hat.

Die Könige der 21. Dynastie verlegten ihre Hauptstadt von Theben nach Tanis ins Delta und ließen sich auch dort bestatten. Die Gemeinschaft der Grabarbeiter von Deir el-Medina löste sich auf – sie wurden nicht mehr gebraucht.

Isis hieß die Schwiegertochter des Sennedjem, ihr Sarg stand in seinem Grab. Auf dem Deckel das jugendliche Porträt der weißgekleideten Frau, in den Händen hält sie Efeuranken.
Holz mit bemaltem Stucküberzug, Kairo, Ägyptisches Museum

Streik der Grabarbeiter

Diese Nahaufnahme macht einige Arbeitsvorgänge sichtbar: Auf eine Stuckunterlage wurden die Umrisse gezeichnet, mit heller Farbe nachgezogen, und dann erst wurde die rotbraune Gesichtsfarbe aufgetragen – ein Teamwork anonymer Künstler. *Wandmalerei im Grab der Nefertari, Große königliche Gemahlin von Ramses II., 19. Dynastie, Tal der Königinnen, Theben*

Zur Kunst

hemut = Kunst, Handwerk
(links ein Drillbohrer)

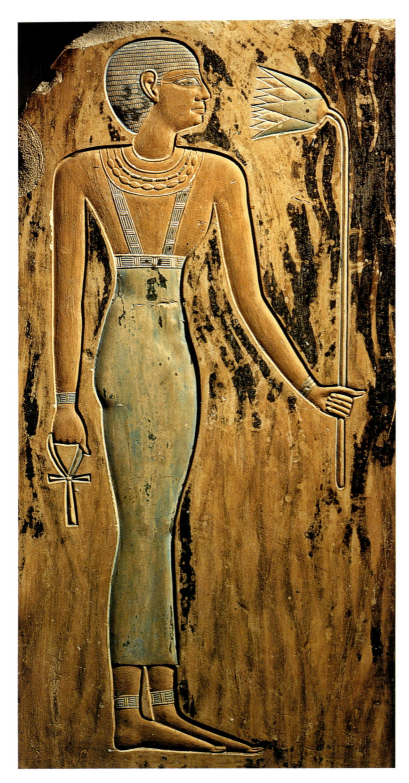

Wie in einem Comic strip können neben- und untereinander verschiedene Handlungsabläufe dargestellt werden: Rechts oben werden Trauben geerntet, dann mit den Füßen zerstampft. Darunter wird gefischt und Geflügel gerupft. Die Größe der Personen entspricht ihrer Bedeutung, die Grabbesitzer sind größer als ihre Diener und diese größer als die Arbeiter.
Grab des Beamten Nacht, Theben Nr. 52, 18. Dynastie, New York, The Metropolitan Museum of Art, Rogers Fund, 1915. (15.5.19e)

In den Vorzeichnungen sorgte ein Netz von Hilfslinien für maßstabgerechte Proportionen von Personen und Objekten, im Lauf der Arbeit verschwanden sie unter der Farbe.
Unvollendete Wandmalerei im Grab des Senenmut, Deir el-Bahari, Theben, 18. Dynastie

Die ägyptischen Künstler verstanden es, mit zwei verschiedenen Perspektiven (Kopf, Mund, Rumpf und Beine im Profil, dagegen Auge, Oberkörper und Hände frontal gesehen) eine harmonische Menschengestalt zu schaffen.
Grabrelief der Aschait, Theben, Mittleres Reich, Kairo, Ägyptisches Museum

96 Zur Kunst

Stilmerkmale

Ägyptische Gemälde und Reliefs kennen keine **Perspektive**. Der dreidimensionale Raum fehlt. Personen, Tiere und Dinge sind flach neben- und übereinander angeordnet. Die Linie ist bestimmend. Bevorzugt wird die Darstellung im Profil.
Jedoch: die Seitenansicht wird oft mit der Vorderansicht kombiniert: Beim Menschen zum Beispiel erscheinen Kopf, Mund, Rumpf, Beine und Füße im Profil; von vorn gezeigt werden Auge, Oberkörper und Hände. Es entsteht ein Piktogramm, das deutlich lesbare Informationen vermitteln soll.

Auch die **Farbe** hat eine bestimmte Bedeutung: rotbraun für den männlichen Körper, gelb für den weiblichen, der Totengott Osiris ist schwarz oder grün. Die unterschiedliche Größe der Personen signalisiert ihre unterschiedliche Bedeutung: Der Pharao erscheint größer als der Beamte, der Grabherr größer als seine Diener.

Ein **Liniensystem** unterteilte die zu schmückende Wand, so daß begrenzte Flächen zum Ausfüllen mit verschiedenen Szenen entstanden. Innerhalb dieser sogenannten »Register« können, wie bei unseren Comic strips, Handlungsabläufe neben- und untereinander dargestellt werden.

Ein weiteres Netz von (später unsichtbar gemachten) Hilfslinien sorgte für maßstabgerechte **Proportionen** der dargestellten Personen und Objekte. Diese Linien teilen die Register in gleich große Quadrate, in die man die Figuren nach festgelegten Regeln einsetzte: Ein stehender Mensch zählt zum Beispiel von der Standlinie bis zu Haaransatz immer 18 Quadrate, ein Sitzender 14. Dieser «Proportionskanon» ermöglicht es, durch Halbieren oder Vierteln der Quadrate kleinere, aber immer wohlproportionierte Figuren zu schaffen.

Auch **Statuen** wurden nach diesem System angefertigt: Das Liniennetz des Proportionskanons wurde auf alle vier Seiten des Steinblocks aufgezeichnet und im Lauf der Arbeit immer wieder erneuert.
Statuen sollen von vorn betrachtet werden, sie zeigen Menschen in Ruhestellung, ein majestätischer Schritt nach vorn ist das Höchstmaß an Bewegung.

Eine beeindruckende ägyptische Erfindung war die Statue des **Würfelhockers**. In seinen Mantel gehüllt, kauert der Schreiber oder der hohe Beamte wie ein Block, nur der Kopf ragt heraus – ein unbewegliches geballtes Kraft- und Machtpaket.

Zur Kunst

Nicht Ähnlichkeit wurde angestrebt bei dem Porträt von Königin Teje, der Mutter Echnatons, sondern ein überzeitliches Schönheitsideal nach festgelegtem Proportionskanon.
Relieffragment, Theben, 18. Dynastie, Höhe 35,5 cm, Berlin, Ägyptisches Museum

Künstler im modernen Sinn gab es in Ägypten nicht, Originalität und Kreativität waren nicht gefragt, sie finden sich nur in den Skizzen auf Tonscherben und Steinsplittern. Gemessen wurden die Handwerker/Künstler an ihrer Fähigkeit, nach »heiligen« Musterbüchern die überkommenen Bildprogramme in harmonischer Komposition zu reproduzieren: »Ich kenne ... die Abschätzung der richtigen Berechnung, ... so daß ein Körper an seine richtige Stelle kommt«, rühmt sich der Künstler Iriirusen aus dem Mittleren Reich, »Ich kenne das Gehen einer Männerfigur und das Kommen einer Frauengestalt, die Stellung eines gefangenen Vogels.« Kunst wurde in Teamarbeit geschaffen und nicht signiert.

Mehr als 3 000 Jahre lang bestimmten die gleichen Normen die ägyptische Kunst und sorgten für jene Klarheit und Abstraktion, die wir heute als so »modern« empfinden. Nur wenn das Chaos ausbrach und die Staatsordnung in den »Zwischenzeiten« zusammenbrach, gingen Rasterstruktur und Proportionskanon verloren. Die Darstellungen wurden ungelenker, Harmonie und Ordnung schwanden.

Ordnung und Symmetrie bestimmen den Bildaufbau: Nur auf den ersten Blick erscheinen die drei Gänsepaare naturgetreu gemalt, in Wirklichkeit sind sie stark stilisiert.
Wandbild aus einem Grab in Medum, Altes Reich, 4. Dynastie, Kairo, Ägyptisches Museum

Jedesmal, wenn in Ägypten die politische Ordnung zusammenbrach, ging auch der Kunstkanon verloren, die Proportionen stimmten nicht mehr. Diesen Harmonieverlust in Chaoszeiten dokumentiert die Stele des Mentuhotep aus der »Zwischenzeit« zwischen Mittlerem und Neuem Reich.
Roh zugehauene Kalksteinplatte, Berlin, Ägyptisches Museum

Zur Kunst

Namen und Titel eines Menschen galten wie Seele und Schatten als Teil des Individuums. Sie durften auf keiner Darstellung im Grab oder Tempel fehlen.
Schreiber Hesire, aus Sakkara, Altes Reich, 3. Dynastie, Holz, Höhe 114 cm, Kairo, Ägyptisches Museum

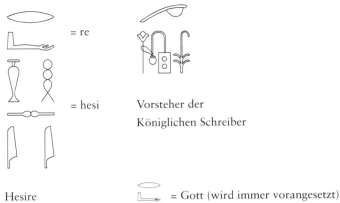

Hesire · Vorsteher der Königlichen Schreiber

Magische Wirkung

Paläste und Wohnhäuser wurden aus Nilschlammziegeln gebaut, sie sind verschwunden, mit ihnen alle privaten Wanddekorationen. Die erhaltenen ägyptischen Kunstwerke stammen fast alle aus Tempeln und Gräbern. Sie waren für die Götter oder die Toten gemacht, nicht für kunstliebende Betrachter. Allein die Statuen vor den Tempeln und die Reliefs an den Außenmauern der Pylone, die auch der politischen Propaganda dienten, waren für die Öffentlichkeit bestimmt. Statuen oder Wandbilder mit der Darstellung des Verstorbenen im Grab hatten einen bestimmten Zweck. Nur wenn die Seele jederzeit zu ihrem Körper zurückkehren konnte, war das ewige Leben gesichert. Deshalb die aufwendige Mumifizierung. Statue oder Abbild galten als Körperersatz für den Fall, daß die Mumie zerstört werden sollte. Durch Zauberkraft, die dem Toten selbstverständlich zur Verfügung stand, konnten sie belebt werden.

Diese Kunstwerke dienten also als materielle Hilfen für das ewige Leben, als magische Gebrauchsgegenstände. Daß sie porträtähnliche Züge trugen, war nicht notwendig. Für das Jenseits wurde das äußere Erscheinungsbild idealisiert: Alter und Krankheit blieben ausgespart, Frauen erschienen immer schön und jung, Männer imposant und im besten Alter. Zur Identifizierung des Verstorbenen mußte unbedingt sein Name auf der Statue oder über dem Abbild stehen. Der Name galt als Bestandteil der Persönlichkeit: ohne ihn keine Individualität und keine magische Belebung.

Das gesamte Universum war für die Ägypter voller magischer Kräfte, und natürlich wurden sie auch beim Anfertigen von Kunstwerken eingesetzt. Die Handwerker sprachen bei der Arbeit Zauberformeln, deren Kenntnisse – gemeinsam mit den manuellen Fertigkeiten – vom Vater auf den Sohn vererbt wurden. Und am fertigen Werk vollzogen sie das Ritual der »Mundöffnung«, mit dem beim Begräbnis die Mumie für das Jenseits »belebt« wird. »Ich bin der Herr des Geheimnisses«, rühmt sich der bereits erwähnte Künstler Iriirusen, »Jede Zauberkraft habe ich angewandt.« Darum »leben« für die Ägypter die nach den richtigen Normen geschaffenen Bildwerke, ewig erschlägt der Pharao die gefangenen Feinde, jederzeit kann der Würfelhocker sich erheben.

Zu den beeindruckenden Erfindungen der ägyptischen Kunst gehört die Reduzierung einer Person auf ein geballtes Kraftpaket, den Würfelhocker – bereit aufzustehen, wenn er seinen Namen hört.
Statue des Amenemhet, 18. Dynastie, Granit, Höhe 80 cm, Kairo, Ägyptisches Museum

Zur Kunst 101

Aus dem Alten Reich, der Zeit der Pyramiden, stammt diese Holzstatue einer Frau. Ihr Gesicht ist genauso kunstvoll ausgearbeitet wie das der ägyptischen Männer. War sie auch im Leben gleichberechtigt?
Aus Sakkara, 4. Dynastie, Höhe 61 cm, Kairo, Ägyptisches Museum

Freie Frauen in Pharaos Land?

set = Frau
◠ = t
ist die Hieroglyphe für die weibliche Endung

In Ägypten »gehen die Weiber auf den Markt und treiben Handel, und die Männer bleiben zu Hause und weben.« Befremdet und gelegentlich auch falsch verallgemeinernd berichtet der Grieche Herodot von gewissen Sitten im Land am Nil. In seiner Heimat gehörte die Frau ins Haus und überließ dem Mann die Geschäfte. In Rom und den meisten Gesellschaften der Antike verhielt es sich ebenso, weibliche Wesen galten lebenslang als unmündig und unterstanden der Vormundschaft eines männlichen Verwandten. Sie mußten sich vor Gericht von ihm vertreten lassen und konnten weder über sich selbst noch über ihren Besitz verfügen. Gerichtsprotokolle belegen dagegen, daß die Ägypterin des Neuen Reiches persönlich vor Gericht erscheinen und Klage erheben konnte, sogar gegen den eigenen Vater, sie galt als selbständige Rechtsperson. Über ihr Vermögen konnte sie selbst verfügen: »Ich bin eine freie Frau in Pharaos Land«, erklärt in ihrem Testament eine gewisse Naunachte aus dem Handwerkerdorf Deir el-Medina, »Ich habe acht Kinder aufgezogen … Aber nun bin ich alt geworden, und sie kümmern sich nicht um mich. Demjenigen von ihnen, der mir beigestanden hat, dem will ich mein Eigentum geben.« Naunachte enterbt einen Teil ihrer Kinder und vermacht ihrem Lieblingssohn ein kostbares Bronzegefäß.
Den ägyptischen Frauen standen vor Gericht mehr Rechte zu als in anderen Gesellschaften üblich, das ist unbestritten. Kodifiziert jedoch waren ägyptische Gesetze nicht, und es fragt sich, inwieweit Frauen von ihren Rechten wirklich Gebrauch machen konnten. Darüber streiten die Ägyptologen, die einen sprechen von »Gleichrangigkeit und Gleichwertigkeit der Geschlechter« im alten Ägypten, die anderen halten dies für eine Fiktion.

Dienerinnen wurden jung, nackt und liebreizend dargestellt. So wie sie im Leben ihre Herrschaft umsorgten, sollten sie dies auch im Jenseits tun.
Statuette aus Theben, Neues Reich, Holz mit Vergoldung, Höhe 13,8 cm, Berlin, Ägyptisches Museum

Ein Mädchen bläst Feuer im Ofen an, vermutlich, wie die meisten Dienerinnen im Neuen Reich, eine Sklavin. Waren sie hübsch und gesund, konnte ihr Kaufpreis doppelt so hoch sein wie der für einen Mann.
Ostrakon aus gebranntem Ton, 20. Dynastie, Höhe 13 cm, Leipzig, Ägyptisches Museum der Universität

Im Schatten eines Baumes sitzt eine Frau, die ihr Kind im Brusttuch trägt. Sie gehört zur Masse der Landbevölkerung, über die wir kaum etwas wissen.
Wandmalerei aus dem Grab des Menena, Theben Nr. 69, 18. Dynastie

Für die Mehrzahl der Frauen wird man diese Frage kaum jemals beantworten können. Ein Wandgemälde im Grab des Menena zeigt eine junge Frau vom Lande, das Kind im Brusttuch, sie hat ihrem Mann bei der Arbeit auf dem Felde in einem Korb das Essen gebracht – über ihr Leben und ihren Status jedoch wissen wir nichts, und die Frauen der Bauern bildeten über 90 Prozent der weiblichen Bevölkerung. Und von den vielen Dienerinnen, die wohlhabenden Hausfrauen halfen, das Feuer im Ofen anfachten, beim Gastmahl bedienten, ist kaum mehr bekannt. Fast immer werden sie jung, nackt und liebreizend dargestellt. Im Neuen Reich waren es meistens Sklavinnen, die sich in Deir el-Medina mit einem halben Sack Getreide im Monat begnügen mußten. Eine Hausfrau im Handwerkerdorf bezahlte an einen Händler für eine junge syrische Sklavin, genannt Gemeni Herimentet (das bedeutet »Ich habe sie im Westen gefunden«) einen guten Preis: sechs Bronzeteller, zehn Kupfer-Deben, 15 Leinengewänder, einen Schleier, eine Decke und einen Topf Honig. Das war etwa doppelt soviel wie für einen männlichen Sklaven. Über etwaige preissteigernde Talente und Reize des Mädchens schweigt der Papyrus, der den Handel belegt.

Schön und modisch

Über die Frauen der kleinen Oberschicht weiß man etwas mehr. Aber während ihre Männer, die Schreiber und Beamten, sich Lebensdaten, Karrierestufen, Erfolge und gute Taten in Form einer idealisierten Biographie auf die Grabstelen gravieren ließen, taten sie das nicht. Sie besaßen ja auch keine Gelegenheit, sich beruflich auszuzeichnen: Weibliche Schreiber oder Beamte hat es nicht gegeben. Die Schreibkunst – den Ägyptern so überaus wichtig – lernten, soweit wir wissen, die Mädchen nicht. Möglicherweise bildeten Damen aus dem Herrscherhaus eine Ausnahme, aber es fehlen dafür Beweise. Kein einziges überliefertes Dokument stammt mit Sicherheit aus der Hand einer Frau, und keine Darstellung zeigt eine Schreiberin bei der Arbeit. Damit waren Frauen zur politischen Bedeutungslosigkeit verdammt, sie konnten Macht nur indirekt über Männer ausüben. Zwar durften sie Vermögen erben und darüber verfügen, die überwiegende Zahl jedoch war abhängig von der Versorgung durch den Ehemann und deshalb nur begrenzt selbständig. Über den Status von alleinstehenden Frauen wissen wir so gut wie nichts, Witwen muß es oft schlecht gegangen sein – sonst hätten sich nicht so viele Männer gerühmt, ihnen geholfen zu haben.
Immerhin, Gattinnen und Töchter von hohen Beamten fungierten im Alten Reich als Priesterinnen der Hathor, später wurden sie als »Sängerinnen des Amun« bezeichnet. Der musikalische Dienst im Tempel bot ihnen Gelegenheit, ehrenvolle Funktionen zu übernehmen, weibliche »Vorlesepriester« gab es allerdings nie.
Weil sie nicht schrieben, gibt es auch keine »Weisheitslehren« von oder für Frauen, über ihre Gedanken oder Ideale berichtet kein Papyrus, nicht einmal Kochrezepte sind überliefert. Sie haben die Schreibbinse anscheinend, wie

Wenn Frauen auf Bildern einen Pinsel benutzen, dann zum Schminken. Schreiben lernten sie nicht, damit war ihnen eine Karriere im »Schreiberstaat« Ägypten verschlossen. Einfluß nehmen konnten sie nur über Männer.
Papyrus, 20. Dynastie, Turin, Museo Egizio

neferet = die Schöne
= Hieroglyphe für »gut, schön« (Herz und Luftröhre)

linke Seite: Die schönste der Königinnen: Nofretete.
Restaurierte Statuette, aus einer Bildhauerwerkstatt in Tell el-Amarna, 18. Dynastie, Höhe 41 cm, Berlin, Ägyptisches Museum

Die Dame Nefertiabet aus dem Alten Reich trägt ein enges, asymmetrisches Leopardenkleid, das eine Schulter und einen Arm freiläßt – eine Mode von raffinierter Schlichtheit.

Relief auf einer Stele, Gisa, 4. Dynastie, Höhe 36 cm, Paris, Musée du Louvre

Freie Frauen in Pharaos Land?   107

Bilder es zeigen, vor allem benutzt, um sich zu schminken. Auf den Darstellungen in den Gräbern erscheinen sie alle jung und schön, vollkommen. So wollten sie in die Ewigkeit eingehen. Dem ägyptischen Schönheitsideal entsprechend, sind sie von heller Hautfarbe (die sich abhebt vom dunklen Braunrot der Männer), zierlich, graziös, langbeinig, schmalhüftig, sie haben hohe kleine Brüste und einen verhältnismäßig großen, durch die mächtige Perücke noch betonten Kopf. Am spektakulärsten verkörpert sich dieses Ideal in der Königin Nofretete, der »Schönen, die da kommt«, immer noch bezaubert sie alle Betrachter.

Die Kleidung war schlicht und raffiniert zugleich, aus weißem Leinen, das im Laufe der Jahrtausende immer feiner und durchsichtiger und immer aufwendiger gerafft und plissiert wurde. Im Alten Reich trugen die Frauen ein enges, körperbetonendes, knöchellanges Hemd mit Trägern, im Mittleren und am Anfang des Neuen Reiches endete das Gewand unter dem Busen und ließ ihn frei. Später diktierte die Mode darüber ein gefälteltes Oberkleid, das aber die Körperformen eher betonte als verschleierte. Eine schmeichelnde, verführerische Mode. Dazu kamen sparsame farbige Accessoires wie Netzüberwürfe aus Perlen, Gürtel und

Auch im Neuen Reich betont das einfache, durchsichtige Gewand die graziösen Formen der jungen Dienerinnen. Offensichtlich genossen die Ägypter den Anblick schöner Körper und wollten ihn auch im Jenseits nicht missen.
Malerei aus dem Grab des Rechmire, Theben Nr. 100, 18. Dynastie

Die Königinnen des Neuen Reiches sind aufwendig gekleidet: Anchesenamun, vor ihrem Gatten Tutanchamun, trägt ein plissiertes und gerafftes Überkleid und kostbare Accessoires: Kragen, Gürtel, Schleifen, und auf der kleingelockten Perücke sitzt die Federkrone.
Intarsienarbeit mit Gold, Silber und Halbedelsteinen auf dem Thron Tutanchamuns, 18. Dynastie, Kairo, Ägyptisches Museum

108 Freie Frauen in Pharaos Land?

Freie Frauen in Pharaos Land?

Das Flachs pflückende Mädchen trägt das Haar zu kleinen Zöpfen geflochten, eine sehr übliche Frisur bei den Dienerinnen.
Grab des Nacht, Theben Nr. 52, 18. Dynastie

Männer wie Frauen trugen viel Schmuck: Kollier der Prinzessin Chnumet mit Amuletten, Göttinnen beider Landesteile, Kobra, Geierweibchen und Udjatauge.
Aus Dahschur, 12. Dynastie, Gold, Lapislazuli, Karneol, Türkis, Höhe der Glieder 18 cm, Kairo, Ägyptisches Museum

Schmuck. Auffallend die Dame Nefertiabet mit ihrem Kleid aus Leopardenfell.

Besonders wichtig war die Frisur, je nach Mode langsträhnig, gelockt, gekräuselt oder kunstvoll in kleine Zöpfe geflochten und mit Bändern und Blumen geschmückt. Auf den Bildern ist schwer zu erkennen, ob es sich um das eigene Haar oder um eine Perücke handelt, doch scheinen die Damen der oberen Stände zu offiziellen Anlässen stets eine schwarze Perücke über das eigene kurz gehaltene oder sogar geschorene Haar gestülpt zu haben. Kahlköpfig spielt die Frau des Mereruka auf dem Bett ihres Mannes Harfe. Die Perücken, in besonderen Kästen aufbewahrt, wurden selbstverständlich ins Grab mitgenommen.

Das Haar zählte zu den wichtigsten weiblichen Reizen, wie verführerisch es sein konnte, zeigt die Tatsache, daß es magische Rezepte für Tinkturen gab, die die Locken einer Rivalin ausfallen ließen: »... einen Wurm in Öl kochen und den Kopf der Verhaßten damit behandeln!« In einem Gedicht aus dem Neuen Reich klagt ein Jüngling, die Geliebte »wirft Schlingen gegen mich mit ihrem Haar«. Sogar die Perücke besaß offenbar für viele Ägypter eine starke erotische Ausstrahlung: »Er fand mich alleine«, erzählt die Heldin eines Märchens von ihrem Verehrer, »er sagte, komm, laß uns ein Stündchen zusammen verbringen. Gehen wir ins Bett, setz' deine Perücke auf!«

Eine Dame bei der Toilette wird von zwei kleinen Sklavinnen bedient. Die eine bringt eine Lotosblüte und ein Halsband herbei, das aussieht wie ein Blumenkranz. Die andere legt eine Haarlocke an der Perücke zurecht, alle tragen duftende Salbkegel auf dem Kopf.
Grab des Djeserkaraseneb, Theben Nr. 38, 18. Dynastie

Kunstvolle Perücken zierten die Köpfe der Damen der Oberschicht. Daß Haare, auch als Perücken, in der Erotik eine Rolle spielten, ist durch Gedichte und Märchen überliefert.
Relief, Bildhauermodell, Wien, Kunsthistorisches Museum

Freie Frauen in Pharaos Land?

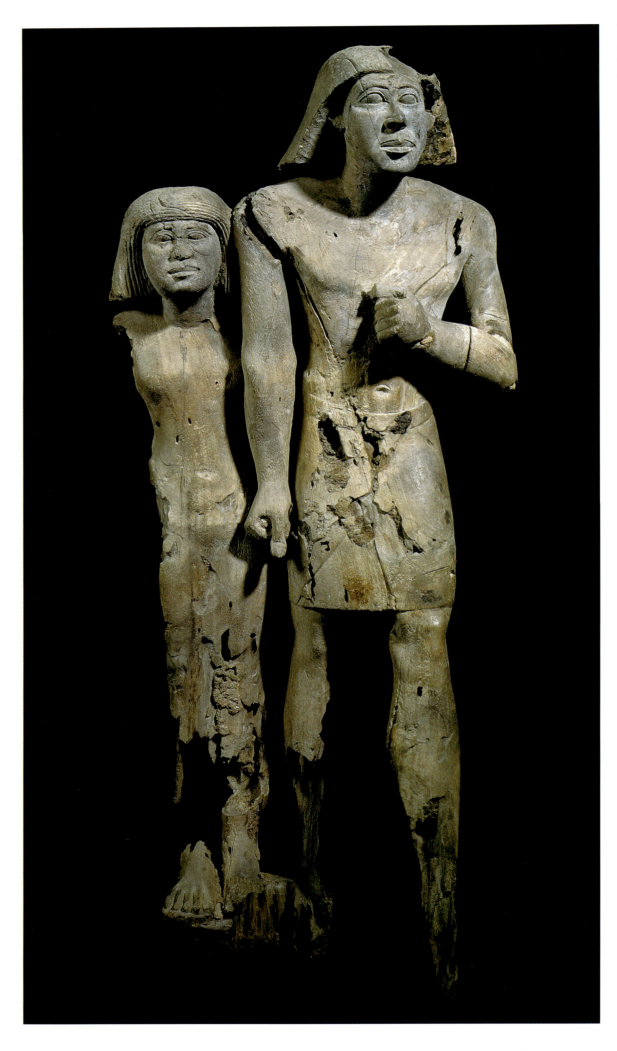

Wer in der ägyptischen Ehe vorangeht und führt, demonstriert dieses anonyme Paar aus dem Alten Reich. Auch wenn die Füße fehlen: Der Mann schreitet aus, die Frau hält die Füße geschlossen. Diese traditionelle Darstellungsweise typisiert das Verhältnis der Geschlechter zueinander.
Altes Reich, Akazienholz, Höhe 69,9 cm, Paris, Musée du Louvre

Uhemka war »Schreiber der Aktenverwaltung« und Vorsteher eines Prinzenhaushalts. Seine Frau Hetepibes folgt ihm und legt liebevoll ihre Hand auf seine Schulter – auch diese Geste findet sich immer wieder.
Detail eines Reliefs aus der Kultkammer der Mastaba des Uhemka, Gisa, Altes Reich, frühe 5. Dynastie, Hildesheim, Pelizaeus-Museum

Freie Frauen in Pharaos Land?

Ein Acker für ihren Herrn

Vor Gericht mag die Frau gleichberechtigt gewesen sein, in den erhaltenen und immer von Männern geschriebenen Texten jedoch erscheint sie oft als unvernünftiges, unberechenbares Wesen. Sie sei »ein sehr tiefes Wasser, dessen Strudel man nicht kennt«, heißt es in der Weisheitslehre des Ani. Und der Weise Ptahhotep rät dem Ehemann: »Fülle ihren Leib und bekleide ihren Rücken, ... denn sie ist ein nützlicher Acker für ihren Herrn ... Lasse sie aber nichts entscheiden, halte sie fern von der Macht, und zügle sie!« Auf einer Stele aus der Spätzeit ist zu lesen, daß eine gewisse Taimhotep mit 14 Jahren heiratete, vier Kinder zur Welt brachte und mit knapp 30 Jahren starb. Dies ist der einzige etwas detaillierter dokumentierte Lebenslauf einer Frau, die nicht zur Königsfamilie gehörte, und er war wohl typisch: Mit zwölf bis 15 Jahren wurde das Mädchen mit einem etwas älteren Mann verheiratet, offenbar ohne jede Zeremonie oder Formalität. »Ich brachte ein Bündel zum Hause des Payan«, berichtet ein junger Mann, »und heiratete seine Tochter.« Die Ehe beruhte auf einer bloßen Abmachung zwischen dem Bräutigam und dem Vater des Mädchens, der sich Mühe gab, für sie einen guten Mann zu finden.
Die verheiratete Frau wird als »Herrin des Hauses« bezeichnet. Dort spielte sich ihr Leben ab, sie kümmerte sich um Kinder und Haushalt, verrichtete alle anfallenden Arbeiten wie Weben, Brotbacken und Bierbrauen oder beaufsichtigte die Dienerschaft. In den Gräbern jedoch erscheint nie die Ehefrau als »Herrin des Hauses« beim Überwachen ihres Haushalts, das besorgt dort immer der Grabherr persönlich.

Sicherlich war das Leben der Ägypterin nicht strikt auf ihr Haus beschränkt, sie ging zum Markt, konnte dort auch Produkte ihrer Arbeit wie Gemüse oder Stoffe verkaufen, doch im Mittelpunkt stand die häusliche Fürsorge für die Familie. Vor allem hatte sie Kinder zu gebären, denn »ein Mann, dem kein Kind geboren ist, ist wie einer, der nicht gewesen ist. Seines Namens wird nicht gedacht.« Natürlich sollte ein Sohn darunter sein. Viele Schwangerschaften folgten aufeinander, drei Jahre lang wurden die Kinder gestillt. Die Sterblichkeit von Müttern und Kindern war hoch, trotz der Kompetenz der Ärzte und Gynäkologen, die über die Grenzen ihres Landes hinaus berühmt waren. Neben allerhand magischen Praktiken kannten sie wirksame Methoden zur Erhaltung der weiblichen Fruchtbarkeit, zur Früherkennung und Verhütung von Schwangerschaften.

Der Zwerg Seneb versah hohe Ehrenämter und führte Aufsicht über die königliche Kleiderkammer. Vor ihm seine beiden Kinder, neben ihm seine Gattin, die Hofdame Senetites, mit der typischen liebevollen Umarmung: Abbild einer glücklichen Familie.
Statuengruppe aus Gisa, Mastaba des Seneb, Altes Reich, 4. oder 5. Dynastie, Höhe 34 cm, Kairo, Ägyptisches Museum

Eine Hausfrau bei der Arbeit, sie packt zu, wirkt kräftig und zufrieden. Ihr Reich waren Heim und Familie.
Bierbrauerin aus dem Grab des Mersuanch, Gisa, Altes Reich, 5. Dynastie, Kairo, Ägyptisches Museum

Freie Frauen in Pharaos Land?

hemet = Ehefrau
= Quelle, Vagina

Mittel zum Erkennen, ob eine Frau gebären wird oder nicht: »*Tue Gerste und Weizen in zwei Säcke aus Stoff, die Frau soll sie täglich mit ihrem Urin begießen. Tue gleichzeitig Datteln und Sand in zwei andere Säcke. Wenn Gerste und Weizen beide keimen, wird sie gebären. Wenn zuerst die Gerste keimt, ist es ein Junge; wenn es der Weizen ist, wird es ein Mädchen. Keimt keiner von beiden, wird sie nicht gebären.*«
Verhütungsmittel: »*Damit eine Frau aufhört, schwanger zu werden während einem Jahr, zwei, drei Jahren: Akazienschoten, Koloquinten, Datteln in einem halben Liter Honig zerstoßen. Einen Tampon damit imprägnieren und in die Vagina einführen.*«
(zitiert nach Christiane Desroches-Noblecourt: La femme au temps des Pharaos, Paris 1986)

Erste Frauenpflicht in allen Gesellschaftsschichten: dem Mann Kinder zu gebären und für sie zu sorgen, wie diese Bäuerin, die den Säugling im Umhangtuch bei sich trägt.
Relief aus dem Grab des Monthemhet, Theben Nr. 34, 25./26. Dynastie, Kalkstein, Höhe 23,9 cm, New York, The Brooklyn Museum, Charles Edwin Wilbour Fund 48.74

Freie Frauen in Pharaos Land?

Scheidung auf ägyptisch

Blieb die Ehe kinderlos, konnte sich der Mann zur Sicherung des Nachwuchses eine Konkubine nehmen. Dies war durchaus erlaubt, aber nicht die Regel, außer bei Hofe (Ramses II. hatte mehr als 85 Kinder von einer unbekannten Anzahl Frauen). Oder er konnte sich von der unfruchtbaren Frau scheiden lassen. Das war für den Mann relativ leicht, aber kostspielig. Weil die Ehe auf einer bloßen Abmachung beruhte – ohne rechtliche oder religiöse Absicherung –, konnte sie formlos aufgelöst werden. Eine Frau aus Deir el-Medina wurde nach 20 Jahren verstoßen, weil sie blind war. »Das bin ich doch seit 20 Jahren, weshalb läßt du dich erst jetzt scheiden?« fragt sie und klagt dagegen vor Gericht. Ob mit Erfolg, wissen wir nicht.

Wenn sie Kinder geboren hatte und ihr keine Schuld nachzuweisen war, stand der Frau eine Versorgung zu. Sie hatte Anrecht auf ein Drittel des während der Ehe angehäuften Vermögens und natürlich auf die eingebrachte Mitgift. Erhaltene Ehekontrakte aus dem Neuen Reich zeigen, daß vorsichtige Väter versuchten, die finanziellen Ansprüche ihrer Töchter im voraus abzusichern. Beweise dafür, daß auch Frauen die Scheidung verlangen konnten, liegen erst ab 500 v. Chr. vor.

Versorgungsansprüche hatte die Ehefrau auch für das Jenseits, sie konnte, zumindest theoretisch, eine fachmännische Mumifizierung und einen Platz im Grab ihres Gatten erwarten: Auf vielen Wandmalereien und Grabstelen sitzt sie an seiner Seite vor dem Opfertisch und erfreut sich der überlebenssichernden Gaben. Doch folgt man einer Untersuchung von Gräbern aus dem Alten Reich, gelegen auf dem Westufer des Nils bei Memphis, war dies nicht die Regel. Von den 807 untersuchten Gräbern gehörten nur 68 Frauen, und das waren fast ausschließlich Frauen und Töchter von

Groß und bedeutend sitzt der Grabherr Sennefer, Bürgermeister von Theben, am Speisetisch. Klein zu seinen Füßen kauert seine Frau Mereti, die zärtlich statt der Schulter sein Bein umfaßt.
Grab des Sennefer, Bürgermeister von Theben und Verwalter der Gärten des Amun-Tempels unter König Amenophis II., Theben Nr. 96, 18. Dynastie

Verhärmt und mit hängenden Brüsten, nicht jung und schön, hockt die Frau bei der Arbeit. Derartige Figuren sind selten, der Realität des Alters und der wahren Stellung der Frau in der ägyptischen Gesellschaft kommen sie etwas näher als die idealisierten Grabdarstellungen.
Altes Reich, Kalkstein, Höhe 16,8 cm, Paris, Musée du Louvre

116   Freie Frauen in Pharaos Land?

Königen. In mehr als der Hälfte der verbleibenden Gräber männlicher Grabinhaber war von der Ehefrau nichts zu sehen und nichts zu lesen. Damit war sie dem schlimmsten aller Schicksale, dem Vergessen, dem wahren Tod anheimgefallen.

In anderen Epochen mag die Vernachlässigung der Ehefrau nicht so stark gewesen sein, doch auch der Ägypter, der für seine Frau sorgte, räumte ihr im Grab nicht immer den Platz an seiner Seite ein. Dort sitzt oft seine Mutter, die Gattin dagegen kauert im Kleinformat dem Grabbesitzer zu Füßen und umklammert demütig sein Knie. Wen er mitnahm in die Ewigkeit, das bestimmte derjenige, der über die finanziellen Mittel zum Grabbau verfügte. Er konnte seiner Frau ihren Platz auch nachträglich wieder absprechen. Das belegt die Statue des Sennefer, »Untervorsteher des Palastes« im Alten Reich, der allein auf einer für ihn zu breiten Bank sitzt. Von der Person, die offensichtlich neben ihm saß, ist nur noch ein um Sennefers Rücken gelegter Arm vorhanden. Er muß seiner Frau gehört haben. Er hat ihren Namen auskratzen und ihre Statue entfernen lassen, so gut es ging.

Was die Frauen von der Göttin Hathor erbaten, steht auf einer Statue aus Deir el-Bahari: »Glück und einen guten Ehemann.« Gestützt wurde die Stabilität der Ehen durch den ägyptischen Sinn für Harmonie, Kompromiß und Familie. Auch die meisten Männer wünschten sich ein Heim mit

Dokument einer Scheidung: Allein sitzt der Grabherr Sennefer auf einer Bank, die Statue der Frau, die neben ihm saß, hat er entfernen lassen, nur eine Hand auf seiner Schulter ist von ihr übriggeblieben.
Mastaba des Sennefer, Gisa, Altes Reich, Kalkstein, Höhe 31,8 cm, Hildesheim, Pelizaeus-Museum

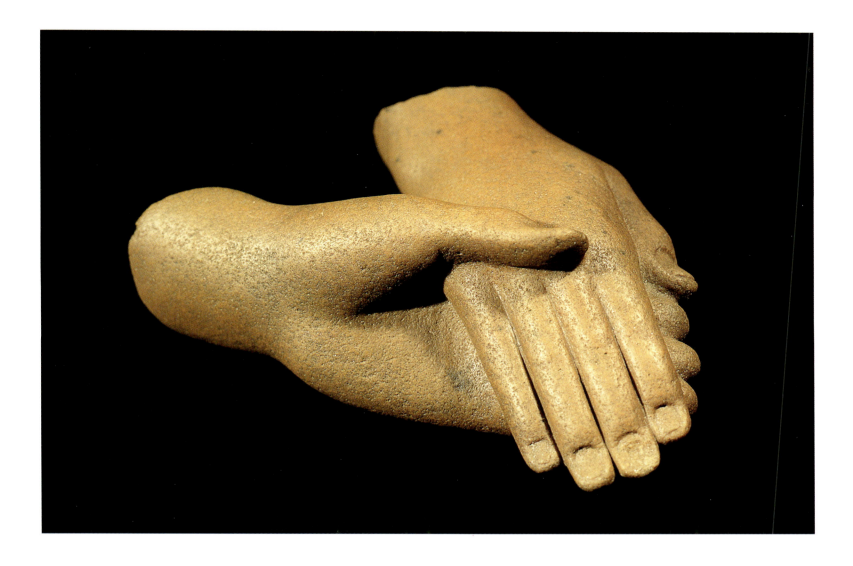

zahlreichen Kindern und einer liebenden Gattin. »Schätze den Wert deiner Frau«, steht in der Weisheitslehre des Ani, »es herrscht Freude, wenn deine Hand mit der ihren vereint ist!« Dieses Ideal halten zahllose Bilder und Statuen fest: Die Frau steht, mit eng zusammengestellten Füßen, dicht neben ihrem ausschreitenden Ehemann. Er signalisiert Aktivität und Energie, sie Ruhe und Geborgenheit, oft hat sie ihm den Arm in diskreter Zärtlichkeit um die Schultern gelegt. Er umfaßt sie nie, aber gelegentlich hält er sie an der Hand.

Von Zuwendung und ehelicher Gemeinsamkeit zeugen die beiden Hände, Fragment einer verlorenen Statuengruppe. Wahrscheinlich gehörten sie König Echnaton und Nofretete, deren Bildwerke mehr als sonst üblich Gefühle zur Schau stellten.
Aus Tell el-Amarna, 18. Dynastie, Sandstein, Höhe 9 cm, Berlin, Ägyptisches Museum

nebet-per = Herrin des Hauses

Freie Frauen in Pharaos Land?   119

In der Nähe der Macht

Selten findet man Frauen, die sich nicht an den Mann anlehnen, sondern allein und ebenso selbstbewußt vorwärts schreiten wie er. Es sind Mitglieder des Königshauses oder hohe Priesterinnen, wie zum Beispiel die Dame Imeretnebes aus dem Mittleren Reich. Sie trug den Titel »Ehrwürdige beim Gott Amun, Gemahlin und Hand des Gottes« und hatte die verantwortungsvolle Aufgabe, die Gottheit durch Masturbation zur Fruchtbarkeit anzuregen, und damit für die Fruchtbarkeit des Landes zu sorgen. Im Neuen Reich kam der »Gottesgemahlin« eine wichtige Rolle zu. Sie verfügte über riesige Besitztümer in Theben, wo die Priester des Amun einen Gottesstaat etabliert hatten und selbstherrlich regierten. Meist war sie eine Tochter des Königs, der im fernen Delta residierte, doch inwieweit sie Macht ausübte, ist unklar.

Hoheitsvoll blicken auch Gattin und Mutter des Königs unter der Geierhaube, doch sie definierten sich nur über ihn, hingen ab von seiner Gunst und konnten nur indirekten Einfluß ausüben. Die »Große Gemahlin« Amenophis' III. hieß Teje, und ihre Porträtbüsten verraten Charakter und Willensstärke. Tejes Sohn Echnaton, der religiöse Revolutionär, stellte seine Gattin Nofretete viel stärker als üblich in

Selbstbewußt wie ein Mann schreitet die Dame Imeretnebes aus. Sie war eine hohe Priesterin des Amun.
Holzstatue aus Theben, Mittleres Reich, 12. Dynastie, Höhe 48 cm, Leiden, Rijksmuseum van Oudheden

Teje besaß als »Große königliche Gemahlin« Amenophis' III. und Mutter Echnatons Einfluß. Ihr Porträtkopf zeigt die unüblich individualisierten Züge einer alternden, willensstarken Frau. Ihre Federkrone ist verloren.
Eibenholz, 18. Dynastie, Höhe 5 cm, Berlin, Ägyptisches Museum

Freie Frauen in Pharaos Land?

den Vordergrund, ließ sie – wie einen König – als Wagenlenkerin und beim Schlagen der Feinde darstellen. Ramses II. ließ seiner Lieblingsfrau Nefertari einen eigenen Tempel in Abu Simbel und ein besonders reich geschmücktes Grab bauen.

Doch Nofretete wie Nefertari waren keineswegs die einzigen Frauen ihres Königs, sie verschwanden plötzlich von der Bildfläche und wurden an der Seite des Pharaos sofort von einer anderen Gattin ersetzt, im Falle Echnatons sogar durch die gemeinsame Tochter. Alle drei hier erwähnten Pharaonen ehelichten die eigenen Töchter, und es gibt keinen Beweis, daß diese Ehen nicht vollzogen und nur aus dynastischen Gründen geschlossen wurden. Belegt ist zumindest der Vollzug der Ehe zwischen königlichen Geschwistern im Neuen Reich.

Einen riesigen Harem hielt sich Ramses II., aber nur seiner Hauptgemahlin Nefertari ließ er einen eigenen Tempel in Abu Simbel bauen. In ihrem Grab tritt sie majestätisch auf.
Wandmalerei aus dem Grab der Nefertari im Tal der Königinnen, Theben, 19. Dynastie

Mehr als andere Königinnen trat Nofretete an der Seite ihres Gemahls Echnaton in den Vordergrund. Unvollendete Köpfe aus einer Bildhauerwerkstatt in Tell el-Amarna machten sie als Ideal weiblicher Schönheit unsterblich.
18. Dynastie, Quarzit, Höhe 35,5 cm, Kairo, Ägyptisches Museum

Freie Frauen in Pharaos Land 121

Hatschepsut, die Frau, die als Mann regierte

Zwei Ausnahmefrauen gab es, Hatschepsut und Kleopatra VII. Aber während Kleopatra als Pharao die traditionelle Rolle der untergeordneten Frau weiterspielte, der Frau, die nur über Männer Macht ausüben kann, regierte Hatschepsut wie ein Mann – »einundzwanzig Jahre und neun Monate«, vermerkt der ägyptische Historiker Manetho, und seine Berechnung dürfte stimmen.

Wäre Hatschepsut als Mann geboren worden, wäre ihr die Macht in den Schoß gefallen, denn sie war eine Prinzessin, die einzige »legitime« Tochter von Thuthmosis I., dem zweiten Pharao der 18. Dynastie, und seiner Großen königlichen Gemahlin. Doch Frauen waren in Ägypten von der Thronfolge ausgeschlossen, und Hatschepsut wurde, wie es Sitte war, mit ihrem Halbbruder, einem Sohn des Königs und einer Nebenfrau, verheiratet, der dann als Thuthmosis II. den Thron bestieg. Als er starb, wurde sein achtjähriger Sohn, wiederum von einer Nebenfrau, zum Nachfolger bestimmt. Hatschepsut selbst hatte ihm nur eine Tochter, Nefrure, geboren. Für diesen Halbneffen, Thuthmosis III., sollte Hatschepsut die Regentschaft übernehmen, doch statt sich, wie andere ägyptische Regentinnen, im Hintergrund zu halten und mit seiner Großjährigkeit abzutreten, schob sie

hemef = seine Majestät

Dargestellt als Mann, bringt Königin Hatschepsut dem Gott Amun einen Wasserkrug dar. Einst blickte diese Statue von der Terrasse ihres Totentempels in Deir el-Bahari ins Wüstental, gefunden wurde sie in einer nahen Mergelgrube.
Aus Deir el-Bahari, Theben, 18. Dynastie, roter Granit, Höhe 75 cm, Berlin, Ägyptisches Museum

ihn beiseite. Um 1490 v. Chr., im siebten Jahr der nominellen Regierung Thuthmosis' III., ließ sie sich zum Herrscher ausrufen. Pharao Hatschepsut proklamierte: »Ich bin selbst ein Gott, der, was geschieht, bestimmt. Kein Ausspruch meines Mundes geht fehl.«

Ihren Staatsstreich unterstützten hohe Verwaltungsbeamte bei Hofe, die einen Machtkampf gegen das Militär führten. Die Armee hatte unter Hatschepsuts Vater großen Einfluß erlangt durch ihren Sieg über die Hyksos, die feindlichen Besetzer Nordägyptens. Das Militär wollte weiterkämpfen, verlangte nach einer Eroberungspolitik, die Beamten dagegen plädierten für den Verbleib in den traditionellen Grenzen. Hatschepsut hielt sich an die Beamten und förderte den Aufbau des verwüsteten Landes. Als nach zwanzigjähriger praktischer Alleinherrschaft Hatschepsuts wieder ein Feind, das Volk der Mitanni, Ägypten bedrohte, stellte sich der beiseitegeschobene, aber nicht etwa ermordete Thuthmosis III. an die Spitze des Heeres und verlangte die alleinige Macht. Die Königin verschwand, vielleicht wurde sie umgebracht. Ihr Grab im Tal der Könige blieb unbenutzt, ihre Mumie wurde nie gefunden. Der Nachfolger hat den Namen Hatschepsuts auf Stelen und Tempelwänden ausgelöscht, ihre Züge ausgekratzt, die Statuen zertrümmert oder umbenannt. Dies geschah wohl nicht, weil er Hatschepsut mit seinem Haß verfolgte, sondern weil in Ägypten ein weiblicher Pharao nicht der »richtigen« Weltordnung entsprach.

Die von anderen Darstellungen bekannten weiblich-attraktiven Züge der Alleinherrscherin zeigt auch dieses Fragment einer Götterstatue mit Königsbart. Auch sie stand auf der Terrasse ihres Totentempels.
Kopf der Hatschepsut, Deir el-Bahari, Kalkstein, Höhe 61 cm, Kairo, Ägyptisches Museum

ren = Name

Sie sollte vergessen werden: Ausmeißeln ließ Hatschepsuts Nachfolger Namen und Gestalt der Königin. Das Lebenswasser, das ihr die Götter Thoth und Horus spendeten, sollte ihr keine Dauer verleihen.
Relief im Sanktuar der Hatschepsut in Karnak, 18. Dynastie

Was von ihr bleibt

Vom Tag ihrer Machtergreifung an ließ sich Hatschepsut in betont männlicher Gestalt darstellen, mit nacktem männlichem Oberkörper, kurzem Schurz und Königsbart. Doch alle Statuen zeigen weibliche Züge, ein spitz zulaufendes Gesicht, leicht vorgewölbte Lippen, mandelförmige Augen. Das attraktive Herrscherantlitz diente den Bildhauern ihres Reiches als Modell, die meisten Statuen der Epoche sehen ihr ähnlich. Wie später Echnaton wirkte die Königin stilprägend und benutzte die Kunst als Mittel, um ihren Herrschaftsanspruch und ihre Legitimität zu betonen.
Eine Folge von (leider schlecht erhaltenen) Reliefs zeigt, daß Amun selbst sich ihrer Mutter, der Großen königlichen Gemahlin Ahmes, mit den Zügen des Gatten genähert hat. Nur an seinem Weihrauchduft, der bald auch ihren Körper durchzieht, erkennt die Königin den Gott. Der Beischlaf wird diskret dadurch angedeutet, daß beide nebeneinander auf einem Bett sitzen. Weitere Reliefs feiern Großtaten der Herrscherin: Herstellung, Transport und Aufstellung von zwei Obelisken in Karnak (einer steht, der andere liegt heute noch dort) oder eine Erkundungs- und Handelsfahrt, die im achten Jahr ins ferne Punt aufbrach, weil Amun nach seinem Lieblingsduft aus dem fernen Land verlangte. Das war ein Land am afrikanischen Ufer des Roten Meers, vielleicht im heutigen Eritrea. Von dort wurden Weihrauchbäume in Kübeln mitgebracht, unterwegs feuchtgehalten und wahrscheinlich vor dem Tempel von Deir el-Bahari eingepflanzt. Von der Bedeutung und Macht der Königin zeugt bis heute vor allem ihr »Haus für Millionen Jahre«, der Totentempel von Deir el-Bahari, im Westen Thebens. In einem weiten, sich nach Osten öffnenden Felsenkessel, in einer beeindruckenden Einöde aus Sand und Stein, steht er, halb in den Berg eingelassen, geweiht den Göttern Amun, Hathor und Anubis. Die Mittelachse von Hatschepsuts Tempel ist ausgerichtet auf den Amun-Tempel von Karnak, eine Ideallinie führt durch den Berg direkt auf ihr Grab im Tal der Toten. Doch vor allem steht er dort als unübersehbare Demonstration von Hatschepsuts eigener Größe. Mit der triumphalen Sphingen-Allee – imitiert von vielen Nachfolgern – bot der

Den Totentempel der Hatschepsut in Deir el-Bahari bei Theben in karger Wüstenlandschaft konnte ihr Nachfolger nicht vernichten: Ein sehr strenges, »männliches« Andenken an einen weiblichen Pharao.

Senenmut hieß der Baumeister, Minister und wohl auch Liebhaber der Königin. Dieser Porträtentwurf fand sich in seinem Grab, das er unter dem Totentempel der Königin anlegen durfte.
Ostrakon aus Deir el-Bahari, Höhe 9,5 cm, New York, Metropolitan Museum

Das Todesjahr des Senenmut – hier zusammen mit Hatschepsuts einziger Tochter – kennen wir nur aus dem Datum, das auf den Weinkrügen in seinem Grab verzeichnet war. Der mächtige Mann verschwand, zusammen mit seiner Königin, jahrtausendelang aus dem Gedächtnis der Menschen.
Statue des Senenmut mit Nefrure, schwarzer Granit, Höhe 60 cm, Kairo, Ägyptisches Museum

124 Freie Frauen in Pharaos Land?

Tempel einen idealen Rahmen für die Zeremonien einer ihre Legitimität betonenden Herrscherin.
Fast sofort nach ihrer Machtübernahme begann Hatschepsut mit dem Bau. Ihr Baumeister hieß Senenmut, er hat im Tempel versteckt viele Spuren hinterlassen, Porträts, Statuen, Inschriften mit seinem Namen. Senenmut war ein tüchtiger Minister, der Königin ergeben und wahrscheinlich ihr Liebhaber. Als besonderes Zeichen ihrer Gunst erhielt er die Erlaubnis, sich unter dem Tempel von Deir el-Bahari ein geheimes Grab anlegen zu lassen. Doch teilte der Diener jahrtausendelang das Schicksal seiner Herrin, ihre Namen wurden ausgemeißelt, ihre Gesichtszüge an den Wänden zerstört, sie sollten auch im Tode nicht sehen, hören, riechen, atmen und sprechen können. Länger als drei Jahrtausende hat diese »damnatio memoriae«, die Verdammung des Andenkens, gewirkt. Erst in unserem Jahrhundert haben Ägyptologen die Existenz der Königin und ihres Ministers wiederentdeckt.

Sehr junge, fast nackte Mädchen, »vollkommenen Leibes mit langen Locken und straffen Brüsten«, unterhielten die Gäste beim Festmahl. Sie tanzten oder musizierten, wie diese drei, mit Flöte, Harfe und Laute.
Grab des Schreibers Nacht, Theben Nr. 52, 18. Dynastie

Die Freuden des Herzens

Sechemech-ib = Freude des Herzens
ib = Herz =

Damit es auch im Jenseits dem Verstorbenen an gutem Essen nicht fehle, häufen sich vor ihm Bilder von Obst, Gemüse, Geflügel und Ochsenschenkeln. Unter dem Opfertisch stehen – gekühlt von grünen Blätterranken – Amphoren mit Wein.
Aus dem Grab des Nebamun, Theben Nr. 90, 18. Dynastie, London, British Museum

Eine der Grabkammern des Sennefer – Bürgermeister von Theben in der 18. Dynastie – gleicht einer Weinlaube. Die Decke ist bemalt mit braunen Ranken, olivfarbenen Blättern und fast schwarzen reifen Trauben. Sie sind gleichmäßig über die Decke verteilt und höchst kunstvoll stilisiert, ihre so harmonische Darstellung und die Erinnerung an schattige Lauben stimmen den Betrachter heiter.

Die Wände anderer Gräber sind mit Jagd- oder Festszenen geschmückt, mit Obst und Gemüse, Federvieh und Ochsenschenkeln auf Tischen gestapelt – die Häuser des Todes erzählen von den Freuden des Lebens. Gewiß zeigen sie auch die Begräbnisrituale, Götter sind gegenwärtig, aber zusammen mit den religiösen Bildern wird festgehalten, was die Toten im Leben liebten und im Jenseits weiter genießen wollten. Die sinnlichen Genüsse nehmen dabei viel Raum ein. Vielleicht besaßen die Ägypter auch mehr Zeit, sich ihnen hinzugeben, als andere Völker, denn die Flußoase war – wenn die Flut die Felder richtig bewässerte – äußerst fruchtbar, und Kriege wurden, da starke Nachbarn fehlten, relativ selten geführt. Von Askese und der willentlichen Abtötung des Fleisches, wie sie später christliche Einsiedler in der ägyptischen Wüste übten, war bei den alten Ägyptern keine Rede. Die Bilder in den Gräbern der Beamten, Priester und Handwerker und einige Papyrustexte zeigen, wie sehr sie die Freuden des Lebens genossen.

128 Die Freuden des Herzens

Farbiges Weinlaub an der Decke des Grabes erinnert an fröhliche Feste in schattigen Lauben und stimmt den Betrachter heiter.
Deckenmalerei im Grab des Sennefer, Theben Nr. 96, 18. Dynastie

Wohlriechende Blumen und Öle wurden im heißen Klima zum Festmahl angeboten. Die Dienerin des Herrn Djehuti gießt Parfum über die Hände eines Gastes.
Grab des Djehuti, Theben Nr. 45, 18. Dynastie

Der Herr der Nase

Genuß scheint bei den Ägyptern vor allem durch die Nase gegangen zu sein, so sehr, daß eine Nasen-Hieroglyphe in jenen Wörtern verwendet wird, die »Freude« und »sich freuen« bedeuten. Auch die Nähe der Götter kündigt sich an durch einen himmlischen Duft, »Schweiß Gottes« genannt. Durch die Nase empfangen die Ägypter von den Göttern den Lebenshauch, symbolisiert durch ein Henkelkreuz. Ständig wird in den Tempeln zu Ehren der Götter Weihrauch und Myrrhe verbrannt, »Himmel und Erde sollen mit Weihrauch überfließen«, befiehlt der Gott Amun der Königin Hatschepsut, woraufhin diese eine Expedition ausrüstet, um Weihrauchbäume zu holen.

Es gab sogar einen Gott, der besonders für Parfum zuständig war, Nefertem, der »Herr der Nase«. Dargestellt wurde er mit einer Lotosblüte auf dem Kopf. Diese Blume schmückt auf allen Darstellungen ägyptischer Bankette die Tische und Köpfe der Gäste, ihr Duft muß außerordentlich beliebt gewesen sein. Vielleicht wurde beim Duftgenuß auch nicht ganz vergessen, daß Lotos ein Symbol für die Auferstehung

Das Kosmetikkästchen von Frau Cha enthält verschiedene, in kostbaren Fläschchen verschlossene Duftöle. Diese raffiniert gemischten und besonders haltbaren Produkte waren im Ausland ein gefragter ägyptischer Exportartikel.
Aus dem Grab des Baumeisters Cha, Theben Nr. 8, 18. Dynastie, Turin, Museo Egizio

Ein kunstvoll geschnitzter Salblöffel, mit entenförmiger Schale, dargeboten von einer nackten Schwimmerin. Sowohl Schwimmerin wie Wasservogel galten als erotische Symbole.
Aus dem Fayum, 18/19. Dynastie, Holz, teils bemalt, mit Einlegearbeiten, Kairo, Ägyptisches Museum

ist, denn er blüht mit dem Sonnenlauf, schließt sich nachts, öffnet sich wieder am Morgen.

Man vermutet, daß der Geruchssinn in früheren Entwicklungsstadien des Menschen sehr viel mehr Informationen aufnehmen konnte als heute, und es ist möglich, daß auch die Ägypter intensiver und differenzierter riechen konnten, als es uns gegeben ist. Bei den Griechen galten sie als Parfumexperten, sowohl für raffinierte Mischungen wie für die Konservierung von Düften. Jene, »die am längsten halten, sind die ägyptischen«, berichtet Theophrast (ca. 372–287 v. Chr.), der griechische Philosoph. »Ein Parfumhersteller sagte, daß er ägyptisches Parfum acht Jahre in seinem Laden gehabt habe ... und daß es noch in gutem Zustand sei, tatsächlich sogar besser als frisches Parfum.«

Fixiert wurden die Düfte in Salben, Ölen, verpackt in kunstvoll gestalteten Salbtöpfchen und Tiegeln. Destillation in Alkohol war noch unbekannt. In den »Salbenküchen« einiger Tempelanlagen halten Hieroglyphen an den Wänden Duftrezepte fest, aber bislang kann man die Zutaten nicht identifizieren.

130 Die Freuden des Herzens

reschut = Freude

 = Nase, Duft, Freude

Wohlgerüche spielten eine so große Rolle, daß für Parfum und Salben ein eigener Gott, genannt »Herr der Nase«, zuständig war. Er trug auf dem Kopf eine duftende Lotosblüte.

Grab des Haremhab, Tal der Könige, Theben, 18. Dynastie

Weihrauch unter den Achseln, Salbkegel auf dem Haar

Wegen des trockenen Wüstenklimas galt der Gebrauch von Salben und Fetten zur Pflege von Haut und Haaren als Grundbedürfnis, das gleich nach Essen und Trinken kam. In dem Handwerkerdorf Deir el-Medina gehörten Salben mit zum Arbeitslohn. Arme Leute benutzten Rizinusöl, die Reichen Duftöle, deren Herstellung bis zu sechs Monate gedauert haben soll. Sieben Salbenarten, »heilige Öle«, wurden besonders gerühmt, sie trugen Namen wie »Festlicher Duft« oder »Syrischer Balsam« oder auch »Bestes libysches Zedernöl«.

Einerseits wichtig für die Gesundheit, andererseits sinnlicher Genuß – der Weise Ptahhotep (ca. 2300 v. Chr.) rät dem Ehemann, seine Frau nicht nur mit Nahrung und Kleidung zu versorgen, sondern auch mit Salben: »als Heilmittel für die Glieder, ... damit erfreue ihr Herz in der Zeit ihres Lebens.« Als eine Art Deodorant dürfte »frischer Weihrauch an ihren Achseln« gewirkt haben. Bei festlichen Essen setzten

Beim Bankett trugen die Gäste aromatisierte Salbkegel auf dem Haar. Diese schmolzen langsam in der Hitze, verbreiteten einen angenehmen Duft und verliehen der aufwendigen Frisur Glanz und Halt.
Unvollendete Malerei aus dem Grab des Neferupet, Theben Nr. 43

merehet = Salbe

Die Freuden des Herzens

Auch Männer schminkten ihre Augen, groß und mandelförmig sollten sie sein. Das zeigt das Ostrakon mit dem Entwurf eines unbekannten Künstlers für das Porträt eines Königs im Profil.
Kalksteinscherbe aus dem Grab Ramses' VI., Tal der Könige, 20. Dynastie, Kairo, Ägyptisches Museum

Die in fantasievollen Schalen aufbewahrten Salben und Öle dienten nicht nur der Verschönerung. Sie waren unentbehrlich für die Hautpflege im trockenen Wüstenklima.
Schminkbehälter aus Elfenbein, 18. Dynastie, Länge 13 cm, Turin, Museo Egizio

sich Männer und Frauen aromatisierte Salbkegel auf das Haar, ein festes, wohlriechendes Öl, das schmelzend dem Haar oder der Perücke Glanz verlieh und gleichzeitig einen angenehmen Duft verbreitete. »Mein Glück wäre es«, schwärmt ein Jüngling, im Dienste der Geliebten »die Salben aus ihrem durchsichtigen Gewand herauszuwaschen.« Männer wie Frauen haben ihre Augen stark geschminkt, groß und mandelförmig und mit wechselnden Farben: grün im Alten Reich, schwarz im Neuen Reich und wohl auch unterschiedlich getönt je nach Jahreszeit. Auch die Götterstatuen in den Tempeln wurden geschminkt. Wie wichtig der Augenschmuck war, geht aus dem »Nilhymnus« hervor, ausdrücklich wird dort erwähnt, daß in Zeiten der Not »weder Augenschminke noch Salbe« zu bekommen sei. Die Körperpflege scheint für viele nicht nur ein Akt der Hygiene, sondern auch der Lust gewesen zu sein. Mitglieder der Oberschicht besaßen bereits in der 2. Dynastie Badezimmer mit Duschanlagen und Spiegeln. Nach dem Essen wurden Schüsseln mit Wasser gereicht zum Reinigen der Hände. Zur Lust dürfte gelegentlich der Stolz auf die eigene besonders hohe Kultur gekommen sein: Für die Ägypter

Die Freuden des Herzens

waren alle anderen Völker »Elende«, nur in ihrem eigenen Land, meinten sie, ließ es sich gut leben. Davon erzählt auch der Bericht eines ägyptischen Beamten am Ende des Mittleren Reiches. Sinuhe hieß er und mußte aus Ägypten fliehen, konnte aber nach Jahren im Ausland zurückkehren. Wie freute er sich über Badezimmer mit Spiegeln und »erlesenen Parfums«: »Mein Körper wurde um Jahre erleichtert. Ich war rasiert, mein Haar gekämmt, ich war in feines Leinen gekleidet, ich war gesalbt mit feinen Ölen …«

Auf dieser Rasierklinge stehen Titel und Namen des Besitzers: »Vertrauter und Kammerherr des Königs, Merireseneb«.
Altes Reich, 6. Dynastie, Kupfer, 8 x 3,5 cm, Berlin, Ägyptisches Museum

Miniaturnachbildung einer Kanne, die zusammen mit einer Schale zum Händewaschen benutzt wurde.
Aus dem Grab von Königin Hetepheres, Gisa, Altes Reich, 4. Dynastie, Gold, Höhe 5,2 cm, Kairo, Ägyptisches Museum

Hygiene und Körperpflege hatten einen besonders hohen Standard: Die ägyptische Oberschicht verfügte über Badezimmer mit Duschanlagen und Annehmlichkeiten wie diesen hölzernen »Klosettstuhl«.
Aus dem Grab des Cha in Deir el-Medina, Theben Nr. 8, 18. Dynastie, Turin, Museo Egizio

Die Freuden des Herzens

Wein wurde vor allem im Nildelta in Lauben angebaut. Die Winzer füllten ihn in sorgfältig beschriftete und mit Jahreszahl versehene Tonkrüge und verschifften diese auf dem Nil durchs ganze Reich.
Malerei im Grab des Chaemwaset, Theben Nr. 261, 18. Dynastie

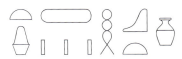

ta henket = Brot, Bier

Brot und Bier

Nationalgetränk der Ägypter war ein dickes Bier, zusammen mit Brot bildete es die Grundlage der Ernährung. Da es nicht haltbar war, mußte Bier in allen Haushalten fortwährend frisch gebraut werden. Dafür wurde zerstoßenes Getreide angefeuchtet und in Stücken leicht gebacken, dann in großen Bottichen zertreten und gegärt, anschließend durch ein Sieb gestrichen. Hopfen war unbekannt.

Wer sich Luxus leisten konnte, trank Wein, angebaut wurde er an laubenartigen Konstruktionen auf dem flachen Land, vor allem im Delta. Die Ägypter liebten ihn süß, »süßer als Honig«. In einem Text aus der 19. oder 20. Dynastie lesen wir von einem Mann, der sich in Ramses-Stadt (im Delta) einschifft mit 1500 versiegelten Krügen Wein und mit 100 Krügen mit verschiedenen Likören. Man kann daraus schließen, daß es einen ausgedehnten Weinhandel gab. Wie differenziert die Ansprüche in den obersten Kreisen waren, zeigen Funde aus dem Grab des Pharaos Tutanchamun:

Die Freuden des Herzens

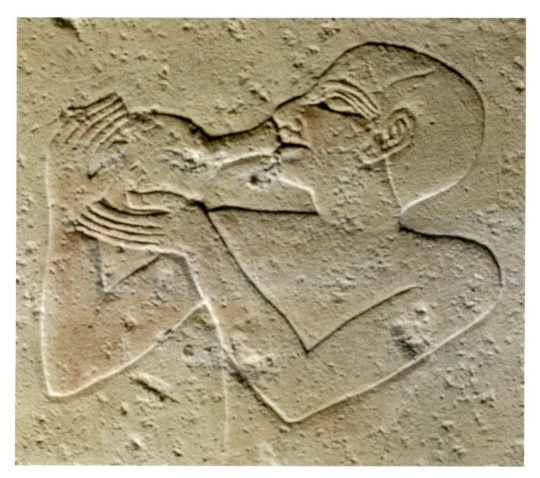

Wein konnte sich ein einfacher Arbeiter nur selten leisten. Bei der Ernte auf dem Feld trinkt er Wasser aus einer Tonflasche. Aber sein Alltagsgetränk war das dickflüssige, nahrhafte Bier.
Relief aus der Mastaba des Hetepherachti, Sakkara, Altes Reich, 5. Dynastie, Leiden, Rijksmuseum van Oudheden

Ägypten war ein »Geschenk des Nils«, und der Fluß schenkte den Ägyptern auch seine Fische. Auf den Tellern lagen sie viel öfter als Fleisch.
Malerei im Grab des Menena (Detail), »Feldschreiber« von Thuthmosis III., Theben Nr. 69, 18. Dynastie

Zu den wenigen Nahrungsmitteln, die die Jahrtausende überstanden haben, gehören diese Brote aus dem Grab des Baumeisters Cha.
Aus dem Grab des Cha, Theben Nr. 8, 18. Dynastie, Turin, Museo Egizio

26 Weinkrüge mit Jahrgangsbezeichnung, Herkunftsort und Namen des Winzers. Da stand etwa: »Jahr vier (von Tutanchamuns Regierung, also 1329 v. Chr.), süßer Wein aus dem Haus (Tempelbesitz) des Aton – Er lebe, bleibe heil und gesund! – vom westlichen Ufer, Oberwinzer Apereshop.« Der Inhalt der Krüge ist bedauerlicherweise völlig eingetrocknet.

Was die Ägypter gerne aßen, zeigen die gemalten Opfertische an den Wänden der Gräber. Da stapeln sich Gemüse und Obst: Zwiebeln, Knoblauch, Lauch, Gurken, Feigen, Datteln, Melonen, Trauben, in der Spätzeit auch Äpfel, Granatäpfel und Oliven. Daneben liegen Gänse, Tauben, Kraniche. Rindfleisch erscheint meist als Ochsenschenkel. Da die Ägypter Fleisch nicht konservieren konnten, mußten geschlachtete Tiere in wenigen Tagen verspeist werden. Im Handwerkerdorf Deir el-Medina gab es eine Fleischzuteilung nur an höchsten Feiertagen, und zwar von im Tempel den Göttern geopferten Tieren.

Eine echte, vollständige Mahlzeit, statt einer gemalten, fanden Archäologen in einem Grab in Sakkara. Aus den vertrockneten Resten konnten Chemiker (bis auf zwei Gerichte) das gesamte Menü rekonstruieren. Da wurde auf Tongeschirr serviert: Brot, Gerstenbrei, ein gekochter Fisch, eine gekochte Wachtel (mit dem Kopf unter dem Flügel), Taubenragout, zwei gekochte Nieren, Rippen und Schenkel vom Ochsen, dann Beeren, gedünstetes Obst (wahrscheinlich Feigen), mit Honig gesüßte kleine runde Kuchen, mehrere Käsesorten. Daneben stand ein großer Krug mit Wein. Für das Jenseits aufgetischt wurde die üppige Mahlzeit einer Frau aus der 2. Dynastie vor mehr als 5000 Jahren.

Die Chemiker können nichts Genaueres über die Kochrezepte sagen, und die Ägypter selbst haben kein einziges hinterlassen. So wissen wir zwar, daß sie 35 verschiedene Brot- und Kuchenarten kannten, und können daraus schließen, daß die Abwechslung bei den Backwaren zu den kleinen Freuden des Alltags gehörte, aber wie sie geschmeckt haben, wissen wir nicht.

136 Die Freuden des Herzens

Die Freuden des Herzens 137

Geselligkeit und Liebe

Die Ägypter aßen dreimal am Tag. Am Morgen nahmen sie ein »Mundwaschung« genanntes Frühstück zu sich, meist jeder für sich. Zum Mittagessen und besonders zum »Sternenaufgang« genannten Abendessen traf man sich mit der Familie oder auch mit Freunden.
Ein fröhliches Beisammensein gehörte zu den Freuden des Lebens, gemalte Gastmäler in den Gräbern bezeugen es. »Das Herz erfreuen, in Freude jubeln, an Gutem teilnehmen, eine Lotosblüte an der Nase und Myrrhe als Salbe auf dem Scheitel«, steht neben dem Festbild im Grab des Wesirs Rechmire. Es wurde groß aufgetischt und kräftig getrunken. »Genieße den Tag«, sang der blinde Harfner den Tafelnden, »während die Frau deines Herzens bei dir sitzt.«
Die Grabmalerei war in der Darstellung von Liebe und Erotik sehr diskret, nur der um Schulter oder Rücken des Mannes gelegte Arm der Frau (nie umgekehrt!) gibt einen Hinweis. Vielleicht wurde das Harfenspiel junger Mädchen als Vorspiel zum »Schäferstündchen« gesehen, wahrscheinlich assoziierten die Ägypter erotische Vergnügen mit gemalten Lauben oder mit Jagdszenen im Schilfdickicht in Begleitung von Frauen. Eindeutige Darstellungen fehlen in den Grabkammern.
Anders verhält es sich mit den Bildern, die vermutlich zum Vergnügen der Maler und ihrer Freunde entstanden. Ein im Turiner Museum aufbewahrter Papyrus, Tonscherben mit Skizzen oder kleine Tonfiguren zeigen, daß auch damals der erotischen Phantasie keine Grenzen gesetzt waren. Doch sind dies Darstellungen außerhalb der offiziellen Kunst mit ihren strengen Formgesetzen. Auf Tempelwänden sieht man höchstens den erigierten Penis des Gottes Min, unter

Fröhliche Geselligkeit zählte zu den Freuden des Lebens: Die Dame May legt ihren Arm zärtlich um die Schultern ihres Gatten Amenhotep, hoher Beamter und Bruder des Gastgebers, des Wesirs Ramose.
Relief im Grab des Ramose, Theben Nr. 55, 18. Dynastie

Vermutlich zum eigenen Vergnügen modellierten Künstler so eindeutig erotische Darstellungen. Als Grabbeigaben fehlen sie, wohl aus Furcht, sie könnten außer Kontrolle geraten.
Kairo, Ägyptisches Museum

Die offizielle, hochstilisierte Tempelkunst zeigt kaum Geschlechtsorgane. Nur der Fruchtbarkeitsgott Min und der von den Toten auferweckte Osiris treten mit erigiertem Penis auf.
Relief in der »Weißen Kapelle« von Sesostris I., Karnak, 12. Dynastie

Eine Frau hockt auf dem Bett neben ihrem Mann und spielt Harfe – ein diskreter Hinweis auf sexuelle Freuden.
Grab des Mereruka, Sakkara, Altes Reich, 6. Dynastie

dessen Schutz alle Formen der Fruchtbarkeit standen. In der Literatur nehmen Liebe und Sexus einen breiteren Raum ein als in der Malerei, es gibt viele Liebeslieder, in denen nicht nur Schmerz und Sehnsucht besungen werden, sondern auch Glück und Rausch. Daneben sind Beschreibungen überliefert wie diese: »Du sitzt in der Schenke, umgeben von Dirnen, du willst zärtlich werden und dich vergnügen. Du weilst bei den Mädchen und bist in Öl getaucht, einen Kranz Mäusekraut um den Hals, und du trommelst auf deinen Bauch!«

Bauchtrommeln galt als Zeichen für hemmungsloses Ausgelassensein. Wie in anderen Kulturen auch, werden die erotischen Vergnügungen fast immer aus der Perspektive des Mannes dargestellt. So rät in einem Märchen ein Priester dem sich langweilenden König Snofru: »Möge deine Majestät sich zum See des Palastes begeben. Bemanne dir ein

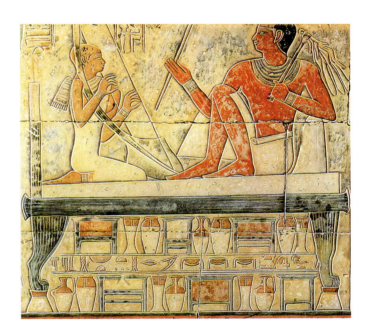

Die Freuden des Herzens 139

Zwei Königskinder beim Spaziergang im Garten: Die beiden blicken einander in die Augen, sie reicht ihm Blumen. Eine so unverschlüsselte Darstellung zärtlicher Gefühle ist nur in der kurzen Regierungszeit des Echnaton zu finden.
Reliefbild eines Königspaares, Künstlerskizze auf Kalkstein, Amarna, 18. Dynastie, 25 x 20 cm, Berlin, Ägyptisches Museum

Boot mit allen Schönen deines Palastinneren. Das Herz deiner Majestät wird sich erquicken, wenn du sie auf und ab rudern siehst, und wenn du die schönen Vogelnester deines Sees erblickst und die umliegenden Gefilde und lieblichen Gestade, wird dein Herz sich erheitern.« Der Priester läßt also »zwanzig Frauen holen, die noch nicht geboren haben, mit makellosem Körper und junger Brust und Zopffrisur«, gibt ihnen »Perlennetze anstatt ihrer Kleider ... Sie ruderten auf und ab, und dem Herzen seiner Majestät tat es wohl, sie rudern zu sehen.«

Bei den gemalten Gastmählern bedienen gleichfalls nackte Mädchen, »die noch nicht geboren haben«, und kaum bekleidete Musikantinnen begleiten junge Tänzerinnen bei akrobatischen Übungen. Die Freude der Ägypter an schönen Körpern ist unübersehbar. Auch bei öffentlichen Prozessionen traten Akrobatinnen und Tänzerinnen der Liebesgöttin Hathor auf, nur bekleidet mit einem kurzen, vorne abgerundeten Schurz.

»Ich war einer, der die Trunkenheit liebte, ein Herr des schönen Tages«, steht auf dem Sarg des Osiris-Priesters Wennefer, er schwärmt von »Tanzmädchen, ... von mit Schleiern bekleideten Frauen vollkommenen Leibes mit langen Locken und mit straffen Brüsten ... Ich folgte meinem Herzen in den Garten und durchstreifte die Vogelteiche nach Lust und Laune ...«, und er möchte so weitermachen.

So, wie die Ägypter hofften, die Freuden des Lebens mit ins

Zu den Metaphern für eine erotische Beziehung zählte wohl auch die Jagd im Papyrusdickicht in weiblicher Begleitung.
Wandmalerei aus dem Grab des Nebamun, Theben Nr. 90, 18. Dynastie, London, British Museum

Jenseits zu nehmen, war ihnen offensichtlich umgekehrt auch die Bedrohlichkeit des Jenseits im Diesseits bewußt. So erzählt Herodot, der allerdings Ägypten erst zur Zeit des Niedergangs besuchte, bei Gastmählern »trägt nach der Tafel ein Mann ein hölzernes Bild einer Leiche, in einem Sarge liegend, herum. Es ist aufs beste geformt und bemalt ... Er hält es jedem Zechgenossen vor und sagt: ›Den schau an und trink und sei fröhlich! Wenn du tot bist, wirst du, was er ist!‹«

Tänzerinnen und Akrobatinnen unterhielten die Festgäste. Sie präsentieren ihre schlanken, fast nackten Körper, »die noch nicht geboren haben«. Ein anonymer Künstler zeichnete auf einem Ostrakon ein langhaariges, graziles Mädchen beim Rückwärtsüberschlag.
Aus Theben, 19. Dynastie, Kalkstein, bemalt, 10,5 x 16,8 cm, Turin, Museo Egizio

merut = Liebe

Die Freuden des Herzens   141

Anubis, der schakalköpfige Nekropolengott, beugt sich über die Mumie. Ähnliche Bilder finden sich in vielen Gräbern. In Wirklichkeit sorgten spezialisierte Priester für die sachgemäße Konservierung des Leichnams und die dazugehörigen magischen Riten.
Grab des Nebenmaat, Grabarbeiter aus Deir el-Medina, Theben Nr. 219, 20. Dynastie

Mumien: Überlebenstechniken

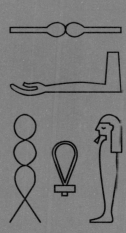

sah = Mumie

Fast 3000 Jahre hatte Pharao Ramses II. unbeschadet überstanden, dank ägyptischer Balsamierungskunst und Aufbewahrung in der Wüste. Wenige Jahrzehnte im Museum drohten die Mumie zu zerstören. Französische Wissenschaftler konnten sie retten.
Kairo, Ägyptisches Museum

Der Wunsch eines jeden Ägypters war es, als Mumie auf dem Rücken des Stieres Apis zum Totengott Osiris getragen zu werden. Die Hieroglyphen nennen als Stifter der Stele Nesamun, Priester des Gottes Month in Theben.
Totenstele, Wien, Kunsthistorisches Museum

Leicht wie ein ausgeblasenes Ei und hart wie eine Statue, so sagen Experten, sei die perfekte Mumie. Als »Körper für die Ewigkeit« sollte sie »Millionen von Jahren« überdauern. Uns heute konfrontieren die sterblichen Überreste der Ägypter mit der Vergänglichkeit des Menschen und dem uralten Wunsch, ihr zu entgehen.

Die Mumifizierung war vom Jenseitsglauben der Ägypter bestimmt: Damit die im Tode freigewordene Seele einen Platz hatte, zu dem sie zurückkehren konnte, sollte der Körper erhalten bleiben: »Ich werde nicht zerfallen«, steht auf einem Sarg, »mein Leib wird nicht von den Würmern gefressen … er ist von Dauer, er wird nicht vernichtet in diesem Lande in Ewigkeit.« Daß in den siebziger Jahren unseres Jahrhunderts die berühmteste aller Mumien, die des Pharaos Ramses II., schließlich doch zu zerfallen drohte, lag allein an den Klimabedingungen im Kairoer Museum, nicht an jenen exzellenten Spezialisten, die ihn um 1212 v. Chr. behandelt hatten. Damals war die ägyptische Balsamiertechnik, nach jahrtausendelangem Experimentieren, auf ihrem Höhepunkt.

Eine Goldmaske schützte Kopf und Brust der Mumie von Tutanchamun, als seine Entdecker den innersten Sarg öffneten und fotografierten. Ein Kragen aus Blumenkränzen schmückte den jung verstorbenen König.
Foto von 1923

Leicht wie ein ausgeblasenes Ei und hart wie eine Statue sollte eine perfekte Mumie sein.
Hüllenlose Mumie eines Knaben, Leiden, Rijksmuseum van Oudheden

Mumien: Überlebenstechniken

Bis zu 70 Tage dauerte die Präparierung einer Mumie in der teuersten Ausführung. Gearbeitet wurde in Balsamierungshallen in der Nähe des Nils.

Sargwanne des Amunpriesters Djedheriuefanch, aus Theben, Dritte Zwischenzeit, Kairo, Ägyptisches Museum

Am Platz der Reinheit

Bevor diese Technik entwickelt wurde, pflegten die Ägypter ihre Toten in eine Matte oder Tierhaut zu wickeln und im Sand zu begraben. Dank der Hitze und der Ventilation durch den Wüstenwind trockneten viele von ihnen aus, bevor die Verwesung einsetzen konnte. Diese natürliche Konservierung wollten sie später künstlich nachahmen. 70 Tage dauerte die Einbalsamierung, und sie wurde abseits der Wohnstätten am westlichen Ufer des Nils durchgeführt. Zunächst in luftigen Zelten nahe am Ufer, denn zum Waschen der Körper benötigte man Wasser – auf einigen Mumienrücken kleben noch heute Reste von Flußpflanzen. Dann in Balsamierungshallen, die »Schönes Haus« oder »Haus der Reinheit« hießen. Durchgeführt wurden die Arbeiten von Priestern, die mit der Mumifizierung auch mystisch-religiöse Handlungen vollzogen. Sie trugen dabei, will man den Darstellungen glauben, Masken, die dem Kopf des schakal- oder hundeköpfigen Totengottes Anubis nachgebildet waren. Zum Schutzgott der Nekropolen hatten die Ägypter mit Bedacht jenes Tier gewählt, das nachts dort herumstreunte und die Toten auszuscharren drohte; sie hofften, es auf diese Weise freundlich zu stimmen. Das einzige erhaltene Exemplar einer Anubismaske besteht aus Ton und verfügt über Sehschlitze. Vielleicht diente sie auch als Atemschutz.

Weil die Balsamierer manchmal nachlässig waren und Werkzeuge (und einmal eine Maus) in der Mumie vergaßen, kennen wir ihre Arbeitsinstrumente: kupferne Haken, Pinzetten, Spatel, Löffel, Nadeln und Ahlen mit Gabelknopf zum Öffnen, Leeren und wieder Verschließen des Körpers, nebst einem Topf mit Tülle zum Eingießen des warmen Salböls.

Haben die Totenpriester diese Maske bei der Arbeit am toten Körper als Atemschutz benutzt und sich damit in den schakalköpfigen Totengott verwandelt? Möglicherweise diente dieses einzig erhaltene 8 kg schwere Exemplar auch nur als Vorlage für leichtere Masken aus Kartonage.
Anubismaske aus Ton, Herkunft unbekannt, Spätzeit, Höhe 40 cm, Hildesheim, Pelizaeus-Museum

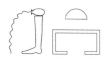

wabet = Stätte der Reinheit

Zwei Löwen als kleiner Balsamierungstisch, er diente zur Präparierung der Eingeweide. Blut und Flüssigkeiten konnten in den von den Löwenschweifen gehaltenen Napf abfließen.
Aus Sakkara, Altes Reich, Kalzit, Länge 89 cm, Höhe 38 cm, Kairo, Ägyptisches Museum

Ein Augenzeuge berichtet

Die Technik des Einbalsamierens haben die Ägypter nicht schriftlich festgehalten, wie sie auch sonst technische Vorgänge wie den Pyramiden- und Grabbau (oder Kochrezepte) nicht notiert haben. Wir sind auf die Beschreibungen eines Ausländers angewiesen, des wißbegierigen Griechen Herodot. Nachdem, so Herodot, allgemeines Klagen über den Toten angestimmt worden war, brachte man die Leiche zu Leuten, die das Einbalsamieren berufsmäßig betrieben. Die »zeigen nun hölzerne auf verschiedene Art bemalte Leichname zur Auswahl vor«, preiswerte und teurere. Hatte man sich für eine entschieden und den Preis vereinbart, kehrten die Angehörigen heim, und die Balsamierer machten sich an die Arbeit.

»Die vornehmste Art ist folgende: Zunächst wird mittels eines eisernen Hakens das Gehirn durch die Nasenlöcher herausgezogen ... Dann macht man mit einem scharfen äthiopischen Stein einen Schnitt in die Weiche und nimmt die ganzen Eingeweide heraus. Sie werden gereinigt, mit Palmwein und dann mit geriebenen Spezereien durchgespült. Dann wird der Magen mit reiner geriebener Myrrhe ... gefüllt und zugenäht.« Anschließend wird die Leiche in eine Natronlauge gelegt, dort bleibt sie 70 Tage. »Sind sie vorüber, so wird die Leiche gewaschen, der ganze Körper mit Binden aus ... Byssosleinwand umwickelt und mit Gummi bestrichen, was die Ägypter an Stelle von Leim zu verwenden pflegen. Nun holen die Angehörigen die Leiche ab, machen einen hölzernen Sarg in Menschengestalt und legen die Leiche hinein. So eingeschlossen, wird sie in der Familiengrabkammer geborgen ...«

Der Balsamierungsvorgang war lange ein streng gehütetes Geheimnis. Dieser Sargdeckel aus der Spätzeit zeigt ihn in mehreren Szenen. Sie werden von unten nach oben gelesen. Auf der Unterseite des Sarges: Die elegante Gestalt der Imentet, der Schutzgöttin der Grabstätten.
Deckel und Unterseite des Sarges des Djedbastetiuefanch, Ptolemäerzeit, Sykomorenholz mit stuckgetränktem Leinwandüberzug, Hildesheim, Pelizaeus-Museum

keres = Sarg

Auch im Grab vom Pharao Tutanchamun wachte Anubis: In einem Vorraum lag er auf einem Schrein, schwarz lackiert, mit Gold und Edelsteinen geschmückt.
Holzstatue aus dem Grab des Tutanchamun, Tal der Könige, Theben, 18. Dynastie, Höhe 118 cm, Kairo, Ägyptisches Museum

Mumien: Überlebenstechniken 149

Herodot beschreibt auch eine einfachere Balsamierungsmethode. Bei ihr wird der Körper nicht aufgeschnitten, sondern durch den After mit Hilfe einer Klistierspritze mit Zedernöl gefüllt, das die Eingeweide zersetzt. Wissenschaftliche Untersuchungen haben die Angaben des Herodot weitgehend bestätigt. Ihr Fazit: Am vierten Tag nach dem Tode begannen die Balsamierer ihre Arbeit, die Austrocknung durch Chemikalien dauerte 52 Tage, und für das Wickeln waren 16 Tage angesetzt, dann wurde die Mumie in den Sarg gelegt und nach drei Tagen bestattet. Natronlauge, von der Herodot berichtet, haben die Balsamierer aber nur in der Frühzeit verwendet. Ab dem Mittleren Reich benutzten sie das wirksamere Natronpulver. Diese Chemikalie ($Na_2 CO_3 + NaHCO_3$), fand sich in Ägypten reichlich im Wadi Natrun, einem Wüstental, das dem Natron seinen Namen gab. Um die Leiche wurde ein mehrfaches ihres Körpervolumens von diesem Pulver angehäuft, das man, mit allerdings nachlassender Wirksamkeit, mehrmals verwenden konnte. Säcke mit Natronpulver haben sich in den Grabkammern gefunden und sind gelegentlich auch auf Bildern unter dem Balsamiertisch zu erkennen.

Die genaue Zusammensetzung der Substanz, die Herodot »Gummi« nennt, des Salböls, mit dem die Binden imprägniert wurden, ist noch ungeklärt, weil die verschiedenen

Darstellung auf dem Sarg des Djedbastetiuefanch: Erste Szene: Reinigungspriester gießen verschiedene Flüssigkeiten als Vorbereitung zur Balsamierung über den nackten Körper.

ut = Balsamierer
◯ = Eiterbeule (»Ekelzeichen«)

Mumien: Überlebenstechniken

Ingredienzien im Lauf der Jahrtausende miteinander chemische Verbindungen eingegangen sind. Es handelt sich um pflanzliche Öle, vermischt mit wohlriechenden Pflanzenharzen (Koniferenharz, importiert aus dem Libanon, Weihrauch und Myrrhe). Sie wirkten pilztötend und antibakteriell, machten den ausgeräumten, entwässerten und leicht gewordenen Körper hart, verklebten ihn aber gelegentlich auch mit dem Sargboden. So etwa bei Tutanchamun. Als man unter seinem Körper das Salböl wegmeißelte, zerbrach die Mumie in viele Teile.

Die kunstvoll gewickelten Binden wurden von Textilforschern untersucht: Bis zu 375 Quadratmeter Leinen haben sie bei einer Mumie gemessen, eine Vorliebe für die Farben Rot oder Rosa konstatiert und herausgefunden, daß keineswegs immer neues Leinen verwendet wurde. Sie vermuten, daß es in den meisten ägyptischen Häusern eine Truhe mit abgelegten, zum Teil sorgfältig gestopften Kleidern gab, aus denen man bei Bedarf Mumienbinden fertigte. »Der so viel feines Leinen besaß«, sagt eine alte Totenklage, »… der schläft jetzt in abgelegten Kleidern von gestern.«

Zweite Szene: Der nackte Körper liegt auf dem löwenfüßiger Balsamiertisch, ein Priester mit Anubismaske hält Binden in den Händen, um mit dem Einwickeln zu beginnen, hinter ihm seine Assistenten.

Dritte Szene: Unter der fertig gewickelten Mumie stehen die Kanopenkrüge mit den Eingeweiden. Wie immer beugt sich zum Abschluß in stereotyper Haltung der Priester oder Anubis selber über sein Werk.

Mumien: Überlebenstechniken

Zauber unterstützt die Technik

Die Mumien des Alten und des Mittleren Reiches besitzen nur noch wenig Körpergewebe und zerfallen beim Auswickeln mehr oder weniger zu Staub. Für die Technik des perfekten Balsamierens, wie wir sie von den Mumien des Neuen Reiches kennen, ist Ramses II. das berühmteste Beispiel. Arme Leute wurden natürlich nach wie vor in eine Ochsenhaut gehüllt und in der Wüste vergraben.

Die Vornehmen bestattete man anfangs in einem kastenförmigen Sarg, der in einen steinernen Sarkophag gelegt wurde, »Herren des Lebens« genannt. Im Mittleren Reich begann man, die Holzsärge menschenförmig zu gestalten, ihre Anzahl zu erhöhen, über das Gesicht der Mumie legte man eine Maske aus stuckiertem Leinen, die jedoch keine Porträtähnlichkeit hatte, sie wird erst in römischer Zeit angestrebt. Die so mehrfach geschützte Mumie liegt schräg auf der Seite, damit sie nach Osten blicken kann, dorthin, wo die Lebenden wohnen. Die Augen, die auf eine Seite des äußeren Sarges gemalt sind, öffnen ihr den Ausblick, vorausgesetzt, jemand wie der Zeichner Neferhotep in Deir el-Medina sprach beim Malen die richtigen magischen Formeln.

Denn so sehr die Ägypter sich auch um die Technik der Konservierung des Körpers bemühten, um eine saubere Ausweidung des Leichnams, um die Chemie, Natron, Harze, Öl und um eine raffinierte Wickeltechnik zur Bewahrung der Körperform, dieser chemisch-technische Aspekt der Mumifizierung war nur ein Teil der Prozedur, völlig unwirksam ohne Unterstützung durch die geheime Kunst der Magie. Während der 70 Tage der Balsamierung – deren Dauer eher religiöse als technische Gründe hatte – wachte der Oberpriester darüber, daß jeweils die richtigen Sprüche vorgelesen, die passenden Rituale vollzogen wurden. Er sprach die

Magische Kräfte schrieb man den Amuletten zu, die mit den Mumien zusammen eingewickelt wurden. Das »Udjat-Auge« (Udjat = heil, unbeschädigt) sollte Unheil vom Toten abwenden.
Spätzeit, Hildesheim, Pelizaeus-Museum

Ein vierfaches Udjat-Auge.
Spätzeit, Hildesheim, Pelizaeus-Museum

Das Herz galt als Zentrum der Persönlichkeit, als Sitz von Willen und Verstand und wurde von den Göttern im Jenseits gewogen. Bei dieser Prüfung sollte das rote Herzamulett helfen.
Hildesheim, Pelizaeus-Museum

Das Isisknotenamulett hat die Form der Hieroglyphe für Leben (Anch), eines der wichtigsten Symbole, das auf vielen Darstellungen die Götter den Menschen überreichen.

Im Mittleren Reich gab man den Särgen Menschenform und versah sie mit einem stilisierten Porträt des Verstorbenen. Der bemalte Holzsarg des Madja stammt aus dem Dorf der Nekropolenarbeiter, Deir el-Medina.
Neues Reich, Länge 184 cm, Paris, Musée du Louvre

Beschwörungsformeln, nannte die Namen der Götter und stellte die Verstorbenen unter deren persönlichen Schutz. »Du wirst durch das Gold verschönt …«, sagte er dem Toten, »Du gehst auf deinen Füßen zum Hause der Ewigkeit.« Denn »Gold ist das Fleisch der Götter« und verleiht Dauer.

Auch die langwierige Prozedur des Wickelns begleiteten heilige Sprüche. Dabei steckte man unter die Binden Amulette zum Schutz des Toten – bis zu 87 bei einer einzigen Mumie. Ein besonders wichtiges Amulett, das Horusauge, verschloß als Zeichen der Unversehrtheit den Einschnitt, durch den die Balsamierer der Leiche die Eingeweide entnommen hatten. Den Bauch hatten sie zuvor mit duftenden Pflanzen oder Sägespänen gefüllt, vermischt mit Pfefferkörnern oder Wachholderbeeren und Zwiebeln. Von den Zwiebeln glaubten die Ägypter, daß sie – ebenso wie der Knoblauch – böse Kräfte fernhalten würden.

Weil Gold das »Fleisch der Götter« ist, wurde der Einschnitt, durch den die Balsamierer dem Körper die Eingeweide entnahmen, mit einer goldenen Scheibe verschlossen. Auch sie ist geschmückt mit dem Udjat-Auge, dem Zeichen der Unversehrtheit.
Goldscheibe aus dem Grab des Pharaos Psusennes I., aus Tanis (Nildelta), 21. Dynastie, Breite 16,6 cm, Kairo, Ägyptisches Museum

heka = Zauber

Mumien: Überlebenstechniken 153

Götter schützen die Toten

In den Gräbern standen neben den Särgen stets noch andere Behältnisse, meist Holzkästen, in denen vier Gefäße verwahrt wurden, schlichte Tontöpfe, aber auch kunstvoll gestaltete Alabastervasen. Nach der östlich von Alexandria gelegenen Stadt Kanopos werden sie von den Ägyptologen als Kanopen bezeichnet. Diese Krüge dienten zur Aufbewahrung der dem Körper entnommenen Eingeweide, und weil er ohne sie nicht vollständig war, wurden sie immer mit der Mumie beigesetzt.

Der älteste Kanopenkasten, ein Alabasterblock mit eingewickelten Organresten, stammt aus dem Alten Reich. Er gehörte Hetepheres, der Mutter des berühmten Pyramidenbauers Cheops. Was zunächst nur bei Königen und Königinnen üblich war, wurde bald von den hohen Beamten und im Neuen Reich von allen wohlhabenden Ägyptern imitiert: Leber, Magen, Lunge und Därme wurden einzeln in Leinen eingewickelt, die Päckchen in Kanopenkrüge gesteckt und mit harzigem Salböl übergossen, verschlossen und für die »Ewigkeit« konserviert. Das Hirn dagegen wurde fortgeworfen, es galt offenbar als unwichtig, ganz im Gegensatz zum Herzen, in dem die Ägypter den Sitz von Geist, Verstand und Gefühl lokalisierten. Weil es so außerordentlich wichtig war, wurde es nach der konservierenden Behandlung in den mumifizierten Körper zurückgelegt. Der Tote brauchte es im Jenseits als Beistand vor Gericht.

Die kostbaren Eingeweide wurden göttlichen Beschützern anvertraut, den vier Horussöhnen, deren Köpfe meist die Deckel der Kanopengefäße schmücken: Der menschenköpfige Amset (das bedeutet »Dill«, ein Kraut, das bis heute wegen seiner konservierenden Eigenschaften beliebt ist) wacht über den Magen, Hapi mit Paviankopf schützt das Gedärm, Duamutef sieht aus wie ein Hund und ist für die Lunge zuständig, Kebechsenuef mit Falkenkopf für die Leber.

Im Neuen Reich werden an den Ecken der Kanopenkästen noch vier Schutzgöttinnen dargestellt, sie wachen gleichfalls – mit weit ausgebreiteten Flügeln – über den Inhalt. Dieselben Göttinnen knien auch an den Ecken der großen Sarkophage und sind noch einmal auf den menschenförmigen Särgen abgebildet. Im Innern der Sargdeckel streckt sich dazu oft noch Nut, die Göttin der Nacht, ihr Sternenleib bedeckt und beschützt den Verstorbenen. Es sind die Götter, die die Menschen, ihre Körper und ihre Eingeweide vor der Vergänglichkeit bewahren, ohne sie bleibt auch die beste Balsamierungstechnik wirkungslos.

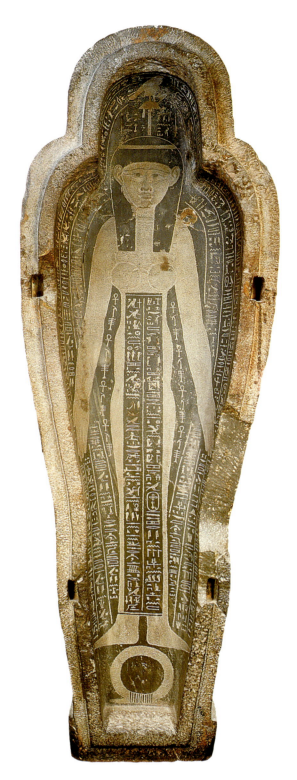

Schützend breitet die Himmelsgöttin Nut im Sarg die Arme aus, um den Toten zu empfangen. Bei ihr ist er geborgen, in ihren Leib geht er ein, um aus ihm neu geboren zu werden.
Boden eines Sarkophags aus Sakkara, Ptolemäerzeit, Kairo, Ägyptisches Museum

Dem Schutz von Gottheiten wurden auch Leber, Lunge, Milz, Magen und Darm anvertraut. Sie kamen mit ins Grab, verwahrt in vier Gefäßen, den Kanopen, mit Menschen-, Pavian-, Falken- und Schakalkopf.
Kanopen, Spätzeit, Höhe ca. 30 cm, Hildesheim, Pelizaeus-Museum

djed = Ewigkeit

Zwischen Blumengebinden kniet die Witwe vor dem Verstorbenen und nimmt klagend Abschied. Priester haben die Mumie ein letztes Mal aus dem Sarg gehoben und vor dem Grabeingang aufgerichtet, bereit für die letzten Rituale.
Grab des Nebamun und Ipuki, Theben Nr. 181, 18. Dynastie

Reiseführer durchs Jenseits

duat = Unterwelt

Ein prächtiger Begräbniszug: Rinder ziehen den Schlitten durch die Wüste, beschützt von zwei Göttinnen liegt die Mumie in einem offenen Schrein auf einer Barke.
Papyrus aus dem Totenbuch des Maiherperi, 18. Dynastie, Kairo, Ägyptisches Museum

Ein ägyptisches Begräbnis, das war ein Fest – Höhepunkt der Existenz und ein Ereignis, für das jeder sein Leben lang Vorbereitungen traf und sparte: Beizeiten ließ er die Grabstätte bauen und ausschmücken, bestellte den Sarg und kaufte in Luxusausführung die verschiedenen Dinge des Lebens, die er ins Jenseits mitnehmen wollte. Ein ganzer Industriezweig war mit der Herstellung dieser Grabausstattungen befaßt, und ein beträchtlicher Teil des Bruttosozialprodukts verschwand damit unter der Erde. Doch die Investition schien sinnvoll, nur sie konnte ein Weiterleben nach dem Tode sichern, das abhing von dem Fortbestand des Körpers und der Befriedigung seiner alltäglichen Bedürfnisse wie essen, trinken, wohnen.

Bei den fremden »elenden« Völkern, die diese Vorsichtsmaßnahmen nicht kannten, war ein definitiver Tod gewiß. »Komm doch nach Ägypten zurück!« schreibt der Pharao an seinen Untertan Sinuhe, der im Ausland im Exil lebt, »Du sollst nicht in fremdem Lande sterben! Die Asiaten sollen dich nicht begraben! ... Denke an deinen Leichnam und kehre zurück!« Der Rat wird befolgt, Sinuhe nach seinem Tode nach allen Regeln der Balsamierkunst mumifiziert und mit einem prächtigen Begräbnis im »schönen Westen« beigesetzt.

Im Westen der ägyptischen Städte, dort, wo die Sonne untergeht und die Wüste beginnt, liegen, abgesondert, aber in Sichtweite der Lebenden, die großen Grabanlagen, die Nekropolen. Bei Memphis sind das Sakkara, Gisa und Abusir zu Füßen der Pyramiden. Bei Theben liegt die Nekropole auf dem westlichen Ufer des Nils, unterhalb einer pyramidenähnlichen Bergspitze. Dort wohnt die Göttin des Westens, Imentet, »die das Schweigen liebt«, und wacht der schakalköpfige Gott Anubis.

Zur Nekropole bewegt sich der Leichenzug. 70 Tage hat die Balsamierungsprozedur gedauert, nun liegt die Mumie im offenen, reich dekorierten Sarg, wie es der Pharao dem exilierten Sinuhe so verlockend ausgemalt hat: »Der Himmel

Ein Trupp von Klageweibern mit aufgelöstem Haar und nackten Brüsten gehörte zu jedem »ordentlichen Begräbnis« – obwohl sie nicht billig waren, wie eine Rechnung belegt.
Grab des Ramose, Theben Nr. 55, 18. Dynastie

158 Reiseführer durchs Jenseits

Reiseführer durchs Jenseits

Höhepunkt der Begräbniszeremonien: Der Priester öffnet dem Toten Mund, Augen, Ohren und Nase und gibt ihm dadurch die Sinne zurück. Hier vollzieht Tutanchamuns Nachfolger, König Eje mit Leopardenfell, an dessen Mumie das magische Ritual der »Mundöffnung«.
Grabkammer des Tutanchamun, Tal der Könige, Theben, 18. Dynastie

Dem Werkzeug der Sargmacher und Balsamierer nachempfunden waren diese Geräte aus dem Alten Reich, mit denen die Priester die »Mundöffnung« vollzogen. Auch auf dem Tisch vor Tutanchamun kann man sie erkennen.
Mundöffnungsset, 17,5 × 11,5 cm, Leipzig, Ägyptisches Museum der Universität

ist über dir, während du auf einer Bahre liegst. Rinder ziehen dich, Musikanten gehen dir voraus …« Langsam wird der Sarg auf einem Schlitten von einem Rindergespann durch den Wüstensand gezogen, gefolgt von Familie und Freunden, von weihräuchernden Priestern und jammernden Klageweibern mit aufgelöstem Haar und bloßen Brüsten. Sklaven tragen die Grabausstattung: Möbel, Kleiderkisten, Schmuck und Kosmetikartikel. Auch Fleisch bringen sie, Geflügel und Gemüse für das Totenopfer. Die Ausgaben für Süßigkeiten, Brote, Blumenkränze und Duftkegel waren gering, das belegt die Rechnung für ein Begräbnis im 2. Jahrhundert n. Chr., die Klageweiber hingegen teuer. (Aber weitaus mehr hatten die zur Einbalsamierung benötigten Mumienbinden und Tücher, konservierende Öle und Harze gekostet.)

Vor der Grabstätte wird die Mumie aus dem Sarg gehoben und aufgerichtet. Ein Balsamierungspriester mit Anubismaske hält sie fest. Ein Laienpriester, meist ist es der älteste Sohn, verbrennt Weihrauch, während der Vorlesepriester magische Sprüche aus einer Papyrusrolle vorliest. Mit den Werkzeugen der Sargmacher und Balsamierer, Dechsel, Messer und einem sonderbaren fischschwanzförmigen Gerät, wird das magische »Mundöffnungsritual« zelebriert. Die Priester öffnen Mund, Augen, Ohren und Nase der Mumie, damit der Verstorbene wieder Macht über seine Sinne erlangt und Speiseopfer annehmen kann. Er wird »wiederbelebt« in einem geheimnisvollen, aufwendigen Zeremoniell, das bei hochgestellten Personen mehrere Tage dauern konnte und auch an den Statuen und Bildern, die mit ihm ins Grab kamen, vollzogen wurde.

Nun kann die Familie vom Verstorbenen Abschied nehmen, die Mumie wird wieder in den Sarg gelegt, sie ist für das Jenseits gerüstet. Totenopfer werden dargebracht, zum Beispiel rituell geschlachtete und gegrillte Ochsen, und danach von der Familie beim Leichenschmaus am Grab verzehrt. Bei Theben wiederholte sich dies im Neuen Reich jedes Jahr beim »Schönen Fest vom Wüstental«, einer Art ägyptischem »Allerseelen«, wo auf und in den Gräbern geopfert und gefeiert wurde.

Reiseführer durchs Jenseits 161

Kühles Wasser und Brot

Der Tote bleibt zurück, als Herr seines »Schönen Hauses der Ewigkeit«. Im Laufe von 3 000 Jahren hat sich die Architektur der Gräber verändert, von Pyramide und Mastaba zum Felsengrab, aber zwei Hauptelemente bleiben konstant: Der Sarkophag wird in einer unterirdischen oder möglichst versteckt liegenden Kammer untergebracht. Davor gibt es einen von außen zugänglichen Raum, die Kultstelle, mit einer Steintafel, einer Stele, auf der der Name und eventuell das Bild des Toten festgehalten sind, und dem Opfertisch. Eine »Scheintür«, die steinerne Imitation einer echten Tür, stellt die ideale Verbindung zwischen den beiden Räumen, zwischen Diesseits und Jenseits her. Sie kann nur der Verstorbene durchschreiten, um die Opfergaben anzunehmen. Brot, Gemüse, Obst, Geflügel und an Feiertagen Fleisch werden ihm dargebracht. Besonders willkommen sind ihm Weihrauch für die Nase und Bier oder kühles Wasser, weil er am Wüstenrand wohnt. Damit sollen ihn seine Kinder regelmäßig versorgen. Oft hat der Verstorbene zu Lebzeiten auch eine Stiftung »für die Ewigkeit« eingerichtet, dann sind Totenpriester für seine Versorgung zuständig, sie und die Tempel leben davon gut, denn die Opfergaben kommen schließlich auf ihren Tisch.

Aber leidvolle Erfahrungen haben den Ägyptern besonders in den chaotischen »Zwischenzeiten« gezeigt, daß selbst »ewige« Stiftungen vergehen, für den Notfall werden deshalb die Opfergaben auch an die Wand gemalt oder schriftlich in Hieroglyphen aufgelistet. Man vertraut auf die Magie von Bild und Schrift. Auch das Wort kann mächtig sein, schon das bloße Nennen der Gaben durch einen Lebenden genügt, um den Toten ihren Genuß zu verschaffen. Deshalb die auf so vielen Gedenksteinen zu lesende Bitte: »Oh ihr, die ihr auf Erden lebt und vorbeikommt an dieser Stele, … wenn ihr das Leben liebt und den Tod haßt, sprecht: möge er tausend Brote erhalten und tausend Krüge voll Bier!«

Das Fest ist vorbei, die Gäste sind gegangen, allein sitzt eine trauernde Frau vor dem Grabeingang in der Wüste und rauft sich das Haar. Diese kleine Szene entdeckt man auf einer Grabstele, die die Stifterin vor einem Gabentisch und dem Gott Re-Harachte zeigt.
Holzstele der Djedamuniuanch aus Deir el-Bahari, 22. Dynastie, Höhe 27,6 cm, Kairo, Ägyptisches Museum

ka = Seele, Geist, Lebenskraft

Auftritt des Königs Auibre Hor:
Die auf dem Kopf angebrachten
erhobenen Arme, die Hieroglyphe
Ka, weisen die Statue aus als den
Ka des Toten, als seine Energie und
Lebenskraft. Sollte seine Mumie
zerstört werden, so konnte der
König in dieser Statue Wohnung
nehmen. Ihr brachte man Lebens-
mittel als Opfergaben dar.
*Holzstatue aus Dahschur,
Mittleres Reich, 13. Dynastie, Höhe
170 cm, Kairo, Ägyptisches Museum*

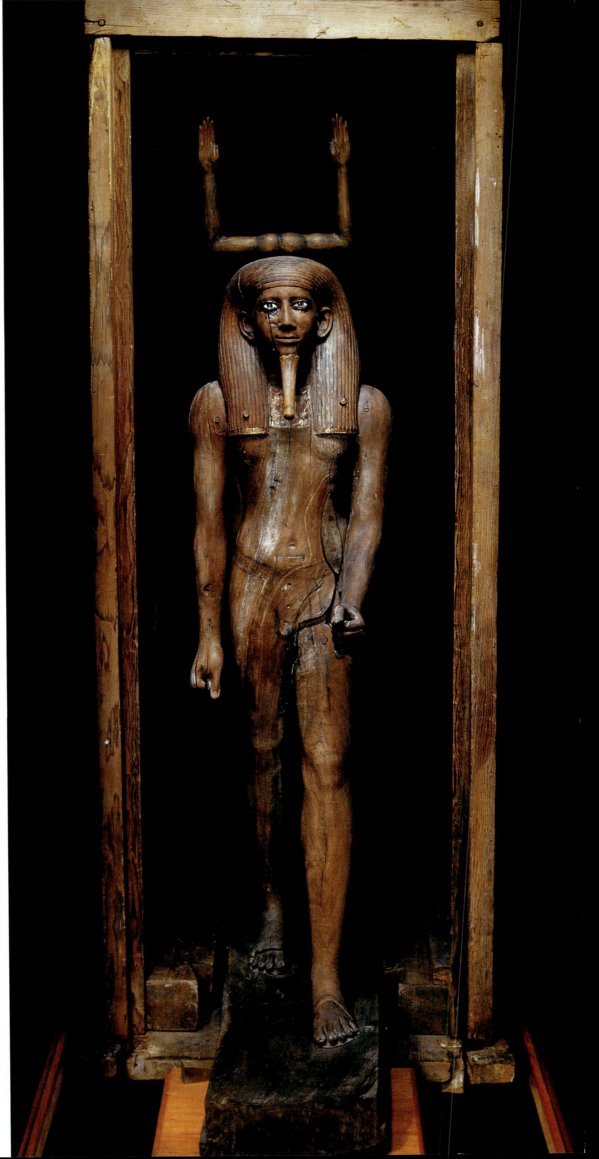

Frisches Wasser war ein Bedürfnis für die Toten in der Wüste. Auf dieser Vignette trinkt die »Sängerin des Amun« Hereubechet aus einem Fluß, bevor sie im Gefilde der Seeligen sät und erntet.
Aus einem Totenbuch aus Deir el-Bahari, 21. Dynastie, Kairo, Ägyptisches Museum

Durch die Scheintür seiner Grabkammer kann der Tote in verschiedenen Gestalten treten, um sich an den Opfergaben zu laben, denn die Ägypter begnügten sich nicht mit der simplen Dualität von Leib und Seele. Für sie setzte sich die Identität eines Menschen aus vielen Bestandteilen zusammen: Aus dem Körper, der durch die Mumifizierung – so gut es geht – vor dem Verfall bewahrt wird und an den die anderen Teile gebunden sind. Zerfällt er oder wird er gar verbrannt, werden auch sie vernichtet – wenn man ihm für diesen Notfall nicht eine Statue als Ersatz ins Grab mitgegeben hat. Sie muß ihm physisch nicht ähnlich sein, wichtig ist, daß sie seinen Namen trägt, denn der Name ist ein wichtiger Teil des Menschen, ohne ihn gibt es keine Individualität, keine Chance, zu überleben.

Auch der Schatten gehört zum Menschen. Das, was wir so einfach Seele nennen, wurde von den Ägyptern differenziert in Ka, Ba und Ach.

Der Ka ist seine Energie und Lebenskraft, das sind seine vitalen Wurzeln. Für den Ka sind die Opfergaben bestimmt, denn er braucht Nahrung. Erschaffen wird er bei der Geburt eines Menschen vom Schöpfergott Chnum auf der Töpferscheibe. Der Ka verläßt ihn nie. Dargestellt wird er durch zwei erhobene Arme.

Der Ba entspricht am ehesten unserer Vorstellung von »Seele«, er kann sich vom Körper entfernen, muß aber in ihn zurückkehren. Er erscheint als Vogel mit Menschenkopf und sitzt in den Zweigen des Sykomorenbaums neben dem Grab oder flattert herum: »Du steigst empor, du steigst hinab ... Du gleitest, wie es dein Herz begehrt, du gehst hinaus aus deinem Grab jeden Morgen, du kehrst zurück jeden Abend.«

Diese Beweglichkeit, dies Herausgehen des Toten aus seinem Grab birgt auch Gefahren: Ein dritter Aspekt der Seele heißt Ach und kann als eine Art Geist die Lebenden heimsuchen. Ein Witwer aus dem Neuen Reich beschwört in einem Brief »an den trefflichen Geist Anchiri« seine verstorbene Frau, ihn doch bitte in Ruhe zu lassen, sonst werde er »Klage vorbringen vor den Göttern des Westens«. Denn auch im Jenseits gibt es Richter, und bevor ein Toter dort Aufnahme finden kann, muß er vor ihnen erscheinen – und zwar vollständig mit all seinen verschiedenen Bestandteilen.

Auch der Schatten gehört zum Menschen. Er erscheint hier als dunkle Silhouette und ist wie der Ka an den Toten im Grab gebunden. Dessen Ba hingegen – ein weiterer Aspekt des Individuums – wird als flatternder Vogel mit Menschenkopf dargestellt.
Grab des Irinefer, Theben Nr. 290, Ramessidenzeit

Geleitet von Anubis, schreitet der Handwerker Sennedjem aus Deir el-Medina ins Totenreich, dort warten auf ihn Prüfungen und Gefahren.
Grab des Sennedjem, Theben Nr. 1, 19. Dynastie

Totenbücher dienten als Führer im Jenseits. Sie lieferten die Zaubersprüche, mit denen der Verstorbene sich rechtfertigen konnte. Beim Totengericht wurde das Herz des Verstorbenen gegen eine Feder aufgewogen, das Symbol der göttlichen Ordnung. Erwies es sich als zu schwer, so verschlang ihn die »Große Fresserin«.
Papyrus Ani, 18. Dynastie, London, British Museum

Das Totengericht

Das göttliche Richtergremium tagt in der »Halle der vollständigen Gerechtigkeit«, wo Diesseits und Jenseits sich berühren. Dort steht eine große Waage, auf der unter Aufsicht des schakalköpfigen Anubis und des Schreibergottes Thoth das Herz des Verstorbenen gewogen wird. Das Herz galt den Ägyptern als das Zentrum der Persönlichkeit, als Sitz von Verstand, Willen und Gewissen. In der anderen Waagschale liegt eine Feder, Symbol der Gerechtigkeitsgöttin Maat, der göttlichen Ordnung. Nur wenn das Herz mit der Maat im Gleichgewicht ist, hat der Tote die Prüfung bestanden.

Das irdische Verhalten eines Menschen wird hier also gemessen am Ideal der himmlischen Gerechtigkeit. Nur sehr wenige Menschen wären einer solchen Prüfung gewachsen.

Alle fürchten sie, denn neben der Waage steht die »Große Fresserin«, ein Monster, zusammengesetzt aus Krokodil, Raubkatze und Nilpferd, bereit, denjenigen zu verschlingen, dessen Herz sich als zu schwer erweist. Das wäre die schlimmste aller denkbaren Strafen, die völlige Vernichtung, der endgültige zweite Tod ohne Hoffnung auf Wiedergeburt. Aber auch hier haben die Ägypter zu Lebzeiten vorgesorgt. Zwischen den Beinen vieler Mumien liegen Papyrusrollen, mit eingewickelt in die Leinenbinden. Sie enthalten Sprüche und Bilder, eine Art Führer durch das Totenreich. In früheren Zeiten, im Alten Reich, hatte man sie an die Wände der Grabkammern in den Pyramiden gemeißelt, zum ausschließlichen Nutzen der Könige. Diese »Pyramidentexte« gehören zu den ältesten bekannten theologischen Texten. Ein gewisser »Demokratisierungsprozeß«, zumindest, was das Jenseits betraf, erlaubte es später auch wohlhabenden

Staatsdienern, sich mit einer Anleitung für das Totenreich auszurüsten, die hilfreichen Sprüche wurden auf die Särge und im Neuem Reich auf Papyrusrollen geschrieben. Diese »Totenbücher« konnte man fertig kaufen, nur noch der Name des Besitzers mußte eingesetzt werden. Ihr Preis entsprach etwa dem für ein bis zwei Kühe, einen Sklaven oder dem halben Jahreseinkommen eines Arbeiters, sie blieben also für die unteren Schichten unerschwinglich. Der Jenseitsführer – Thoth selbst, der Gott der Weisheit, soll ihn verfaßt haben – nennt nicht nur die Gefahren der Unterwelt, sondern hält gleichzeitig die Zaubersprüche bereit, sie abzumildern. Etwa 200 magische Formeln, im richtigen Moment gesprochen, helfen dem Besitzer. Beim Erscheinen vor dem Totengericht und der Wiegezeremonie etwa der 125. Spruch, der beginnt: »Ich habe kein Unrecht gegen Menschen begangen, ich habe keine Tiere mißhandelt«, und

fortfährt: »ich habe das Überschwemmungswasser nicht zurückgehalten.« Das mußte nicht der Wahrheit entsprechen, sollte oft geradezu verhindern, daß sie ans Licht kam. Der Text diente als Beschwörung, durch die Sprüche und die magischen Bilder des Papyrus gebannt, bleiben die Waagschalen im Gleichgewicht, und die Richter erklären den Toten im Einklang mit der göttlichen Ordnung: »Er ist gerechtfertigt. Die Fresserin soll keine Gewalt über ihn haben!«

Reiseführer durchs Jenseits

Im Reich des Osiris

Als Vorsitzender des Totengerichts und Herrscher über das unterirdische Reich thront Osiris, der »Herr der Ewigkeit«. Er war wohl ursprünglich ein Fruchtbarkeitsgott: Sein Gesicht ist grün wie der Urschlamm, aus dem für die Ägypter jegliches Leben kommt, wie der Nil, der alljährlich das Land mit seiner Überschwemmung fruchtbar macht. Er trägt die Insignien der Macht: Krone, Krummstab, Geißel und Szepter, doch sein Körper ist starr, unbeweglich, eine eingewickelte, kunstvoll bemalte Mumie. Das bedeutet: obwohl ein mächtiger Gott, bleibt Osiris dem menschlichen Schicksal unterworfen. Wie seine Untertanen hat auch er sterben müssen. Auf diese Schicksalsgemeinschaft gründet sich die große Hoffnung der Menschen.

Der gute König Osiris, so erzählt die ägyptische Legende, war göttlicher Abstammung und regierte weise das Land. Doch er hatte einen feindlichen Bruder, Seth, der tötete ihn, zerstückelte die Leiche und warf sie in den Nil. Isis, die Schwester und Gattin von Osiris, suchte ihn. »Kummervoll durchzog sie das Land und ließ sich nicht nieder, ehe sie ihn gefunden hatte.« Anubis fügte alle 14 Leichenteile wieder

Oberster Richter im Totenreich ist Osiris. Als Herrscher über die Unterwelt trägt er die Insignien der Macht, Krone, Geißel und Krummstab, aber er hat den unbeweglichen Körper einer Mumie.
Grab des Sennedjem, Theben Nr. 1, 19. Dynastie

Der auferstandene Osiris, von seinem Bruder ermordet und von seiner Gattin Isis wieder zum Leben erweckt, verkörperte die Hoffnung auf eine Wiedergeburt.
Osirisstatue aus Sakkara, Spätzeit, Höhe 89,5 cm, Kairo, Ägyptisches Museum

usir = Osiris   *neb djed* = Herr der Ewigkeit

zusammen, wickelte sie in Binden und machte daraus die erste Mumie. Isis verwandelte sich in ein Falkenweibchen und »ließ Luft entstehen mit ihren Flügeln«. Da begann der tote Gott aufzuleben, er schwängerte Isis mit einem Sohn, Horus, seinem künftigen Thronerben. Und wenn Osiris auch auf Erden sein Leben nicht fortsetzen durfte, so wirkte er doch im Jenseits weiter. Er wurde König im Totenreich. »Nun ist die Trauer zu Ende, das Lachen ist wiedergekommen.« Der Osiris- und Isiskult, der in der Spätzeit im gesamten Mittelmeerraum überaus populär wurde und auch das Christentum mit seiner Lehre von Tod und Auferstehung

Als Stellvertreter gab man dem Toten kleine Figürchen mit ins Grab. Wurde er im Jenseits zur Arbeit aufgerufen, sollten sie für ihn antworten: »Hier bin ich« – »Ushebti«. So werden sie heute auch genannt.
Fayence-Ushebti des Ptahmose aus Abydos, Neues Reich, Höhe 20 cm, Kairo, Ägyptisches Museum

Die Vorstellung des Ägypters vom Paradies: das ländlich-idyllische Binsengefilde. Wie Meister Sennedjem und seine Frau kann ein jeder dort, nach bestandenen Prüfungen, unter dem Schutz der Götter in Frieden sein Feld bestellen.
Grab des Sennedjem, Theben Nr. 1, 19. Dynastie

Der Korn-Osiris, ein Tonziegel mit dem versenkten Bild des Totengottes, wurde beim Begräbnis mit Erde und Getreidekörnern gefüllt. Die angefeuchtete Saat sproß – als Symbol der Wiedergeburt.
Spätzeit, Höhe 6 cm, Länge 21,5 cm, Breite 10,5 cm, Hildesheim, Pelizaeus-Museum

beeinflußte, hatte sein Zentrum in Abydos, dem heiligsten Boden Ägyptens, wo der Kopf des Osiris begraben war und zu Ehren des Gottes die Osiris-Legende als Mysterienspiel aufgeführt wurde. Die Ägypter glaubten, daß sich durch göttliche Ordnung alles immer wiederholte und es somit einem jeden möglich sein müßte, das Schicksal des Gottes Osiris nachzuvollziehen, mit ihm magisch zu verschmelzen. Jeder Sterbliche hoffte, sich zu regenerieren und zu einer neuen Existenz im Jenseits zu erwachen.

Das Totenbuch geleitete ihn sicher durch die Unterwelt, warnte ihn vor den Abgründen, vor Dämonen und Schrecken, die auf ihn lauerten und die wohl Urängste der menschlichen Seele spiegeln. Eine düstere Beschreibung gibt eine Hymne an Osiris, sie spricht von »jenen, deren Land im Finstern liegt, deren Felder Sand sind, deren Gräber dem Schweigen dienen, deren Ruf man nicht hört, die da liegen, ohne aufstehen zu können, deren Mumien mit Binden umwickelt, deren Glieder nicht beweglich sind«. Das Totenreich erscheint als finsterer und feuchter Ort, wo sich die Reinigung und Regeneration der Schläfer im Urgewässer vollzieht, wie das in die Erde versenkte Korn erwachen sie zu neuem Leben.

Die Gebete und Beschwörungsformeln des Totenbuchs öffnen dem Verstorbenen dann aber auch den Weg zu den idyllischen »Binsengefilden«. Er kann dort seine Felder bestellen und am Abend seinen Krug Bier trinken oder die Sonnenbarke besteigen, um die Götter auf ihrer Reise zu begleiten und mit ihnen »herauszugehen am Tag«.

Reiseführer durchs Jenseits

Reiseführer durchs Jenseits

Isis, »die Zauberreiche«, war eine mächtige Schutz- und Muttergöttin. Das zeigen ihre Attribute: Auf dem Kopf trägt sie den Thronsessel, sie kniet auf der Hieroglyphe für Gold und legt ihre Hand auf den Ring der Ewigkeit. Das Relief schmückt den Steinsarkophag der Königin Hatschepsut, und die Göttin hat deren Gesichtszüge angenommen. *Aus dem Grab der Hatschepsut, Tal der Könige (!), Theben, Neues Reich, 18. Dynastie*

Götter, Göttinnen und Magie

netscheru = Götter

Zwei jubelnde Paviane begrüßen am Morgen die aufgehende Sonne, den falkenköpfigen Gott Re-Harachte in seinem Boot.
Detail aus der Abbildung S.171, Wandmalerei aus dem Grab des Sennedjem, Theben Nr. 1, 19. Dynastie

Die Nachtsonnenbarke wird von den Planeten durch die Unterwelt gezogen: Auf dem Boot steht in einem von zwei Schlangen bewachten Pavillon die nächtliche Sonne, Re mit Widderkopf.
Relief aus dem Osiristempel von Abydos, Zeit des Merenptah, 19. Dynastie

Götter, Göttinnen und Magie

Eine Barke aus purem Gold, 770 Ellen lang, überquert jeden Tag den Himmel über dem Nil. Sterne sind ihre Ruderer, die Mannschaft bilden die Götter. Es ist die Sonnenbarke, befehligt von Re, dem Sonnengott, der durch sein tägliches Erscheinen mit Licht und Wärme dafür sorgt, daß das Leben auf Erden weitergeht. Als »erster der Götter« herrscht er über die Menschheit, sein »Vieh«, und 3 000 Jahre lang hat ihm Ägypten als Haupt- und Staatsgott gehuldigt: »Du bist der Herr des Himmels und der Herr der Erde ... der die Länder schuf und die Völker hervorbrachte ... Himmel und Erde grüßen dein Angesicht!«

Nachts durchfährt Re das Totenreich. Hier rudern Planeten die Götterbarke über das Urgewässer Nun, das die Unterwelt durchfließt. Bei ihrem Nahen wird es Licht, die Toten erwachen und jubeln ihr zu, denn noch stärker als der Vegetationsgott Osiris verheißt ihnen die Sonne Regeneration und Wiedergeburt. Der »müde« Osiris ist das Gestern, Re aber das Morgen. Alle hoffen darauf, seine Barke zu besteigen und mit ihr hervorzukommen aus der Unterwelt, teilzunehmen an der Fahrt über den Himmel.

Aber zuvor muß die Göttermannschaft auf dem Wege durch das Jenseits noch eine Reihe von Gefahren überwinden, denn immer wieder versucht Res Feind Apophis, eine riesige drachenähnliche Schlange, das Boot zum Kentern zu bringen, die Götter zu vernichten. Das beschreiben die ägyptischen »Unterweltsbücher« in Bild und Text. Vergebens, der Zauber der im Boote versammelten Götter erweist sich als mächtiger, und siegreich erscheint jeden Morgen Re wieder am östlichen Horizont, von Pavianen mit Jubel begrüßt. Beim nächtlichen Kampf gegen Apophis steht Re seine Bootsmannschaft aus Göttern bei: Als Herold dient ihm der ibisköpfige Gott der Weisheit und des Mondes, Thoth. Horus, der Falkengott, begleitet ihn, und der kämpferische Wüstengott Seth und Res Tochter Maat sind dabei sowie Isis, »die listenreiche«, und Heka, der Gott der Magie, ohne dessen Hilfe Apophis nicht zu überwältigen wäre. Die genaue Zahl des Gefolges ist nicht bekannt, und die einzelnen Götter lassen sich auch nicht immer identifizieren. Denn für die Ägypter bleibt die wahre Gestalt eines Gottes sein Geheimnis.

Aber es war erlaubt, sich ein Bild von ihm zu machen, ihn mit Attributen zu versehen. So, wie die Ägypter Hieroglyphen erfanden für Objekte, Namen und Laute, erfanden sie auch Zeichen für die verschiedenen Funktionen der unsichtbaren Götter – Zeichen, nicht konforme Abbilder der unerforschlichen Gottheiten. Viele davon haben sie der Tierwelt entliehen und so Mischwesen aus Mensch und Tier geformt.

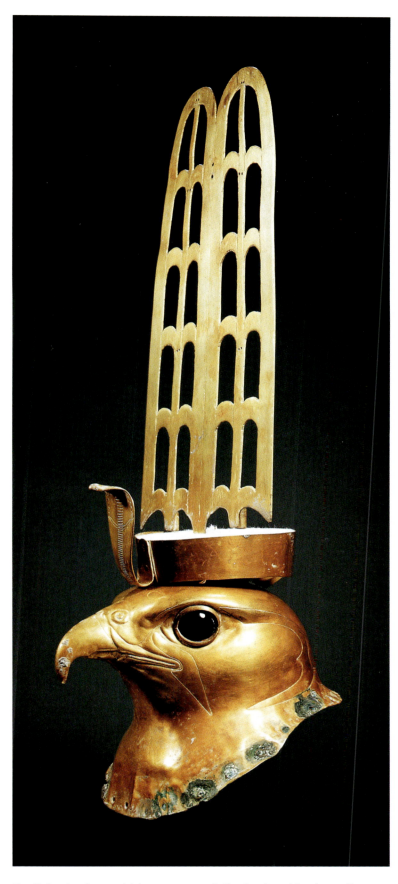

Der Falkenkopf aus getriebenem Gold trägt Uräusschlange und Federkrone. Er war Teil einer Bronzefigur des Horusfalken, Schutzgott von Hierakonpolis, der einstigen Hauptstadt Oberägyptens.

Falkenkopf aus Hierakonpolis, Altes Reich, 6. Dynastie, getriebenes Gold und Obsidian, Höhe 37, 5 cm, Kairo, Ägyptisches Museum

Götter, Göttinnen und Magie 175

Der falkenköpfige Gott der aufgehenden Sonne, Re-Harachte, auf seinem Thron. Er hält das Lebenszeichen, das Henkelkreuz, und ein Szepter in der Hand, eine Schlange schützt die Sonnenscheibe auf seinem Kopf. Hinter ihm sitzt seine Tochter Hathor, mit der Hieroglyphe für Westen, der Nekropole, geschmückt. Die Thronsessel tragen das Symbol für die »Vereinigung der beiden Länder«.
Malerei im Grab der Königin Nefertari, Tal der Königinnen, Theben, 19. Dynastie

Der geflügelte Skarabäus war Symbol der Wiedergeburt, denn so, wie der Käfer die Mistkugel mit seinen Eiern vor sich herrollt, schob er jeden Morgen die Sonne über den Horizont. Tutanchamun hat ihn als Amulett auf der Brust getragen.
Anhänger aus dem Grab des Tutanchamun, Theben, Tal der Könige, 18. Dynastie, Gold und Edelsteine, Höhe 9 cm, Breite 10,5 cm, Kairo, Ägyptisches Museum

Die Sonne: Mistkäfer, Falke oder Kater

Re selbst wird meist in Menschengestalt dargestellt, doch sein Körper ist aus Gold, und auf dem Kopf trägt der »Herr der Flammen« die Sonnenscheibe mit der feuerspeienden Uräusschlange, die ihn vor Feinden schützt. Zu seinen Insignien gehören das Kopftuch, verschiedene Königskronen und ein Szepter, denn er gilt als mythischer Urahn der Pharaonen. Aber Re ist besonders »zahlreich an Namen und Gestaltungen«, denn je größer die Macht und der Zuständigkeitsbereich eines Gottes ist, über desto mehr Erscheinungsformen verfügt er: Nur mittags und abends erscheint er in Menschengestalt, als Skarabäus kann er sich am Morgen zeigen, als jener Käfer, der unablässig eine Mistkugel rollt und von dem man glaubte, er zeuge sich selbst. Oder er geht als Re-Harachte rot und mit Falkenkopf im Osten auf. In der Unterwelt hingegen trägt er den Kopf eines Widders auf den Schultern oder zerstückelt in Gestalt eines großen Katers mit einem Messer den Schlangenfeind.

Im Verlauf seiner über dreitausendjährigen Herrschaft in Ägypten hat der Sonnengott – um seine Macht zu bewahren oder zu vergrößern – noch andere Gestalten angenommen. Zum ersten Mal erwähnt wird er zur Zeit des Pharaos Djoser. Dann machten ihn die Könige der 5. Dynastie zum Staatsgott und errichteten ihm Sonnenheiligtümer: Plätze unter freiem Himmel, in der Mitte ein Altar mit einem Stein, später einem Obelisken – als versteinerter Sonnenstrahl. Das älteste dieser Sonnenheiligtümer befand sich in Heliopolis (nordöstlich von Kairo, heute fast völlig zerstört). Dort gab es bereits einen Lokalgott, Atum, Re vertrieb ihn nicht, sondern verband sich mit ihm. Dies entspricht der – für uns schwer nachvollziehbaren – Denkweise der traditionsverbundenen und kompromißfreudigen Ägypter: Sie kannten kein »entweder oder«, sondern bevorzugten immer das »sowohl als auch«.

Von diesen zeitweiligen, aber immer vorteilhaften Verbindungen zeugen die Götternamen, zusammengesetzt nach Art chemischer Formeln. So wurde Re zu Re-Atum und damit zum Schöpfungsgott und Vater einer mächtigen Götterfamilie, der »Neunheit« von Heliopolis. Dort war sie, nach einem uralten Mythos, bei der Erschaffung der Welt entstanden: Damals tauchte aus dem dunklen, chaotischen Urgewässer Nun ein Schlammhügel auf, und auf ihm erhob sich Atum, der »Allherr mit dem geheimnisvollen Namen«, in Schlangen- oder Skarabäusgestalt. Er masturbierte und zeugte aus seinem Samen ein erstes Götterpaar, Tefnut, »die Feuchte«, und den Luftgott Schu, die ihrerseits die Eltern

Götter, Göttinnen und Magie

Götter, Göttinnen und Magie

von Geb, der Erde, und Nut, dem Himmel, wurden. In einem spektakulären, in der ägyptischen Kunst oft dargestellten Akt erfolgte dann die Trennung von Himmel und Erde: Über dem liegenden Geb hebt der federgeschmückte Luftgott den sternenbedeckten Leib der Nut mit beiden Armen empor. Die kosmische Ordnung ist erschaffen. Osiris, Isis, Seth und Nephthys vervollständigen diese Götterfamilie zur »Neunheit«.

Durch seine »Verschmelzung« mit Atum hatte Re den ihm als Staatsgott zustehenden Platz in dieser hochverehrten »Neunheit« eingenommen. Dieser Vorgang wiederholte sich, als es nach dem Zusammenbruch des Alten Reiches in der 11. Dynastie zu einer neuen Reichseinigung kam. Man sehnte sich nach Erneuerung, eine neue Hauptstadt wurde gebaut, Theben, und dort schuf sich die Priesterschaft einen unverbrauchten Reichsgott mit Namen Amun. Doch die Kontinuität blieb gewahrt, so, wie man einst in Heliopolis Atum mit Re verschmolzen hatte, verband man jetzt den »jungen« Amun mit dem alten Staatsgott zu Amun-Re. In Karnak wurden ihm riesige Tempel gebaut, und er spielte bis zum Ende der ägyptischen Geschichte eine herausragende Rolle.

Das hinderte den Sonnengott nicht, gleichzeitig in seiner Urgestalt als Sonnengott aktiv zu bleiben, als Re von Heliopolis bildete er im Neuen Reich, zusammen mit Amun von Theben und Ptah von Memphis eine Dreiheit, die hochoffizielle ägyptische Staatstriade.

Jeder Versuch, dieses Gleichgewicht der Götter zugunsten von Re zu stören, mußte scheitern. Er wurde in der 18. Dynastie von Echnaton unternommen: Die Sonnenscheibe Aton allein sollte angebetet, die alte Göttermannschaft aus der Sonnenbarke verbannt, ihre Tempel geschlossen werden. Doch das ägyptische Volk und vor allem die Priester wollten die Vielfalt ihrer Götter und Mythen behalten, nach Echnatons Tod kehrte alles zur »göttlichen Ordnung« zurück, wie sie von Re in alten Zeiten gewollt und von Maat, der Göttin mit der Feder, gewährleistet wurde.

Ra/Re = Name des Sonnengottes

Bei seiner Fahrt durch die Unterwelt nimmt der Sonnengott Re verschiedene Gestalten an, um das Böse zu bekämpfen. Als »großer Kater« zerstückelt er die Apophis-Schlange mit seinem Messer.
Malerei aus dem Grab des Nachtamun, Theben Nr. 335, 19. Dynastie

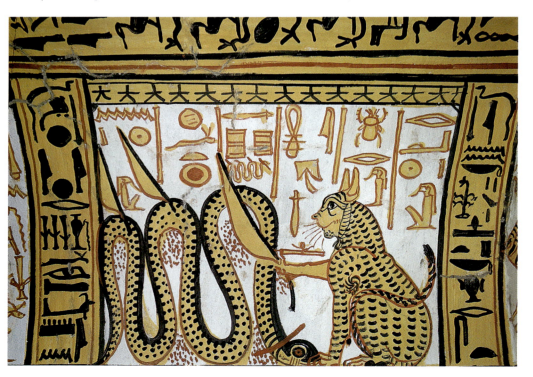

178   Götter, Göttinnen und Magie

Nut = Himmelsgöttin

Schu = Luftgott
(mit einer Feder im Namen)

Die Erschaffung des Kosmos, die Trennung von Himmel und Erde zeigt der bemalte Sarkophag des Butehamun, Schreiber der Nekropole von Theben: Der sternenbedeckte Leib der Himmelsgöttin wird vom Luftgott emporgenoben.
21. Dynastie, Turin, Museo Egizio

Der thebanische Lokalgott Amun, »der Verborgene«, wurde im Mittleren Reich zum Reichsgott erhoben. Dargestellt wird er meist als Mensch. Luft und Windhauch sind sein Element, darauf deutet die Federkrone (bei dieser Statuette sind die Federn verschwunden).
Aus Karnak, 18. Dynastie, Schiefer, Höhe 58 cm, Kairo, Ägyptisches Museum

Götter, Göttinnen und Magie

Die wilden Töchter der Sonne

Vom Sonnengott wurden viele Geschichten erzählt, die die kosmischen Ereignisse faßbar machten: Jeden Morgen gebiert der Himmel in Gestalt einer Frau den Sonnengott Re, jeden Abend verschluckt sie ihn wieder, und Re fährt nachts durch die Unterwelt, ihren sternenübersäten Leib. Der Mythos vom Sonnenauge berichtet, wie Hathor-Tefnut, »Augapfel« und Tochter des Re, nach einem Streit erbost in die Wüste flieht, sie bleibt fern, und die Sonne verschwindet, bis die Göttin durch List und Überredung zur allgemeinen Freude zurückgebracht wird. (Eine Geschichte, die wohl den Wechsel der Jahreszeiten erklären soll.)

Als flammendes Sonnenauge und wilde Löwin sendet Re einmal seine Tochter Hathor aus, um das ungehorsame Menschengeschlecht zu vernichten. Als der Gott, erschrokken vor ihrem schrecklichen Wüten, beschließt, doch einige Menschen zu verschonen, greift er zu einer List, um das Massaker zu beenden: Er bietet Hathor blutrot eingefärbtes Bier zum Trunk, sie berauscht sich, schläft ein, die Menschheit ist noch einmal davongekommen.

Die Töchter des Re besitzen eine Doppelnatur. Als mütterliche, Schutz und Nahrung gewährende sanftmütige Wesen haben sich die Ägypter ihre weiblichen Gottheiten gewünscht, doch zeigen sie sich launisch und gefährlich. Die löwenköpfige Sachmet, als Schutzgöttin der Ärzte für die Heilkunde zuständig, sendet auch Kriege und Seuchen. Hathor kann wüten, hebt aber auch als »Himmelskuh« die Sonnenscheibe über den Horizont empor, säugt mit ihrer Milch die Pharaonen und spendet in Gestalt einer Baum-

Hathor, die schöne Tochter des Re, trägt die Sonnenscheibe auf ihrem Haupt. In Dendera wurde sie gefeiert als Göttin von Liebe, Musik und Tanz. Doch konnte sie, wie die meisten ägyptischen Gottheiten, wild und gefährlich werden.
Ausschnitt aus einem Steinrelief am »Geburtshaus« von Dendera, Römerzeit, um 100 n. Chr.

Hathor = Haus des Horus

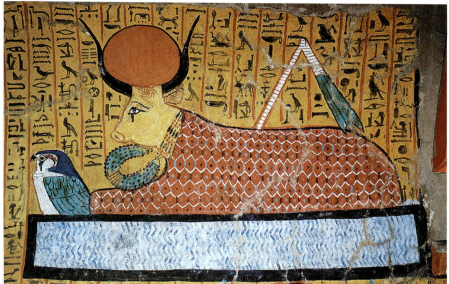

Hathor trägt die Sonnenscheibe auf Hörnern, denn eine ihrer Erscheinungsformen ist die einer Kuh. Als »Himmelskuh« hebt sie aus dem Urgewässer (angedeutet durch ein Wasserbassin) den Falkengott Re-Harachte empor. Damit hilft sie der Sonne jeden Morgen bei ihrer Wiedergeburt und bringt so dem Land Fruchtbarkeit.
Malerei aus dem Grab des Irinefer, Theben Nr. 290, Ramessidenzeit

Auch als löwenköpfige Sachmet trägt Hathor die Sonnenscheibe auf dem Haupt. Die »Mächtige« verbreitet Krieg und Pest, doch wenn man sie durch Gebete besänftigt, schützt sie vor eben diesen Übeln. Der kränkelnde Pharao Amenophis III. ließ in Karnak mehr als 600 überlebensgroße Standbilder der Löwengöttin aufstellen.
Theben, 18. Dynastie, Granit, Höhe 189 cm, Berlin, Ägyptisches Museum

Götter, Göttinnen und Magie

Die Baumgöttin, die »Herrin der südlichen Sykomore«, reicht dem verstorbenen Pharao die Brust. »Er wird gestillt von seiner Mutter Isis«, steht unter dieser Zeichnung auf einem Pfeiler in der Sargkammer Thuthmosis' III. Isis und Hathor, beide nährende Fruchtbarkeitsgöttinnen, verschmolzen mit den Jahrhunderten zu einer einzigen Gestalt.
Tal der Könige, 18. Dynastie

göttin Nahrung und Schatten. Die kuhohrige Göttin wird als Herrin von Fruchtbarkeit, Liebe, Musik und Tanz verehrt, doch wenn sie alljährlich ihren Tempel in Dendera verläßt und auf dem Nil nach Edfu fährt, um sich dort mit dem falkenköpfigen Horus zu vermählen, ist es ratsam, die wilde Göttin unterwegs trunken zu machen und sie mit Musik zu besänftigen.

In der Spätzeit verschmilzt Hathor mit einer anderen, immer beliebter werdenden Göttin, mit Isis, die am Bug der Sonnenbarke steht und der es sogar einmal gelang, den Sonnengott selbst zu überlisten: Re ist alt und schwach geworden, denn in Ägypten sind selbst die Götter dem Verlauf der Zeit unterworfen. Isis erschafft durch Magie eine Giftschlange, die den unachtsamen Re beißt. Nur Isis kann ihn heilen, sie verlangt dafür als Preis den wahren, geheimen Namen des Sonnengottes zu erfahren, der so oft Gestalt und Namen wechselt. Um seinen Qualen ein Ende zu bereiten, willigt Re endlich ein. Dadurch, daß sie seinen Namen kennt, hat Isis, die »Zauberreiche«, Macht über den einst so mächtigen Sonnengott bekommen.

Als »Gottesmutter, Herrin des Himmels, Gebieterin aller Götter« erlangte Isis zusammen mit Osiris größte Verbreitung in der Spätzeit. Als Isis-Aphrodite wurde sie im ganzen Mittelmeerraum verehrt. Sie trug nun ein wehendes griechisches Gewand und einen Kopfschmuck aus Ähren, Kuhgehörn, Sonnenscheibe und Straußenfedern.
Ptolemäisch, gebrannter Ton, Höhe 14,6 cm, Leipzig, Museum der Universität

Isis

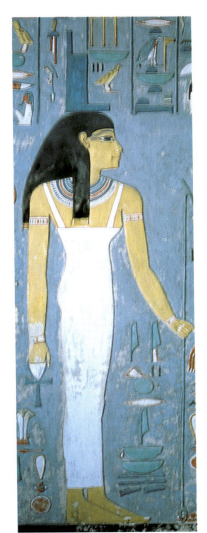

Isis ist Schwester und Gattin des Osiris, des Königs im Totenreich, und Mutter seines Sohnes Horus, den sie im Verborgenen aufzog und gegen seine Feinde schützte. Sie wurde vor allem im Tempel von Philae als Mutter- und Schutzgottheit verehrt. Ihr Attribut ist der Sesselthron, den sie auf dem Scheitel trägt.
Grab des Haremhab, Tal der Könige, Theben, 18. Dynastie

Vernichtungs- und Liebeszauber

Heka, der Gott der Magie, steht in der Sonnenbarke neben den anderen Göttern. Denn Zauber ist für die Ägypter eine im gesamten Kosmos wirkende Energie, eine alles durchdringende Urkraft von elementarer Stärke.

Durch Zauber ist die Welt erschaffen worden, durch Zauber muß sie bewahrt und geschützt werden. Er ist Teil der ägyptischen Religion ebenso wie der Medizin und beherrscht das gesamte ägyptische Leben in für uns unvorstellbaren Maßen.

Nicht im Dunkeln wird er ausgeübt, sondern ganz oft im Staatsauftrag von Priestern praktiziert. Wenn etwa nubische oder libysche Feinde das Land bedrohen, wird ein »Ächtungszauber« zelebriert, um sie zu vernichten: dazu werden die Namen der ausländischen Herrscher und »aller Vertrauten, die mit ihnen sind, Helden, Schnelläufer und Verbündete« auf Tonkrüge geschrieben und diese zerschmettert und die Scherben mit Füßen zertreten. Auf einem Sarg steht die Beschwörungsformel: »Mögest du deine Feinde zerbrechen und überwinden und sie unter deine Schuhe legen!«

Auch im Alltag nahmen die Ägypter ständig Zuflucht zur Magie, zu stets als »millionenmal bewährt« empfohlenen Praktiken. Ein gewisser Sarpamon ruft zum Beispiel auf einem Papyrus der Spätzeit den Dämonen Antinoos an und beschwört ihn, ihm die Liebe der Ptolemais, Tochter der Aias (auch hier ist die Kenntnis des Namens, der wahren Identität, unabdingbar), zu verschaffen: »Binde sie, damit sie mit keinem anderen Mann verkehren oder Lust haben kann außer mit mir. Laß sie weder essen noch trinken, lieben, ausgehen, noch Schlaf finden, außer einzig mit mir, Sarpamon! ... Ziehe sie an den Haaren, an den Eingeweiden, bis ich sie besitze, mir untertan fürs ganze Leben, daß sie mich liebe, mich begehre, mir alles sage, was sie denkt!« Für diesen Liebeszauber wurde sicherlich neben den Sprüchen auch noch ein Wachsfigürchen der Frau oder ein Liebestrank eingesetzt, denn zum »Wort« gehörte immer die »Praxis«, die Tat.

Über 80 Prozent aller magischen Rituale betrafen den alltäglichen Bereich, sollten zum Beispiel gegen Schnupfen oder Fieber helfen. Zum Schutz von Mutter und Kind gab es Amulette und geschriebene Zaubersprüche, die man um den Hals tragen oder aufessen konnte. Heilung von den häufigen Schlangen- oder Skorpionbissen erhoffte man von Steinplatten, den sogenannten Horusstelen. Sie zeigen den Sohn der Isis, das Horuskind, das siegreich auf Krokodilen steht und mit den Händen Schlangen und Skorpione erwürgt. Wenn man über diese Steintafeln Wasser laufen ließ und es anschließend trank, hatte man Teil am Schutz, den Isis ihrem Kind zuteil werden ließ, und wurde gesund.

Aber nicht immer war der Zauber wirksam. Nektanebos II., der letzte wirklich ägyptische Pharao (nach ihm kamen Perser und Griechen auf den Thron), war – so geht eine späte Legende – als großer Magier berühmt. Er brauchte

Von unzähligen Ägyptern wurde sein Bild als Amulett getragen: der Gott Bes, Schutzgeist des ägyptischen Hauses. Der Zwerg wachte über Liebe, Ehe und Geburt und sollte durch seine Häßlichkeit alle bösen Mächte abschrecken.
Aus Dendera, griechisch-römisch, Sandstein, Höhe 96 cm, Kairo, Ägyptisches Museum

Das Auge der Götter war allgegenwärtig, heilbringend oder bedrohlich begleitete es die Ägypter durch Leben und Tod.
Armreif des Königs Scheschonk I., aus Tanis, 945–924 v. Chr., Cloisonnéarbeit mit Lapislazuli, Durchmesser 6,5 cm, Kairo, Ägyptisches Museum

Nektanebos II., der letzte Pharao ägyptischer Herkunft, bevor Griechen die Herrschaft übernahmen, steht hier noch unter dem Schutz des Horus. Weil die Götter sich von ihm abwandten, mußte er sein Land verlassen.
Statue des Nektanebos, 30. Dynastie, 360–343 v. Chr., Höhe 72 cm, New York, The Metropolitan Museum of Art, Rogers Fund, 1934. (34.2.1)

Heka = Gott der Magie

Götter, Göttinnen und Magie

Tempel waren Wohnungen für die Götter – ließen sie sich darin nieder, herrschten Ordnung, Glück und Wohlstand im Land. Deshalb baute jeder Pharao Tempel oder vergrößerte die seiner Vorgänger und setzte sein eigenes Abbild als Wächterstatue vor das Tor.
Tempel von Luksor

Tempel – wo sich Himmel und Erde berühren

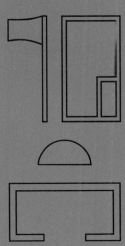

hut-netscher = Haus des Gottes

Nicht in einem fernen Himmel wohnten die Götter Ägyptens, sondern auf Erden in Tempelburgen. Überall im Land bauten die Pharaonen ihnen prunkvolle, befestigte Häuser. Wenn die Götter sie annahmen, sich im Allerheiligsten des Tempels niederließen und sich dort mit ihrer Statue aus Gold oder Silber vereinigten, dann galten Glück, Ordnung und Wohlstand als gesichert. Deshalb war das Land mit »Götterwohnungen« überzogen, riesigen Anlagen, die alle anderen Bauten mit ihren weißgetünchten mächtigen Doppeltürmen überragten. Hoch über ihnen wehten Fahnen an Masten, die »bis zu den Sternen reichen«.

Eine hohe Mauer umgab den gesamten heiligen Bezirk, zu dem auch Kornspeicher, Priesterwohnungen, Bibliothek und Schreiberschule gehörten, doch diese Nutzbauten waren aus Lehmziegeln gebaut und sind längst verschwunden. Zu beiden Seiten des Tores erhoben sich Pylone, jene mächtigen breiten Türme mit geneigten Außenmauern, die seit der 11. Dynastie den Götterwohnsitz kennzeichnen. Die Pylone beeindruckten durch ihre Monumentalität und durch riesige Reliefs, auf denen der Pharao mit der Keule »die Feinde schlägt« – zur Abschreckung und Abwendung jeglicher Gefahr von Tempel und Land.

Der über Jahrtausende beibehaltene Grundriß war einfach: Vom Tor führte, der Mittelachse folgend, ein gerader Weg durch mehrere Hallen zur Kammer, in der das Kultbild des Gottes stand. Dort war das Herz des Tempels, das Aller-

Den Tempeleingang bildeten die Pylone: zwei breite, massive Türme mit geneigten Außenmauern.
Wandmalerei im Grab des Amunmesu, Theben Nr. 19

190 Tempel – wo sich Himmel und Erde berühren

genau auf der Mittelachse und am weitesten vom
ntfernt.
 Eingang und Heiligtum lagen die Hallen: Nur die
zum Himmel offener Vorhof, direkt hinter den
war bei Festen der Menge zugänglich. Dahinter
ür die Öffentlichkeit gesperrt – eine in Dämmerlicht
 riesige Säulenhalle. Sie führte zum Opfertischraum
r zum Barkenraum (bei Prozessionen wurde das
d von den Priestern auf einer Barke getragen) und
um verschlossenen Allerheiligsten. Nach diesem
ster bauten die Könige auch ihre eigenen Toten-
 denen seit dem Mittleren Reich neben dem Bildnis
Pharaos immer auch ein oder mehrere Götter ihren
 erzielte einen – trotz aller Monumentalität –
 Symmetrie
lagen von

ers ver-
ieß, um neu
halle, noch
: Im Neuen
r Mittel-
on Bäumen
per und
m Nil

191

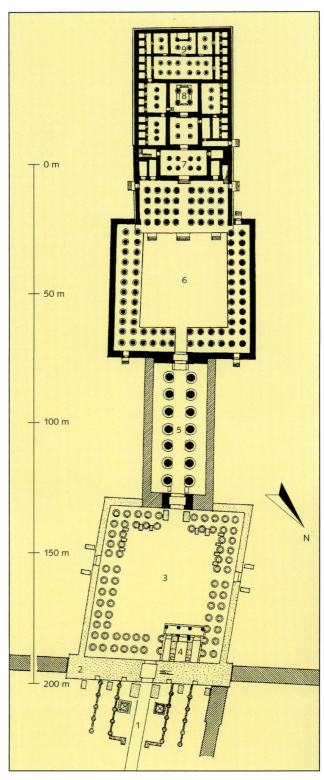

Am Plan des Luksor-Tempels erkennt man die verschiedenen Bauphasen, angefangen hat Amenophis III., weitergebaut Ramses II.

1. Vorhof mit Obelisken und Kolossalstatuen
2. Pylon
3. Hof Ramses' II.
4. Tempel Thuthmosis' III.
5. Kolonnade Amenophis' III.
6. Hof Amenophis' III.
7. Säulensaal
8. Barkensanktuar
9. Allerheiligstes

führten. Auf diese Weise entstand die ausgedehnte Anlage von Karnak: Durch ständigen Anbau in der 18. Dynastie wuchs der bescheidene Amun-Tempel Sesostris' I. zu dem riesigen Tempelkomplex des Reichsgottes mit zehn Pylonenpaaren, einem mit 134 Säulen dicht zugestellten Saal und über 1000 Sphingen.

Vorgegeben war stets eine Ost-West-Achse, zulaufend auf den Nil, die Tempelfront sollte möglichst dem Fluß zugewandt liegen. Regelbücher bestimmten die Proportionen, bevorzugt wurden Ellenmaße, die durch zehn teilbar sind, der große Saal von Karnak mißt zum Beispiel 200 x 100 Ellen (eine Elle = 52,3 Zentimeter). Richtung und Umrisse legte beim feierlichen Gründungsritual der Pharao selber fest, er spannte die Stricke zusammen mit Seschat, der Göttin des Messens. Wer die Pläne entwarf und ausführte, wissen wir nicht, verewigt an den Wänden ist nur der Name des Bauherrn, des jeweiligen Pharaos, nicht der seines Baumeisters.

Die Säulenhalle des Tempels von Karnak um 1850, aufgenommen von dem Franzosen Maxime du Camp, der erstmalig mit wissenschaftlicher Ambition die Monumente Ägyptens fotografiert hat. Viele der Säulen sind heute wieder aufgerichtet und restauriert.

Tempel – wo sich Himmel und Erde berühren

Hügel in den Fluten

Der Mythos des aus den Fluten auftauchenden »Urhügels« hat nicht nur bei den Pyramiden, sondern auch bei der Gestaltung der Tempel eine Rolle gespielt. Details von Architektur und Dekor zeigen: Der Bau war symbolisch als auf dem Urwasser stehende Insel gedacht. Auf der wuchtigen Mauer zum Beispiel, die die Tempelanlage von Dendera umgibt, verlaufen die Lagerfugen der Ziegel nicht horizontal, sondern wellenförmig, sie folgen den »Wogen des Urozeans«. Dieser sollte direkt unter dem Tempel liegen, sein Wasser speiste den »heiligen See« und die Brunnen, an denen die Priester sich wuschen, bevor sie das Heiligtum betreten durften.

Der Fußboden des Tempels (meist schwarz wie der Nilschlamm) steigt von Raum zu Raum an, über aufwärts führende Rampen mußte das Götterbild von den Priestern hinaufgetragen werden. Dort stand es, auf dem höchsten Punkt, verschlossen in einem Schrein, der mit seinem pyramidenförmigen Dach wiederum die abstrakte Form des Urhügels nachahmte, ein mächtiger Block, gearbeitet aus einem besonders harten Granit oder Basalt. Heute sind die meisten Kultbilder aus Gold und Silber verschwunden, ihre soliden Schreine stehen noch, manchmal allein inmitten von Trümmern.

Auf einer Barke wurde das Götterbild bei den Prozessionen getragen, in den Säulenhallen muß es ausgesehen haben, als schwimme sie auf dem Wasser des Urozeans. Denn die

Die Tempel sind, nach einer alten Vorstellung, wie Hügel aus den Fluten emporgewachsen. Im 20. Jahrhundert wurden nach dem Bau der Staudämme von Assuan viele Tempel vom Wasser bedroht. Um die Anlage von Philae zu retten, hat die UNESCO sie 1980 versetzt und höhergelegt.
Isis-Tempel auf der Insel Philae, Ptolemäerzeit, an der Grenze Nubiens

Die Ziegel der Umfassungsmauer des Hathor-Tempels von Dendera sind wellenförmig angelegt – auch dies eine Erinnerung an den Urozean, der unter allen Tempeln liegen soll.
Römische Kaiserzeit, 1–2. Jahrhundert n. Chr.

Das stabilste Element in einem Tempel war der Götterschrein. Er allein ragt heute noch empor aus dem Schutt, der von der riesigen Tempelanlage von Mendes (Nildelta) übrigblieb.
26. Dynastie, roter Granit, Höhe 8 m

Tempel – wo sich Himmel und Erde berühren   195

dekorierten Säulen wirken wie gebündelte Papyrus- oder Lotosbüschel, sie sprießen aus dem »Schlamm« und verwandeln die Hallen in einen imaginären Blumenwald. Die beiden Wappenpflanzen von Unter- und Oberägypten, Lotos und Papyrus, krönen in Karnak zwei besonders schöne Granitpfeiler vor dem Barkenraum und ragen heute weit aus den Trümmern empor. Damals trugen sie als die beiden Landeshälften symbolisch den Himmel über dem Pharao, wenn er ins Heiligtum trat.

Die heute zum Teil eingestürzten Decken waren einstmals blau bemalt und mit Sternen geschmückt, riesige Falken breiteten über den Türen ihre Schwingen aus, und die Himmelsgöttin Nut wölbte ihren schlangengleichen nackten Leib über der Erde. Der gesamte Kosmos war im Tempel nachgebildet, aus Wasser, Erde und Himmel.

Vor seinen Toren thronten monumentale Herrscherstatuen und standen paarweise bis zu 32 Meter hohe Obelisken. Sie waren aus rotem Granit, stammten aus den Steinbrüchen

Im Amun-Tempel von Karnak: 134 Säulen tragen geöffnete oder geschlossene Lotosblüten als Kapitelle, wie Pflanzen, die aus dem Urschlamm sprießen.
Säulensaal, 19. Dynastie

Täglich gereinigt, gesalbt und beweihräuchert: Das silberne Kultbild des Horusfalken wurde verwöhnt, auf daß sich die Gottheit gnädig in ihm niederlassen möge.
Fundort unbekannt, 27. Dynastie, Höhe 26,9 cm, München, Staatliche Sammlung Ägyptischer Kunst

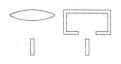

raper = Schrein

Auch das pyramidenförmige Dach des Götterschreins im Horus-Tempel von Edfu sollte den Urhügel evozieren. Er steht am Ende des langen, ansteigenden Weges durch den Tempel in einer dunklen Kammer, dem stets versiegelten »Allerheiligsten«.
30. Dynastie

Tempel – wo sich Himmel und Erde berühren

von Assuan und wogen über 450 Tonnen. Auf der pyramidenförmigen Spitze der Obelisken, beschlagen mit vergoldetem Bronzeblech, spiegelte sich das Licht – sie werden als Sonnensymbole gedeutet, als eine Art konkretisierter Sonnenstrahl. Wahrscheinlich gehen auch sie, trotz ihrer eleganten Nadelform, auf einen uralten, unregelmäßig geformten heiligen Stein aus Heliopolis zurück, den Benben-Stein, wiederum Abbild des Urhügels.

Aus rotem Granit und bis zu 32 m hoch waren die Obelisken – wie die Pyramiden eine ägyptische Erfindung, vielfach exportiert und imitiert. Mit ihrer goldglänzenden Spitze galten sie als steingewordener Sonnenstrahl.
Obelisk von Thuthmosis I., Karnak, 18. Dynastie

Bunt bemalt war das Tempelinnere, heute sind nur noch Spuren davon erhalten. Maler des 19. Jahrhunderts haben auf ihren Bildern versucht, den ursprünglichen Zustand wiederzugeben.
Säulenhalle des Isis-Tempels von Philae

198 Tempel – wo sich Himmel und Erde berühren

Den gesamten Kosmos sollte der Tempel nachbilden, an die Decke wurde der nächtliche Himmel, von Göttern gestützt, mit seinen Sternbildern gemalt. Einige der ägyptischen Sternbilder sind uns bis heute bekannt.
Astronomische Himmelskarte aus dem Hathor-Tempel in Dendera, Original heute im Louvre, Nachzeichnung von Domenico Valeriano 1835

pet = Himmel

 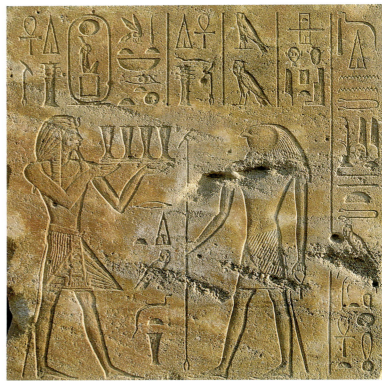

Kult ist Götterpflege

»Mögest du erwachen in Frieden!« begrüßt der Priester in der Frühe das Götterbild des Amun. So steht es im »Morgenlied für Festtage« auf einem alten Papyrus aus der Tempelbibliothek von Karnak, 1845 von dem Berliner Ägyptologen Richard Lepsius im ägyptischen Antikenhandel erworben. Mit diesen beschwörenden Worten soll der »Herr der Furchtbarkeit« freundlich gestimmt werden, denn Götter können furchtbar sein, an ihrer Stirne droht ständig die Uräusschlange. Weil von Amun das Schicksal Ägyptens abhängt, muß er, müssen die anderen wichtigen Gottheiten versorgt und verwöhnt werden, deshalb läuft in allen Tempeln des Landes jeden Morgen ein aufwendiges Ritual ab.

Der diensttuende Priester zündet beim Betreten der innersten, fensterlosen Tempelkammer eine Fackel an, dann zerbricht er das Siegel an der Tür des heiligen Schreins und stellt sich dem Kultbild des Gottes vor: »Wahrlich, ich bin ein Gottesdiener, ... der König ist es, der mich sendet, den Gott zu schauen. Ich bin gekommen, um zu tun, was getan werden darf.« Zu tun ist viel: Weihrauch verbrennen, um die bedrohlich emporgebäumte Schlange am Diadem des Gottes zu beschwichtigen, den Schrein säubern, die Statue abschminken, mit Wasser und Weihrauch reinigen, neu einkleiden, krönen, mit zehn verschiedenen Ölen salben und schminken. Zum Schluß wird sie durch die »Mundöffnung« magisch zum Leben erweckt, wieder in ihren Schrein eingeschlossen und dessen Tür versiegelt. Nachdem er die eigenen Fußspuren auf dem Boden sorgfältig verwischt und die Fackel gelöscht hat, verläßt der Priester das Allerheiligste, bis zum nächsten Tag.

Ein Großteil der Tempelwände ist mit Opferszenen dekoriert, wie hier in der »Roten Kapelle« der Hatschepsut. Dieses Gebäude wurde von ihrem Nachfolger zwar zerstört, aber die Blöcke hat man im Mauerwerk anderer Bauten weiterverwendet, so daß sie wiedergefunden werden konnten. In der linken Szene wird Amun-Re Milch dargebracht. In der rechten Szene opfert Hatschepsut dem falkenköpfigen Horus Salbe.

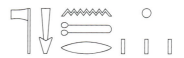

senetscher = Weihrauch

Auch Götter brauchen Nahrung. Der kniende König Nektanebos opfert ein konisch geformtes Brot. In Wirklichkeit wurde das tägliche Ritual in den zahllosen Tempeln natürlich nicht vom Pharao selbst vollzogen sondern von Priestern in seinem Auftrag.
Detail aus einem Relief im Tempel Nektanebos' I., Alexandria, 30. Dynastie, London, British Museum

Wie die Ägypter liebten auch ihre Götter den Duft von Weihrauch über alles. Mit spitzen Fingern wirft Prinz Amunherchepeschef, Sohn von Ramses III., Weihrauchkügelchen in die Pfanne eines aufwendig gearbeiteten Räuchergeräts.
Wandmalerei im Grab des Prinzen Amunherchepeschef, Sohn Ramses' III., 20. Dynastie, Theben, Tal der Königinnen

Befugt, diese rituellen Handlungen vorzunehmen, wäre eigentlich nur der Pharao persönlich, aber er kommt lediglich zu großen Feiertagen und läßt sich sonst in den vielen Tempeln des Landes durch Priester vertreten. Auf den Wänden der Gotteshäuser jedoch, auf denen das Ritual in versenktem Relief und farbig dargestellt ist, agiert allein der König: Er betet, verbrennt Weihrauch, opfert, bringt Gaben, Wasser, Milch oder Wein, denn auch Götter brauchen Nahrung. Als Gegengabe reichen sie dem König das Henkelkreuz, das Lebenszeichen »anch«: »Ich gebe dir Leben, Heil und Gesundheit immerdar«, sagen die Hieroglyphen.
In einer anderen Szene wird der Pharao gezeigt, wie er dem Gott eine kleine Statue präsentiert, eine Frau mit einer Feder auf dem Kopf – im Miniaturformat, aber von größter Wichtigkeit: Maat genannt, symbolisierte sie Gerechtigkeit und Ordnung. Das Ritual dient zur Abwendung von Unordnung und Chaos. Vergißt man es, vernachlässigen Pharao und Priester ihre Pflichten, dann verlassen die verstimmten Götter das Land, das nicht mehr länger »voll von Tempeln« ist, sondern »voll von Gräbern und Leichnamen«. Und: »Das Land dreht sich wie eine Töpferscheibe, … der Fluß ist voll Blut … Trauer zieht durchs Land, vermischt mit Wehklagen. Groß und klein sagt: ich wollte, ich wäre tot!«

Die sich aufbäumende Uräusschlange vernichtet alle Feinde. Sie schützt den Pharao und droht vom Kopfputz der Götter. Immer wieder muß sie im täglichen Kult besänftigt werden.
Wahrscheinlich Teil einer Krone Sesostris' II., Mittleres Reich, 12. Dynastie, massives Gold, Kopf aus Lapislazuli, das Auge aus Granat, Höhe 6,7 cm, Kairo, Ägyptisches Museum

Im Tausch gegen ihre Opferspenden schenken die Götter den Menschen vor allem das »Henkelkreuz«, Symbol und gleichzeitig Hieroglyphe für »anch«, das heißt »Leben«. Weil »anch« auch »Spiegel« bedeutet, hat ein kostbarer Spiegelkasten Tutanchamuns die Form des Henkelkreuzes. Den darin verwahrten Spiegel haben wohl Grabräuber gestohlen.
Spiegelkasten, 18. Dynastie, Holz mit Gold, Silberblech, Halbedelsteinen und Glas, Höhe 27 cm, Kairo, Ägyptisches Museum

In der linken Hand hält die Göttin das lebensspendende Henkelkreuz, in der rechten einen langen Stab mit verfremdetem Tierkopf – das Uasszepter, Zeichen ihrer Macht. König Haremhab bringt ihr Wein in bauchigen Gefäßen.
Reliefszene im Grab des Königs Haremhab, Theben, Tal der Könige, 18. Dynastie

Tempel – wo sich Himmel und Erde berühren 203

Weihrauch und Myrrhe

Ägyptologen haben den ägyptischen Tempel als eine Art magisch wirksame »Maschine« zur Erhaltung der Weltordnung beschrieben, die Ägypter selbst nannten ihn einen »Horizont«. Dieses Wort bezeichnet nicht nur einen geographischen, sondern auch einen metaphysischen Ort: Hier, wo der Tempel steht, berühren sich Himmel und Erde, Diesseits und Jenseits. Dem Schreiber Iahemes schien es, »als ob der Himmel selbst im Tempel wäre, wenn die Sonne in ihm aufgeht«.

Diese Worte stehen, sozusagen als Graffito, auf der Außenmauer des Totentempels von König Djoser, geschrieben wurden sie während der 18. Dynastie, Iahemes bewunderte also eine Kultstätte, die damals schon über 1000 Jahre alt war. Ob er sie betreten hat, ist ungewiß, normalerweise hatten gewöhnliche Menschen keinen Zutritt. Tempel waren nicht, wie etwa die Kathedralen des Mittelalters, dazu bestimmt, die Masse der Gläubigen zur Andacht aufzunehmen. Nur in den Vorhof durften sie, und auch dies nur zu besonderen Anlässen.

Die Handwerker von Deir el-Medina, die Erbauer der Pharaonengräber bei Theben, die einzigen einfachen Leute, über die wir gut unterrichtet sind, wandten sich statt an die Reichsgötter gern an bescheidenere Lokalgottheiten. In einem kleinen Dorfheiligtum oder auf privaten Hausaltären verehrten sie als Schutzpatronin Meretseger, die »Freundin der Stille«, die in Schlangengestalt die nahe Bergspitze bewohnte. Von ihr erbaten sie Schutz.

Etwas höhergestellte Männer konnten als Laienpriester Zutritt zu den äußeren Gebäuden des Tempelkomplexes erlangen. Denn im Unterschied zu den offiziellen Priestern, die direkt vom Pharao ernannt wurden oder ihr Amt erbten, verrichteten die niederen Laienpriester abwechselnd für einige Wochen oder Monate ihren Dienst, so daß eine beträchtliche Zahl von Männern an Glanz und wirtschaftlichen Vorteilen dieser reichen Institutionen partizipierte. Zu erkennen sind Priester in den Darstellungen am einfachen langen Schurz und an ihren kahlgeschorenen Köpfen. Sie »schneiden alle zwei Tage ihre sämtlichen Körperhaare ab«, berichtet Herodot, »damit sich bei den Dienern der Götter keine Laus oder anderes Ungeziefer festsetzen kann ... Zweimal am Tage und zweimal des Nachts baden sie in kaltem Wasser.« Sie wurden »die Reinen« genannt und durften zum Beispiel die Statue des Gottes tragen, wenn er an Feiertagen aus dem Dämmerlicht des Tempels ans Licht kam. Auf den Schultern von 30 Priestern zog Amun von Karnak dann in seiner 80 Meter langen Götterbarke über den Prozessionsweg nach Luksor oder zur Anlegestelle am Nil, unterwegs machte er Rast in Pavillons, den »Barkenstationen«, und gab dem Volk Gelegenheit, ihm von weitem zuzujubeln.

Um für ihre Wünsche Gehör bei einem Gott zu finden, konnten die einfachen Leute sich an Mittler wenden: »Kommt zu mir! Ich melde, was mir gesagt wird, Amun in Theben ... Denn ich bin der Herold, den der König eingesetzt hat zu hören den kleinen Mann«, stand auf dem Sockel einer Statue am Eingang des Amun-Tempels von Amenophis III.

dua = anbeten

Für Könige waren Reichsgötter zuständig, die einfachen Leute wendeten sich mit ihren Alltagssorgen an Lokalgottheiten. Im Dorf Deir el-Medina wurde eine Schlangengöttin verehrt. Zu ihr beten die drei Söhne des Vorarbeiters Paneb auf einer Stele.
Stele des Paneb, 19. Dynastie, London, British Museum

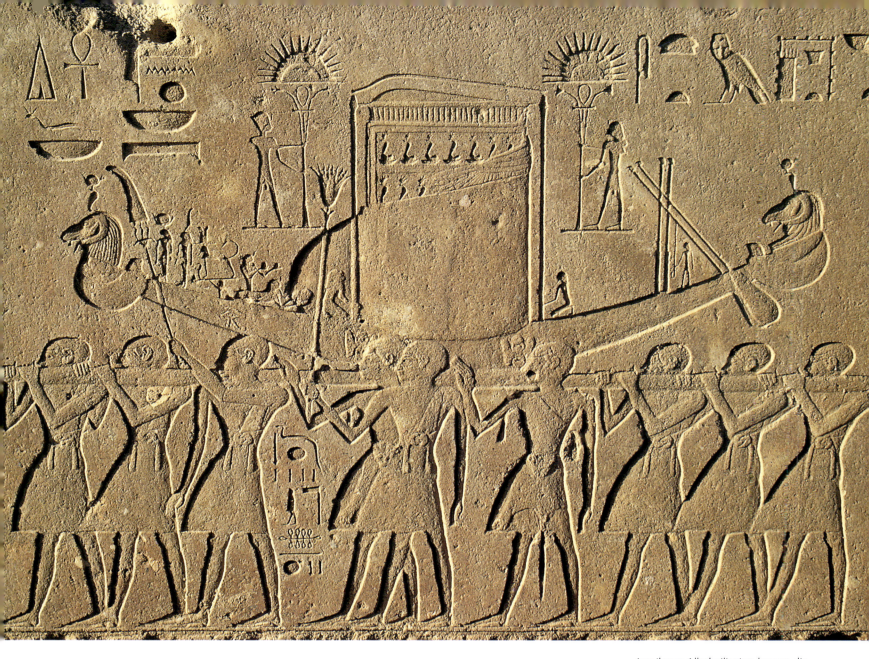

Aus ihrem Allerheiligsten kamen die Reichsgötter nur an hohen Festtagen heraus. Kahlgeschorene Priester trugen sie in einem verschlossenen Schrein auf einer Barke durch den Tempelbezirk.
Relief an der »Roten Kapelle« der Hatschepsut in Karnak

Bei Prozessionen in Karnak wurde die Götterbarke mehrmals abgesetzt, zum Beispiel in der »Weißen Kapelle«, die während der 12. Dynastie von Sesostris I. errichtet wurde. Auch sie wurde zerstört, aber aus den vollständig erhaltenen Steinen wieder aufgebaut.

Tempel – wo sich Himmel und Erde berühren   205

Bitten oder Danksagungen, jeweils versehen mit dem eigenen Namen, konnte man auch auf Statuetten oder Steintäfelchen schreiben, letztere sind oft geschmückt mit dem Ohr des Gottes, das man zu erreichen hoffte. Die Gläubigen deponierten sie im Tempelvorhof, in einer Grube bei Karnak wurden über 17 000 solcher Stelen gefunden.

Nur diese bescheidenen Täfelchen berichten von der persönlichen Frömmigkeit der kleinen Leute, die Darstellungen an den Innenwänden der Tempel geben über sie keine Auskunft. In die Rückwand der Tempel allerdings, direkt hinter dem Allerheiligsten, sind gelegentlich Ohren eingeritzt, auch dorthin konnten gewöhnliche Sterbliche sich wenden. Oder sie schrieben, wie der fromme Iahemes, ihre Wünsche für Götter und Tempel als Graffito auf die Mauern: »Möge der Himmel frische Myrrhen regnen, möge er tropfen von Weihrauch!«

Einen Eindruck von der dreitausendjährigen religiösen Baukunst Ägyptens geben die gut erhaltenen Tempel der Spätzeit. Immer noch wacht vor der Fassade des Tempels von Edfu in Oberägypten der Gott Horus als Himmelsfalke, gekrönt mit der Doppelkrone des Pharaos.
Ptolemäerzeit

Direkt an das Ohr Gottes wendet sich der Handwerker Bay aus Deir el-Medina und läßt drei Paar Ohren auf seiner Stele darstellen, denn »der erhörende Gott kommt zu dem, der ihn ruft«, sagt ein Hymnus. »Er ist strahlend in seinen Erscheinungen, reich an Ohren«.
Stele, gewidmet dem (als Widder dargestellten) Amun, in Deir el-Medina, in der Umfassung des Hathor-Tempels gefunden, 19.–20. Dynastie, Kalkstein, Höhe 24,5 cm

Die Statue des Amenophis, Sohn des Hapu, eines hohen Beamten, stand am Tor des 10. Pylons im Tempel von Karnak. Der Text auf dem Sockel berichtet von seinen Taten und bietet den Tempelbesuchern an, als Vermittler ihre Gebete an Amun-Re weiterzuleiten.
Karnak, 18. Dynastie, Granit, Höhe 128 cm

206   Tempel – wo sich Himmel und Erde berühren

Der Wunsch nach ewigem Leben unter dem Schutz der Götter und die banale Realität, fotografiert von Felix Bonfils 1860: ein schläfriger Wächter oder Verkäufer neben drei Mumien, die eine bekleidet, die zweite entblößt, die dritte zerbrochen am Boden.

Grabraub und Fluch

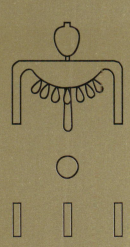

hedsch = Silber, Geld

Vielen der wohlhabenden Ägypter wurde der Wunsch, nach dem Tode in Frieden zu ruhen, nicht erfüllt. Räuber drangen in ihre Gräber ein und holten heraus, was irgendeinen Wert besaß. Dies geschah zumeist in Perioden ohne starke Zentralgewalt, in den sogenannten Zwischenzeiten. Der älteste Hinweis auf einen Raub stammt aus den Jahren nach dem Zusammenbruch des Alten Reiches, König Merikare (etwa 2100 v. Chr.) bekannte seinem Sohn: »Es gab Kämpfe auf den Grabfeldern, und die Gräber wurden geplündert. Ich habe selber mitgemacht.«

Etwa 1000 Jahre später (1121 v. Chr.) ließ Ramses IX. die Nekropolen in Theben-West untersuchen. Seine Beamten fanden ein königliches Grab und viele private Grabstätten aufgebrochen. Die Geständnisse der Diebe sind erhalten: »Wir nahmen unsere Kupferwerkzeuge und brachen einen Gang in das Pyramidengrab des Königs, ... wir entdeckten seine unterirdische Kammer und stiegen, brennende Fackeln in der Hand, hinunter ... Und wir fanden die Grabstätte der Königin ... Wir öffneten die (äußeren) Sarkophage und die (inneren) Särge, in denen sie lagen, und fanden die ehrwürdige Mumie des Königs, mit einem Sichelschwert ausgerüstet. Zahlreiche Amulette und Schmuck aus Gold lagen um seinen Hals. Seine Goldmaske bedeckte ihn. Die ehrwürdige Mumie des Königs war ganz mit Gold überzogen. Seine Särge waren innen und außen mit Gold und Silber geschmückt und mit jeder Art von Edelsteinen belegt. Wir rissen das Gold ab ... Die Königin fanden wir ganz in der gleichen Weise, und wir rissen ebenso alles ab ... und legten Feuer an ihre Särge.«

Die Mehrzahl aller Gräber wurde im Verlaufe der Jahrtausende aufgebrochen und ausgeraubt. Wenn die Archäologen kamen, sahen die Grabkammern aus wie diese (links) in der Nekropole von Douch in der Oase Charga.

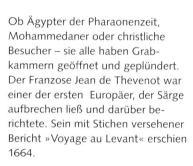

Ob Ägypter der Pharaonenzeit, Mohammedaner oder christliche Besucher – sie alle haben Grabkammern geöffnet und geplündert. Der Franzose Jean de Thevenot war einer der ersten Europäer, der Särge aufbrechen ließ und darüber berichtete. Sein mit Stichen versehener Bericht »Voyage au Levant« erschien 1664.

Ein Wirtschaftsfaktor

Die Grabräuberei nahm in den folgenden Jahrhunderten solche Ausmaße an, daß um 950 v. Chr. König Siamun sämtliche Königsmumien einsammeln und zu ihrem Schutze bei Deir el-Bahari verstecken ließ. 1871 n. Chr. wurde das als »cachette« (französisch »Versteck«) berühmt gewordene Sammelgrab von Räubern entdeckt und geplündert, zehn Jahre später hat die ägyptische Altertümerverwaltung die königlichen Überreste in das neugegründete Museum von Kairo in Sicherheit gebracht.

In Notzeiten wurden vermutlich alle Nekropolen durchwühlt und mit den dort geraubten Grabbeigaben ganz außerordentliche Gewinne erzielt. Das hatte Auswirkungen auf die Wirtschaft. In guten Zeiten verteilten königliche Planwirtschafter die Grundnahrungsmittel, in schlechten Zeiten, also in jenen ohne starke Zentralgewalt, brach das Versorgungssystem zusammen, Handwerker und Arbeiter mußten selbst sehen, wie sie zu Brot, Öl und Bier kamen. Etliche bedienten sich dann in den Gräbern. Die Gewinne der Räuber und Hehler überstiegen oft bei weitem jene Summen, die nötig waren, um den Hunger zu stillen. Sie entsprachen gelegentlich mehreren Jahreseinkommen, und es fehlten Möglichkeiten, sie gewinnbringend anzulegen: Banken gab es nicht, und der Boden befand sich zumeist im Besitz des Königs, seiner Beamten, der Tempel. Also wanderten die Gewinne in den Konsum, auch Handwerker kauften Sklavinnen, aßen Rindfleisch und tranken gesüßten Wein. Der punktuelle Reichtum verdarb die Preise auch für Grundnahrungsmittel, sie wurden für viele der unbeteiligten Personen unbezahlbar. Grabraub verstärkte also das wirtschaftliche Chaos, er hatte aber wirtschaftlich höchst positive Auswirkungen, behaupten einige Ägyptologen. Denn, so argumentieren sie, durch den ausgeprägten Jenseitskult der Ägypter kam ein gewichtiger Teil des Volksvermögens unter die Erde und blieb dort ungenutzt – die Diebe holten ihn in den wirtschaftlichen Kreislauf zurück und machten sich so auf kriminelle Weise volkswirtschaftlich verdient.

Die Dame mit der Küchenschürze, Margaret Murray, war eine der ersten Ägyptologinnen und angestellt am Museum von Manchester. 1907 wurde sie beim Entkleiden einer Mumie fotografiert.

Apothekergefäß aus dem 18. Jahrhundert für »Mumia«, ein Pulver, das seit dem Mittelalter nach Europa geschickt und dem große Heilkraft zugesprochen wurde.

Mumienhandel

Die Araber, die ab 640 n. Chr. Ägypten beherrschten, hatten vor dem altägyptischen Totenkult keinerlei Respekt. Ihre Grabräuber besaßen schriftliche Anleitungen, zum Beispiel das »Buch der verlorenen Perlen«: »Gehe von der Pyramide nach Nordwesten und du kommst zu einem weißen Berg, zu seinen Füßen führt ein Weg zu einer Senke mit weichem Grund. Entzünde ein Räucherfeuer aus Teer, flüssigem Styrax und Wolle von schwarzen Schafen«, und das magische Feuer weist den Weg zum Gold.

Erst relativ spät entwickelte sich der Mumienhandel. Um 1600 n. Chr. dürften die ersten unversehrten Körper nach Europa transportiert worden sein, 1615 kamen zwei von ihnen aus Sakkara nach Rom und dann 1728 von Rom ins Dresdener Kuriositätenkabinett Augusts des Starken.

Aber Interesse bestand schon früher, nicht an Körpern, sondern an einem Pulver, das Mumia hieß. Der Name kommt aus dem Persischen. Er bezeichnete ein in der Natur gewonnenes Bitumen, einen schwärzlichen Asphalt von angeblich großer Heilwirkung. Die Könige von Persien pflegten europäische Herrscher mit kleinen Portionen der kostbaren mineralischen Substanz zu beschenken, weckten damit Neugier und Bedürfnisse, die nur mit Ersatzstoffen befriedigt werden konnten. Als solchen schlug im 12. Jahrhundert ein arabischer Arzt Nadelholzharze vor, die zur Einbalsamierung benutzt worden waren und sich mit den Leichnamen verbunden hatten. So kamen die Toten, die die Ägypter für die Ewigkeit präpariert hatten, zu dem Namen Mumie, und geschäftstüchtige Händler sorgten seit dem späten Mittelalter dafür, daß sie in pulverisierter Form von Alexandria aus in die europäischen Häfen verschifft wurden. Der französische König Franz I. (gest. 1547) soll als Heilmittel gegen Verletzungen stets ein Beutelchen mit Mumia bei sich getragen haben, und bis ins 19. Jahrhundert stand ein Topf mit »Mumia« in jeder besseren Apotheke. In der Preisliste des Pharmawerkes E. Merck in Darmstadt wurde noch im Jahre 1924 »Mumia vera Aegyptica« geführt. Preis pro Kilo: zwölf Goldmark.

Das Interesse an unversehrten Mumien stieg, nachdem Napoleon und seine Wissenschaftler 1798 Ägypten populär gemacht hatten – unter Touristen galt die Mumie als angemessenes Reiseandenken. Zu Hause stellten sie die Mitbringsel in die eigene Raritätenkammer, stifteten sie einem Museum oder wickelten sie aus. Diese Mumienentkleidung wurde gelegentlich zum gesellschaftlichen Ereignis. Ein Lord Londesborough lud auf gedruckten Karten zum 10. Juni 1850 in sein Londoner Haus: »A Mummy from Thebes to be unrolled at half-past Two.« Der Preußenprinz Friedrich-Karl brachte 1883 eine Mumie von seiner Ägyptenreise nach Berlin und ließ sie auf seinem Billardtisch auswickeln. Interessenten mit geringeren Mitteln in der westfälischen Stadt Hamm gründeten einen Mumien-Verein und ließen sich ein Exemplar schicken.

Was sensiblere Teilnehmer bei solchen Mumienveranstaltungen empfunden haben, schildert Théophile Gautier, der französische Dichter. Anlaß war eine Entkleidung in Paris während der Weltausstellung 1867: »… zwei weiße Augen mit großen schwarzen Pupillen blitzten mit künstlicher Lebendigkeit zwischen bräunlichen Augenlidern. Es waren Emailleaugen … Dieser glänzende, starre Blick in diesem toten Gesicht machte einen schauerlichen Eindruck. Der Leichnam schien die Lebenden, die sich hektisch um ihn herum bewegten, mit verächtlichem Staunen zu betrachten.« Welch anderer Tonfall im Bericht von Giovanni Belzoni, einem italienischen Abenteurer, der im Auftrag des englischen Konsuls Henry Salt 1817 Felsengräber durchsuchte. In einem der Gräber tastete er bei dürftigem Fackelschein nach einem Sitzplatz: »Aber als mein Gewicht auf dem Körper eines Ägypters niederkam, drückte er ihn zusammen wie eine

Grabraub und Fluch

 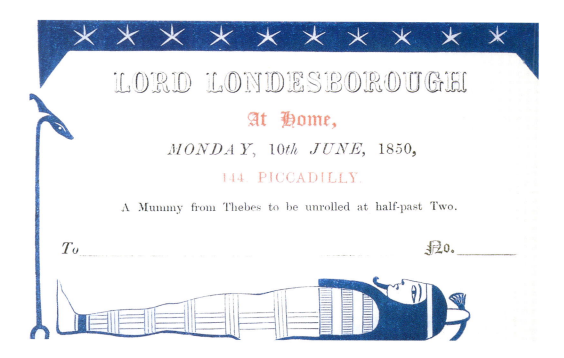

Hutschachtel. Natürlich nahm ich meine Hände zu Hilfe, um mein Gewicht abzustützen, aber sie fanden keinen besseren Halt; so sank ich insgesamt zwischen zerbrochenen Mumien abwärts in einem Durcheinander von Knochen, Lumpen, Holzkästen, die einen solchen Staub emporwirbelten, daß ich mich eine Viertelstunde lang nicht bewegen durfte …« Die jüngere Geschichte der Mumien steckt voller makaberer Details. Als 1881 auf dem Nil die toten Könige aus der »cachette« eintrafen, mußten sie wie alle nach Kairo eingeführten Waren auch durch den Zoll. Mumien waren in den Listen der Zöllner nicht aufgeführt. Der Beamte wählte das Nächstliegende, die Steuer für Trockenfisch.

Das Auswickeln einer Mumie als gesellschaftliches Ereignis in der Londoner Residenz von Lord Londesborough – eine Konfrontation zweier Kulturen. Besonders merkwürdig wirkt die Präzision von Tag und Uhrzeit angesichts der Jahtausende, die der Tote im Verborgenen ruhte.

Die Beschaffung intakter Mumien war kompliziert und teuer, wer es sich als Privatmann nicht leisten konnte, gründete einen Verein. So wenigstens machten es einige Bewohner der westfälischen Stadt Hamm. 20 Mark kostete ihre Vereinsaktie, und 1886 konnte die Mumie in einem Restaurant gegen Eintrittsgebühr besichtigt werden.

Würde und Wissenschaft

Umstritten ist und bleibt die Frage, wie weit es mit der Würde eines Toten, sei er König oder Knecht, vereinbar ist, ihn den Blicken einer neugierigen Öffentlichkeit preiszugeben. In der Praxis wird die Frage meist in Abwägung mit anderen Interessen entschieden. Im Kairoer Museum läßt sich dies deutlich erkennen. Seit Ende des letzten Jahrhunderts wurden die berühmten Könige ausgestellt. Präsident Sadat ließ den Saal der Königsmumien schließen, das neugewonnene Selbstwertgefühl der Ägypter war für ihn unvereinbar mit der Zurschaustellung ihrer alten Herrscher. Als 1994 wegen der Bedrohung durch islamische Fundamentalisten erstmals die Touristen ausblieben, wurden einige der Königsmumien wieder hervorgeholt. Devisenmangel machte es möglich.

Ein Beispiel für den höchst feierlichen Umgang mit den toten Pharaonen bildete der Empfang der Überreste von Ramses II. 1976 in Paris. Wie ein Staatsgast wurde er auf dem Flugplatz begrüßt, 102 Wissenschaftler bemühten sich dann im Musée de l'Homme um das königliche Wohl. Die Mumie litt an immer gravierenderen Anzeichen des Verfalls. Als Ursache wurde ein Pilz identifiziert: Daedalea biennis Fries. Erst an winzigen Gewebeteilen, dann an einer Versuchsmumie wurde ein Gegenmittel getestet: Gammastrahlen von Kobalt-60. Sie töten den Pilz, ohne den Körper zu beschädigen.

Sieben Monate blieb Ramses in Paris, er wurde vermessen, durchleuchtet, mit Hilfe der Computertomographie in optische Scheibchen zerlegt und in dreidimensionalen Bildern wieder zusammengefügt. Dabei zeigte sich eine Kampfwunde an der Schulter und in der Nase ein kleiner Tierknochen als Balsamierungsstütze. Sein Rückgrat war so stark verkrümmt, daß die Einbalsamierer Halswirbel brechen mußten, um den Kopf im Sarg richtig plazieren zu können. Der Louvre stiftete ein antikes Stück Leinen, um den Körper am Ende wieder zu bedecken. Die Ärzte hätten, schrieb ein Berichterstatter, dasselbe getan wie die Einbalsamierungspriester: den Körper bewahrt, damit die Seele sich wieder mit ihm vereinigen kann.

Der Fluch der Pharaonen

Bei der Untersuchung von Ramses II. trugen alle Beteiligten Mund- und Nasenschutz – schon vorher hatten Mediziner festgestellt, daß Pilzkulturen an Mumien die Gesundheit gefährden, besonders bei Personen mit schwacher Lunge. War dies der berüchtigte Fluch der Pharaonen?

Für die alten Ägypter beruhte der Fluch auf der Vorstellung, daß die Toten weiterleben und im Diesseits handeln können. »Ich werde sein Genick packen wie das einer Gans«, steht in einer Grabinschrift, der Verstorbene drohte jedem, der seinem Grab »Böses« zufügen will. Den Hals wird er ihm umdrehen, und »ich werde seine Hinterbliebenen austilgen, ich werde dafür sorgen, daß ihre Gehöfte veröden.« Solche Drohungen wurden von den Grabräubern nicht ernstgenommen, aber im Volksglauben wirkten sie weiter. Ein Bericht aus dem 10. Jahrhundert n. Chr., also der Periode islamischer Herrschaft, erzählt von jungen Männern, die in die Cheops-Pyramide eindringen: »Sie stiegen den schlüpfrigen Gang hinab, wo sie Fledermäuse sahen, die Adlern zu vergleichen waren und ihnen ins Gesicht fuhren ...« Einer von ihnen steigt, von Stricken gehalten, einen Schacht hinab. Plötzlich schloß sich der Boden über ihm. »Sie bemühten sich, ihn wieder heraufzuziehen, ihre Kräfte erlahmten, ... sie hörten einen entsetzenerregenden Laut und verloren das Bewußtsein.« Wieder erwacht, verließen sie die Pyramide, und »plötzlich trat ihr Gefährte aus der Erde heraus lebend vor sie hin und sprach einige ihnen unverständliche Worte, danach fiel er tot um.« Ein Mann aus Oberägypten übersetzte die fremden Worte: »So wird bestraft, wer nach dem trachtet, was nicht sein ist.« Diese Strafe soll auch Lord Carnarvon ereilt haben, der wegen seiner angeschlagenen Gesundheit in der trockenen Wärme Ägyptens lebte, die Entdeckung des Grabes des Tutanchamun finanzierte und bei dessen Öffnung 1923 zugegen war – er starb vier Monate später. Mehr noch: Am Tag der Graböffnung wurde sein Kanarienvogel von einer Kobra gefressen, und zur Stunde seines Todes gingen in Kairo die Lichter aus. Nun ist es in Ägypten keine Seltenheit, daß Schlangen Haustiere fressen und die Elektrizitätswerke in Kairo keinen Strom liefern, aber die Erinnerung an den »Fluch der Pharaonen« bündelte die Zufälle bedeutungsschwer zusammen. In Büchern und Filmen, die auf die Lust am Gruseln spekulieren, lebt dieser Fluch weiter als ein ägyptisches Erbe ganz besonderer Art.

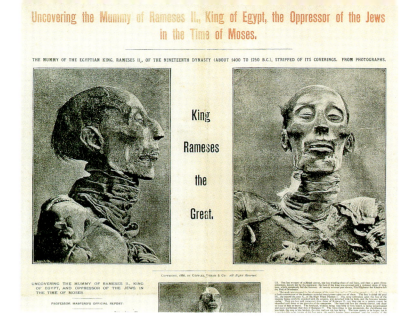

1881 wurden mehrere Königsmumien, darunter auch die von Ramses II., in einem Grab bei Deir el-Bahari, der »cachette«, entdeckt und nach Kairo gebracht. Daß Ramses II. jener ägyptische Herrscher gewesen sein soll, der das Volk Israel zur Zeit des Moses unterdrückte, ist pure Spekulation. Mit ihr warb eine Bostoner Buchhandlung 1887.

Keine andere ägyptische Mumie dürfte so gründlich untersucht, durchleuchtet und von allen Seiten fotografiert worden sein wie die des großen Ramses. Sie drohte zu zerfallen, wurde 1976 nach Paris geflogen, wo Wissenschaftler einen Pilz identifizierten und unschädlich machten. Neben Wunden, Zahnerkrankungen und einer Balsamierungsstütze in der Nase entdeckten sie auch, daß das rote Haar des Königs im Alter mit Henna nachgefärbt war.

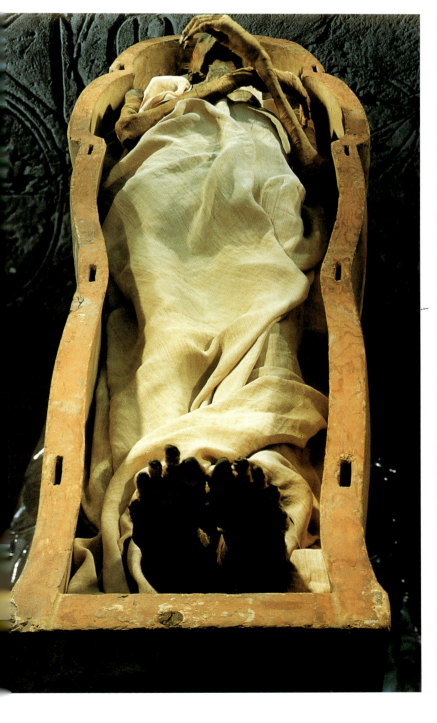
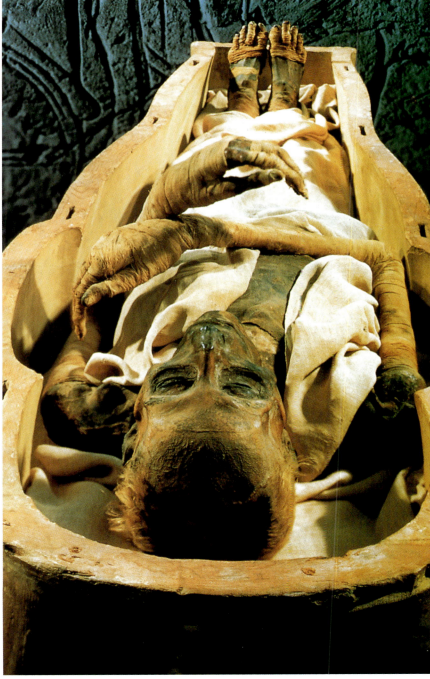

Grabraub und Fluch

Ägypten auf einen Blick, eingepaßt in einen Rahmen, der die europäische Perspektive kenntlich macht. Unten in der Mitte das napoleonische N unter der Kaiserkrone. Mit diesem Stich beginnt die »Description d'Egypte«, die erste wissenschaftliche Beschreibung der Monumente, der Bevölkerung und Landschaft Ägyptens. 1809 begannen die 20 Bände zu erscheinen – ein glückliches Ergebnis von Napoleons gescheiterter Militärexpedition.

Ägypten und das Abendland

Kemet = Schwarze Erde, Ägypten

Der Brand der Bibliothek von Alexandria soll 700 000 Schriftstücke vernichtet haben, wichtige Dokumente der Pharaonenkultur, darunter das einzige vollständige Exemplar der Königsliste, verfaßt von dem Priester Manetho. Der Bibliotheksbrand gilt als Endpunkt altägyptischer Überlieferung, doch weiß niemand genau, wann die Katastrophe stattgefunden hat. Es könnte im Jahre 48 v. Chr. gewesen sein, als Caesar die ägyptische Flotte verbrennen ließ und die Flammen auf die berühmte Tempelbibliothek übergegriffen haben sollen. Es könnte auch 391 passiert sein, als der römische Kaiser Theodosius das Christentum als Staatsreligion durchsetzen wollte und nichtchristliche Tempel plündern ließ. Nach einer dritten Version wurden die Manuskripte – oder das, was von ihnen übriggeblieben war – erst im 7. Jahrhundert unter der Herrschaft der Kalifen zur Verbrennung freigegeben.

Vielleicht haben die Flammen dreimal gelodert, bei brennbarem Material wie Papyrus wäre diese Art der Vernichtung naheliegend. Denkbar wäre aber auch, daß sie eher in den Köpfen späterer Generationen zerstört wurden als in Wirklichkeit, daß die nachfolgenden Generationen sich das Ende einer großen, geheimnisumwitterten Tradition nur als spektakulären Akt vorstellen mochten, nicht als einen über Jahrhunderte dahinschleichenden Prozeß.

Dieser Prozeß bestand im Absterben der altägyptischen Glaubensvorstellungen. Gefördert wurde er zunächst durch die aggressive Verbreitung des Christentums, später des Islams. Das geistige Leben im alten Ägypten war an die Tempel gebunden, und als deren Priester nicht mehr vom Pharao legitimiert oder von kommunalen Herrschern und der Bevölkerung gestützt wurden, schwand ihre materielle Basis. Die Priester starben aus, mit ihnen die Kenntnis der Hieroglyphen und der anderen altägyptischen Schriften. Nicht das Feuer hat das Ende gebracht, sondern der Religionsverfall.

Nach dem Tod Kleopatras wurde Ägypten eine römische Provinz, die einstige Staatsreligion verlor ihre Funktion, mit den Priestern verschwanden auch die Götter. Zu den wenigen Ausnahmen zählt Isis, deren Kult sich über das Mittelmeer ausbreitete. Die um 150 n. Chr. entstandene Isis-Skulptur trägt in der Linken einen Topf für das heilige Wasser des Nils. Wöchentlich soll ein Schiff mit Nilwasser von Alexandria nach Rom gesegelt sein.

218   Ägypten und das Abendland

Obelisken waren bis zu 30 Meter hoch, und trotz ihrer Ausmaße wurden im Laufe der Jahrhunderte mehrere von ihnen nach Europa transportiert. Den Ägyptern galt der Obelisk als ein Strahl des Sonnengottes, in Rom wurde das heidnische Denkmal mit einem Kreuz von der Kirche vereinnahmt.
Kupferstich von Giambattista Piranesi, 1759

Geheime Erbschaft

In Italien, insbesondere in Rom, hielt sich noch lange der aus Ägypten stammende Isis-Kult, und es blieb die Faszination durch ägyptische Monumente. Herrscher wurden unter Pyramiden begraben, Kaiser Augustus ließ 10 v. Chr. den ersten Obelisken nach Rom transportieren, heute steht er auf der Piazza del Popolo. Ein anderer steht vor dem Petersdom, allerdings an der Spitze geschmückt mit einem Kreuz als weithin sichtbares Zeichen, daß das Christentum alle anderen Religionen überragt.

Man darf das Kreuz auf dem Obelisken aber auch anders interpretieren: Die christliche Lehre ruht auf einem ägyptischen Sockel, denn viele der in der Bibel verwendeten Bilder und Geschichten stammen vom Nil. So wird der Mensch wie im alten Testament auch bei den Ägyptern aus Lehm von einem Gott geformt, die christliche Hölle ähnelt der ägyptischen Unterwelt mit ihren Strafen und Gefahren, vor Christus sind bereits die Pharaonen in den Himmel aufgefahren. Die Lehre von Tod und Auferstehung kannten die Ägypter als Mythos vom zerstückelten und von Isis zusammengefügten Osiris; Isis galt als schützende Muttergottheit, wie sie die Katholiken in Maria verehren. Frappant sind Ähnlichkeiten bei der Gottesvorstellung: Christus als Lamm oder der Heilige Geist als Taube entsprechen der ägyptischen Tradition, nach der Götter in Tiergestalt erscheinen, und die

Ägypten und das Abendland

Heilige Dreieinigkeit von Gottvater, Sohn und Heiligem Geist ist geradezu typisch ägyptisch – ihre Götter haben alle mehrere Erscheinungsformen, gehen ineinander auf und erscheinen besonders häufig als Triaden.

Auch Ereignisse, die uns mit der biblischen Weihnachtsgeschichte untrennbar verbunden scheinen, wurden schon in Ägypten erzählt. Etwa die Geschichte von der schwangeren Göttin Isis, die eine Herberge sucht, von mehreren vornehmen Damen abgewiesen wird und in der armseligen Hütte eines »Sumpfmädchens« niederkommt. Oder die des Cheops, der (ähnlich wie König Herodes) drei Knaben töten lassen will, denen das Herrscheramt vorausgesagt wird. Von den Symbolen ist das Kreuz der ägyptischen Christen, der Kopten, direkt aus dem Henkelkreuz, dem ägyptischen Zeichen für »Leben«, hervorgegangen.

Diese Aufzählung ließe sich beliebig verlängern. Die Beispiele stellen nicht die Kernaussagen der christlichen Lehre in Frage, wohl aber die von den Kirchen gepflegte Vorstellung, alle biblischen Texte kämen gleichsam direkt von Gott. In ihnen steckt, wie Religionshistoriker seit langem wissen, viel ägyptisches Erbe, mit ihnen bleiben, ohne daß es den Gläubigen bewußt wird, Vorstellungen der heidnischen Pharaonenkultur bis heute lebendig.

Die Ägypter haben auch den Kalender erfunden, den Tag in 24 Stunden, das Jahr in 365 Tage eingeteilt, sie haben bestimmte mathematische Probleme gelöst, Listen von Krankheiten und deren Therapien angelegt; über die Griechen und Römer wurden ihre Erkenntnisse weitergegeben und weiterentwickelt. Mindestens ebenso bedeutsam aber, und nach wie vor vorbildlich für das Zusammenleben von Menschen, war die Erfindung der Göttin Maat. Sie symbolisiert Gerechtigkeit, der nicht nur alle Menschen verpflichtet sind, sondern gerade auch die Könige. Maat lehrt, daß das Recht unabhängig von der Macht gesprochen werden muß. In Europa lebte die Göttin weiter in der Figur der Justitia, in den westlichen Demokratien wurde Justitia neben Regierung und Parlament zur unabhängigen dritten Gewalt im Staat – die Ägypter haben es vorgedacht.

Auf das pharaonische Ägypten geht auch die Alchemie zurück. Eines ihrer Ziele ist ein Elixier, das ewiges Leben verleiht. Hinter diesem Wunsch nach Unsterblichkeit verbirgt sich die ägyptische Vorstellung vom Erhalt des Körpers im

21. Juli 1798: Auf seinem Schimmel weithin erkennbar, führt Napoleon die französischen Truppen gegen die Reiterei der Mamelucken. Einer der Teilnehmer, der Offizier und Maler Louis François Lejeune, glorifizierte die Begegnung in einem großangelegten Schlachtenpanorama. Die »Schlacht bei den Pyramiden« und andere Gefechte wurden gewonnen, als aber die Engländer die französischen Schiffe verbrannten, war das Expeditionskorps verloren. 1806, Öl auf Leinwand, 180 x 258 cm, Schloß von Versailles

Jenseits, der durch die Seele reanimiert wird. Ägyptisch sind auch mehrere der alchemistischen Zeichen: Die sich in den Schwanz beißende Schlange symbolisiert die Ewigkeit, der sich immer wieder aus der Asche erhebende Vogel Phoenix bezeichnet die Auferstehung. Als Wiege der Alchemie gilt Alexandria, als ihr Erfinder wird der griechische Gott Hermes Trismegistos verehrt, hinter dem sich Thoth verbirgt, der ägyptische Gott der Weisheit und der Schrift, der Führer der Seelen durch die Unterwelt. Aus den Experimenten und Techniken der Alchemisten entwickelte sich die Chemie unserer Zeit, und an deren Ursprung erinnert immerhin noch der Name: »Kemet« bedeutet altägyptisch »schwarze Erde«, schwarzes Land, das Fruchtland des Nils, nach dem die Äypter ihren Staat benannt haben.

Napoleon und andere

Viele Jahrhunderte lang wußten die Europäer über Ägypten nur das, was in der Bibel stand, die Geschichte von Joseph, der durch kluge Vorratswirtschaft schlechte Erntejahre überwand, oder die Geschichte von Moses, der das Volk Israel aus Ägypten herausführte. Auch die Heilige Familie floh vor den Mördertruppen des Herodes an den Nil. Ein forschendes Interesse an dem fernen Land und seiner Kultur erwachte erst während der Renaissance, und im 18. Jahrhundert erwuchs daraus eine alle gebildeten Schichten erfassende Mode. Einen Höhepunkt erreichte sie mit der Landung Napoleons in Alexandria am 1. Juli 1798. 35 000 Soldaten brachte er mit, die die englische Vorherrschaft im Vorderen Orient brechen sollten, doch sie wurden von englischen Truppen jämmerlich geschlagen. Napoleon hatte aber in seinem Expeditionskorps über 100 Zeichner, Techniker, Geographen und Architekten mitgebracht, deren Durchschnittsalter bei 25 Jahren lag. Sie sollten einerseits beim Aufbau zukünftiger französischer Kolonien helfen und andererseits das Land und dessen Kulturdenkmäler so weit erforschen, wie es ihnen möglich war. Unter dem Schutz der Soldaten vermaßen sie also Pyramiden, Tempel, Obelisken und hielten Gebäude und Kunstwerke fest. Einer der Franzosen, der Baron Vivant Denon, veröffentlichte 1802 einen Reisebericht, der 40 Auflagen erlebte, ins Deutsche und Englische übersetzt wurde und zu den Vorläufern jener Wissenschaft zählt, die wir Ägyptologie nennen. Napoleon ernannte Denon zum Generaldirektor aller französischen Museen, und dieser gründete das »Musée Napoléon«, den heutigen Louvre. Ein Flügel des Louvre ist nach ihm benannt.

Ein zweites Ergebnis der Expedition war ein Gemeinschaftswerk, die »Description de l'Egypte«, in 20 Bänden und nach Umfang wie Genauigkeit zu dieser Zeit ein ganz einmaliges Unternehmen, das ebenso Bewohner, Tiere, Pflanzen, Landschaften festhielt und beschrieb wie die Monumente der Vergangenheit. Daß die Zeichner gelegentlich einen Tempel auf dem Papier »restaurierten«, also in seinem hypothetischen Originalzustand zeigten, oder auch ab und zu eine Nilbrücke erfanden, die es nie gegeben hat, tut dem wissenschaftlichen Wert der »Description« keinen Abbruch. Sie erschien in den Jahren 1809 bis 1828 und dient noch heute, insbesondere für inzwischen zerstörte Denkmäler, als erstklassige Quelle.

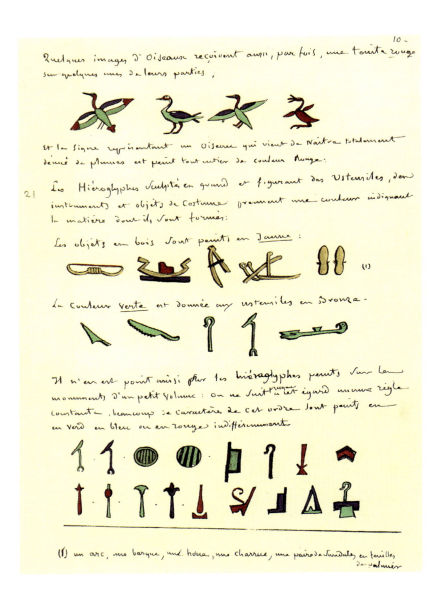

Jean François Champollion gelang es, die ägyptischen Schriftzeichen zu entschlüsseln, in seiner »Grammatik« beschäftigt er sich auch mit den Farben, die für Texte auf Sarkophagen oder Grab- und Tempelwänden benutzt wurden: etwa Gelb für Gegenstände aus Holz oder Grün für Geräte aus Bronze.

Hieroglyphen entziffern

Der wichtigste Fund der napoleonischen Truppen in Ägypten war ein Granitblock mit Texten in drei verschiedenen Schriften: griechisch, demotisch, Hieroglyphen. Entdeckt hatten ihn 1799 Soldaten bei Festungsarbeiten in Rosetta, einem Ort an der Mündung des westlichen Nilarms. Der griechische Text entpuppte sich als priesterliches Dekret zu Ehren eines Königs. Die französischen Wissenschaftler hofften, die anderen Texte hätten denselben Inhalt und könnten zur Entzifferung der beiden ägyptischen Schriften führen. Als sie mit den geschlagenen Truppen Ägypten verließen, mußten sie jedoch alle Fundstücke, auch den so wichtigen Rosetta-Stein, den englischen Siegern überlassen. Klugerweise hatten sie die Inschriften kopiert, sollten dann aber auch alle ihre Aufzeichnungen den Engländern überlassen. Würde man dies von ihnen verlangen, sagten die Franzosen, würden sie die Ergebnisse ihrer Arbeit, alle Zeichnungen, Kopien und Notizen vernichten. Ihr Sprecher drohte den Siegern mit einem dramatischen Vergleich: »Denken Sie an das Gedächtnis der Geschichte!« rief er, »Auch Sie würden eine Bibliothek in Alexandria verbrannt haben!«

Die Franzosen durften ihre Aufzeichnungen behalten, aber es dauerte über 20 Jahre, bis mit Hilfe der Rosetta-Texte die Grundlagen der ägyptischen Schrift rekonstruiert werden konnten. Viele versuchten es, aber die entscheidenden Entdeckungen gelangen einem Franzosen, der bei der Auffindung des Steins erst neun Jahre alt war: Jean François Champollion. Er war ein Sprachgenie, beherrschte mit zwölf Jahren die Grundlagen des Hebräischen und Arabischen, studierte in Grenoble Koptisch und alte Geschichte, wurde mit 18 zum Professor ernannt. 1822 machte Champollion in einem berühmt gewordenen Brief erste Ergebnisse seiner Arbeit am Rosetta-Text bekannt, und dieses Jahr, wenn überhaupt eines, markiert den Beginn der Ägyptologie als Wissenschaft.

Begrüßt, bejubelt wurden Champollions Erkenntnisse nicht nur von Experten. Das Interesse an Ägypten wie am gesamten Orient hatte immer breitere Kreise erfaßt, insbesondere in Frankreich. Vielleicht weil die schwer zu durchschauenden revolutionären und wirtschaftlichen Entwicklungen, weil Industrialisierung und städtisches Proletariat die Sehnsucht nach Gefilden weckten, in denen man sich erholen konnte: sei es auf üppigen Kissen wohlig entspannt in den Armen hingebungsvoller Haremsdamen, sei es im Anblick uralter Tempel, die Ordnung, Weisheit, Ewigkeit suggerieren. In Frankreich mischte sich der Ruhm Ägyptens mit dem Napoleons. Ausgerechnet die militärisch katastrophale Expedition verhalf dem General und späteren Kaiser zu einem Nimbus, wie er keinem anderen Militär oder Politiker seiner Zeit zuwuchs. Vivant Denon, der Autor und Museumsleiter, hat am Entstehen dieser Legende eifrig mitgewirkt. Wer an Napoleon dachte, dachte auch an Pyramiden, und umgekehrt. Ungezählte Sessel, Ruhebetten, Teller, Tassen, Schmuckstücke wurden im »Empire-Stil« nach ägyptischen Vorbildern geformt, Grabdenkmäler in Pyramidenform errichtet, Kleider mit ägyptischen Mustern verziert, ägyptisierende Gemälde gemalt, häufig nach Motiven aus der unerschöpflichen »Description de l'Egypte«.

Es begann auch eine Art von Tourismus. Junge Aristokraten und Söhne reicher Bürger ergänzten ihre obligate Bildungsreise durch Europa mit einem Abstecher an den Nil. Eine preußische Gruppe ließ sich 1842 mit flatternder Fahne auf der Spitze der Cheops-Pyramide malen, die Kaiserin Eugénie kam 1869 zur Eröffnung des Suezkanals und zur Uraufführung von Verdis Oper »Aida«, frühe Fotos zeigen Fellachen, die Europäer beim Besteigen der Pyramiden helfen. Und alle brachten sie Souvenirs mit nach Hause, die sie auf mehr oder weniger legale Weise erworben hatten.

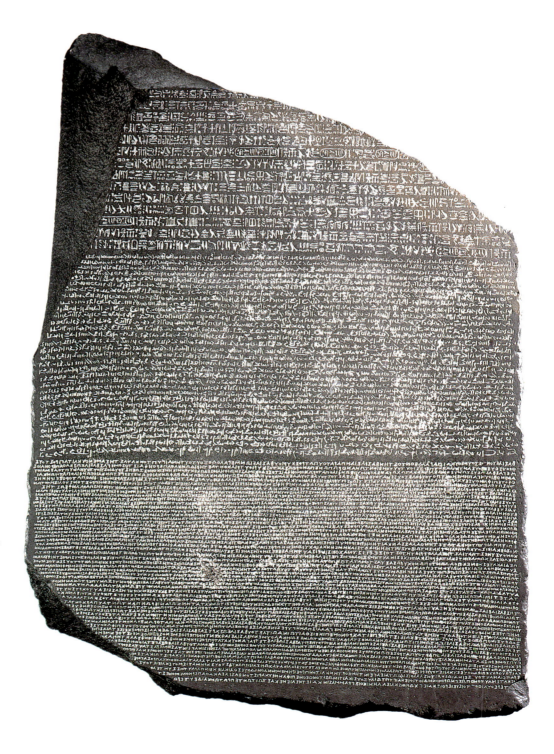

1799 entdeckten in der Nähe des Ortes Rosetta französische Offiziere eine Stele mit drei Inschriften: davon eine griechisch und zwei mit Hieroglyphen geschrieben. Die siegreichen Engländer beschlagnahmten den Stein, die Franzosen aber hatten vorher eine Kopie angefertigt, und mit ihr arbeitete Champollion. Denn, so nahm er an, die Texte haben denselben Inhalt, und von der griechischen Version läßt sich auf die anderen schließen.
London, British Museum

Ägypten und das Abendland 223

Im 19. Jahrhundert wurde Ägypten zu einem bevorzugten Reiseziel unternehmungslustiger, meist wohlhabender Europäer. Das Besteigen der Pyramiden war noch nicht untersagt, die Einheimischen leisteten gerne Hilfestellung.
Foto von Henri Béchard, um 1880

Sammeltransporte nach Europa

Daß die Bildungsreisenden des 19. Jahrhunderts sich bereits in Europa mit den Zeugnissen der ägyptischen Kultur vertraut machen konnten, verdankten sie insbesondere zwei »Konsuln«: Bernardo Drovetti und Henry Salt. Drovetti war zunächst als Offizier Napoleons nach Ägypten gekommen, der Engländer Salt als Reisebegleiter wohlhabender Touristen. Geschützt durch diplomatische Immunität, begünstigt durch das Desinteresse des türkischen Gouverneurs, forschten sie mit Hilfe skrupelloser Agenten nach Sarkophagen, Statuen, Papyri, nach Bruchstücken aus den Wänden von Tempeln und Gräbern. Auf dem Konsulatsgelände wurde das Material verwahrt und dann dem Museum verkauft, das am meisten bot. Mit den Kunstwerken, die sie nach Europa verschifften, begründeten Salt und Drovetti die großen Sammlungen in London, Paris, Berlin und Turin.

Der Abtransport von tausenden, zum Teil monumentalen Werken pharaonischer Kultur, angeregt nicht zuletzt durch die Geldgier vieler Beteiligter, war dies ein Verbrechen an den Ägyptern, ein internationales Diebstahl-Komplott? Das Gegenargument lautet: Durch sachgerechte Behandlung in europäischen Museen wurden die Schätze besser erhalten, als es in Ägypten möglich gewesen wäre, nur zu oft hätten Ägypter kostbare Kunstwerke als Baumaterial mißbraucht oder zu handlichen Stücken zerkleinert an Fremde verkauft. Unbestritten ist, daß es ein Europäer war, der Franzose Auguste Mariette, der im Auftrag des türkischen Vizekönigs dafür sorgte, daß wichtige Stücke im Lande blieben. 1858 wurde er Gründungsdirektor eines ägyptischen Museums in Bulaq, aus dem dann das große Kairoer Museum hervorging.

Europa hilft Ägypten

Im 19. Jahrhundert haben sich die Europäer in der Schatzkammer Ägyptens reichlich bedienen können, im 20. zahlten sie zurück. Keinem anderen Land wurde jemals mit einem derartigen wissenschaftlichen und finanziellen Einsatz bei der Erforschung und Konservierung der eigenen Vergangenheit geholfen. Gewiß, die Europäer halfen auch aus eigenem Interesse, denn zu den Pharaonen führen Wurzeln der abendländischen Kultur. Aber die Ägypter profitieren direkt. Und auch das Selbstbewußtsein des modernen Staates stützt sich zu einem guten Teil auf das von Ausländern ans Licht gebrachte und von der internationalen Staatengemeinschaft geschützte Erbe.

Den bedeutendsten Fund des 20. Jahrhunderts – das Grab des Tutanchamun – verdankt die Welt zwei Engländern. Der eine, Howard Carter, war ein mittelloser Maler. Er ließ sich siebzehnjährig nach Ägypten engagieren, um dort Bilder und Inschriften für Touristen zu kopieren, war aber mehr und mehr von dem Gedanken besessen, daß im Tal der Könige noch unentdeckte Gräber liegen müßten. Geld, um dort zu graben, bekam er zuerst von einem Amerikaner, ab 1912 von Lord Carnarvon. Dessen eigentliche Leidenschaft waren Pferde und Autos, aber nach einem Unfall empfahlen die Ärzte ihm den Aufenthalt in einem heißen, trockenen Klima, und so suchte er Abwechslung in Ägypten. Zehn Jahre lang forschte und grub Carter für Carnarvon, dann endlich, am 4. November 1922, hatte er Glück. Er kam, so erzählt er, zur Grabungsstelle und fand keinen der angeworbenen Ägypter bei der Arbeit. Sie warteten, zeigten ihm feierlich eine abwärtsführende, freigelegte Treppenstufe. Carter ließ weitere in den Fels gehauene Stufen freischaufeln. Dann stießen die Arbeiter auf eine vermauerte Tür. Sie zeigte Spuren einer früheren Zerstörung, war aber mit Nilschlamm und einem Siegel aus der 18. Dynastie verschlossen worden, also vor etwa 3500 Jahren. Eine so früh versiegelte Felskammer hatte man bisher im Tal der Könige noch nicht gefunden, immer waren Grabräuber schon vor den Archäologen dagewesen. Hinter der Steintür lag ein Gang voller Gerümpel. Ein zweiter versiegelter Durchgang wurde freigelegt, Carter hielt am ausgestreckten Arm eine Kerze ins Dunkle, sah Schatten von Tieren und Statuen und von allen Seiten Reflexe von Gold. Es war ein Vorraum, vollgestellt mit Grabbeigaben, die dem König das Leben im Jenseits verschönern sollten: Betten, Stühle, Waffen, Vasen, Körbe, Truhen, am zugemauerten Durchgang zur Grabkammer standen zwei Wächterstatuen. Carter und Carnarvon arbeiteten äußerst sorgfältig, registrierten und fotografierten alle Gegenstände und ließen sie, soweit nötig, konservieren. Mitarbeiter des Metropolitan Museum, New York, die sich gerade in Theben aufhielten, halfen dabei. Nach fast drei Monaten war die Arbeit im Vorraum getan, Carnarvons und Carters Mitarbeiter öffneten die Mauer zur Grabkammer.

Sie entdeckten einen Schrein, goldüberzogen, der fast so groß war wie die Kammer selber. Dergleichen hatte bisher kein

Ein Blick ins Tal der Könige im Jahre 1923: Der große Schacht führt zum Grab von Ramses VI., die neu angelegte Mauer im Vordergrund schützt den Einstieg in das im Jahre zuvor gefundene Grab des Tutanchamun. Zwei Engländern ist die Entdeckung zu verdanken, Howard Carter, finanziert von Lord Carnarvon. Zehn Jahre lang hatte Carter mit dem Geld seines Mäzens ägyptischen Boden durchsucht, bevor er auf die Grabschätze des Pharaos Tutanchamun stieß.

Ägypten und das Abendland

Über 3000 Jahre hatte die Grabkammer des Tutanchamun im Dunkeln gelegen, und im Unterschied zu fast allen anderen Königsgräbern hatte sie nach seiner Beerdigung niemand mehr betreten. Nur die Vorkammer war von Dieben durchsucht worden. Erst nachdem Carter den Inhalt der Vorkammer registriert und geborgen hatte, öffnete er den Zugang zur Grabkammer und richtete den Scheinwerfer auf den bedeutendsten Grabfund Ägyptens. Das war am 17. Februar 1923. Howard Carter zwischen zwei Mitarbeitern.

Ägyptologe gesehen. Es stellte sich heraus, daß dies der äußerste von vier Schreinen war, in deren innerstem drei ineinandergeschachtelte Sarkophage mit der Mumie des Königs Tutanchamun lagen, Kopf und Oberkörper bedeckt mit einer goldenen Maske. Es war ein sensationeller Fund, heute zu bewundern im Kairoer Museum. Ähnlich wie die Pyramiden vermittelt er einen überwältigenden Eindruck vom königlichen Totenkult. Im Februar war die Grabkammer geöffnet worden, im April 1923 starb Lord Carnarvon, Carter benötigte sechs Jahre, um mit aller konservatorischer Umsicht das Grab zu räumen.

Über die Entdeckung des Grabes von Tutanchamun 1923 wurde in der Weltpresse eingehend berichtet, ein zweiter Fund von ähnlicher Bedeutung blieb dagegen ohne Echo. Der französische Ägyptologe Pierre Montet stieß im östlichen Nildelta bei Tanis auf das Grab des Königs Psusennes und Gräber anderer wichtiger Persönlichkeiten aus der 21. und 22. Dynastie – alle unversehrt. Aber das war 1939, der Zweite Weltkrieg begann, und die Menschen hatten Wichtigeres im Kopf als Pharaonen.

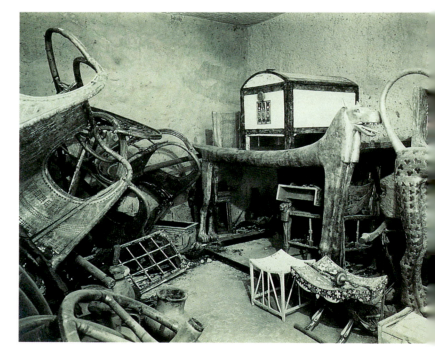

Kurz nach der Bestattung des Tutanchamun hatten Diebe die Vorkammer seines Grabes durchwühlt und jenes Durcheinander hinterlassen, das Howard Carter im November 1922 vorfand.

226 Ägypten und das Abendland

Rettung für Philae, Abu Simbel und das Grab der Nefertari

Die zweite Hälfte des 20. Jahrhunderts war weniger durch sensationelle Funde bestimmt als durch die Verlegung der Tempel von Abu Simbel und Philae. Nötig wurde sie durch den Bau des neuen Staudamms südlich von Assuan. Sie wären in dem entstehenden Stausee untergegangen, ebenso wie mehrere Dutzend nubischer Dörfer unter der Wasseroberfläche verschwanden. Die Bewohner wurden von der ägyptischen Regierung umgesiedelt, für die Tempel sorgte die Staatengemeinschaft der UNESCO: Sie finanzierte und organisierte eine Tempelumsetzung, wie sie bislang noch nicht praktiziert worden war.
Philae, das war eine kleine Insel im Nil mit Palmen, einer ausgedehnten Tempelstadt der Spätzeit, daneben zwei koptische Kirchen – eine für europäische Augen besonders glückliche Harmonie zwischen Kultur und Natur. Das 1902 gestaute Wasser reichte fast bis zur Tempeldecke, und nur im Sommer vor Beginn der neuen Flut tauchte die Insel für einige Wochen wieder auf. Der neue, 1971 fertiggestellte

Durch Salz und Feuchtigkeit gefährdete Grabmalereien an Ort und Stelle zu erhalten und sie gleichzeitig überall in der Welt zeigen zu können, diesen Widerspruch hat die Getty-Stiftung, Kalifornien, gelöst. Sie ließ das Grab der Nefertari aufwendig restaurieren und dann dessen Wände so fotografieren, daß die wichtigsten Räume maßstabgerecht nachgebaut werden können.

Ägypten und das Abendland   227

Hochdamm hätte die Insel völlig überflutet, und darum wurden die wichtigsten Bauten (ohne Fundamente und koptische Kirchen) 600 Meter weiter auf eine 13 Meter höher gelegene Insel transportiert.

Anders als Philae bestand Abu Simbel aus zwei mächtigen Felsentempeln, der größere war 63 Meter tief in das Gestein geschlagen: An der hinteren Nischenwand thronte zwischen drei Göttern der vergöttlichte Ramses II. Säle und Gänge zu dieser hinteren Nische waren so ausgerichtet, daß zweimal im Jahr, zur Tag- und Nachtgleiche, die Sonne bei ihrem Aufgang die Götterstatuen direkt bestrahlte. Vor dem Eingang befanden sich vier aus dem Felsen herausgeschlagene Sitzstatuen Ramses' II., jeweils etwa 21 Meter hoch, die sechs Statuen von Ramses und seiner Gemahlin Nefertari vor dem kleineren Tempel maßen immerhin noch zehn Meter. Die Zahlen zeigen, welche Gesteinsmassen 64 Meter höher und 180 Meter landeinwärts bewegt werden mußten. Statuen und Wände wurden aus dem Felsen herausgesägt, zerteilt und an ihrem neuen Aufstellungsort in genau derselben Ausrichtung wieder zusammengefügt. Schwere Dämme mußten den Arbeitsplatz vor dem bereits steigenden Wasser schützen. Das neue Scheinmassiv, in das der kleinere wie der größere Tempel eingefügt wurden, besteht aus hohlen, mit Felsplatten kaschierten Betonkuppeln. 1980 wurde die Rekonstruktion von Philae und Abu Simbel abgeschlossen und gefeiert. Gesamtkosten der Rettungsaktion: 72 Millionen Dollar.

Aber nicht nur das Wasser, auch die Touristenströme vernichten Monumente, insbesondere die Wandmalereien in den Gräbern. Im dichten Gedränge werden die Bilder berührt und abgescheuert, der warme Atem der Besucher schlägt sich als Feuchtigkeit an den Wänden nieder und verbindet sich dort mit dem natürlichen Salz; das Ergebnis sind Salzkristalle, die die Farbschichten vom Untergrund ablösen. So zum Beispiel im Grab der Nefertari, das die ägyptische Altertümerverwaltung schließen mußte. Zusammen mit dieser Behörde entwickelte und finanzierte die J.-Paul-Getty-Stiftung, Kalifornien, Strategien zur größtmöglichen Erhaltung der noch vorhandenen Wandmalereien, ließ aber darüber hinaus die bemalten Wände einzelner Räume so fotografieren, das sie in Originalgröße zusammengesetzt werden können. Das Grab wurde sozusagen transportabel – nicht als Beute eines Kunstraubs, sondern als Replik kann es jetzt theoretisch in der ganzen Welt besichtigt werden und erweitert so die Möglichkeiten, der Kultur des alten Ägypten zu begegnen.

Der Kopf einer Kolossalstatue von Ramses II. schwebt an den Seilen eines Krans hin zu dem neuen Felsentempel von Abu Simbel.

Als die ägyptische Regierung einen neuen Damm bei Assuan errichtete, drohte der Stausee zwei der bedeutendsten Ensembles der ägyptischen Baugeschichte zu überfluten: die Insel Philae mit dem Isistempel und die beiden Felsentempel von Abu Simbel. Die UNESCO finanzierte deren komplizierte, 1980 abgeschlossene Rettung: Die Statuen des Felsentempels wurden 180 m landeinwärts und 64 m höher in einen künstlich errichteten Betonfelsen gebracht, die wichtigsten Bauten der Insel Philae über Stahlschienen auf die 13 m höhere Insel Agilkia transportiert

Abb. nächste Doppelseite: Die neue Insel Philae-Agilkia mit dem Isistempel, dem am längsten lebendig gebliebenem Zentrum der altägyptischen Religion. Erst im 6. Jahrhundert wurde der Tempel geschlossen und von den koptischen Christen umgewidmet, etwa im 12. Jahrhundert wichen die letzten Christen den Mohamedanern. Jeweils über lange Epochen haben auf Philae Anhänger unterschiedlicher Glaubensgemeinschaften nebeneinander ihre Götter verehrt.

228 Ägypten und das Abendland

Ägypten und das Abendland

Gegliedert wird die ägyptische Geschichte nach den Regierungszeiten der einzelnen Könige (Pharaonen), nach Dynastien (Könige aus derselben Familie) und nach »Reichen«. Perioden des Zerfalls gelten als »Zwischenzeiten«. Die Jahreszahlen sind teilweise umstritten, wir nennen sie unter Vorbehalt. Nicht alle Könige werden aufgeführt.
Alle Daten beziehen sich auf die Zeit vor Christi Geburt, wenn nicht anders angegeben.

Überblick über die Geschichte Ägyptens

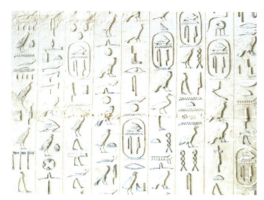
Pyramidentext des Unas

Djoser

Stufenpyramide in Sakkara

Knickpyramide von Dahschur

Vorgeschichte

7000 – 3000 v. Chr.
Nach Klimaveränderungen werden mehr und mehr Nomadenstämme am Ufer des Nils seßhaft.
Ackerbau, Viehzucht

um 3000
König Narmer vereinigt vermutlich die Gebiete von Oberägypten (Assuan bis Kairo) und Unterägypten (Nildelta) zu einem Reich.
Staatsgründung, Verwaltung, Kalender
Erfindung der Schrift
Ziegelgräber in Abydos

Das Alte Reich
2670 – 2195 (3. – 6. Dynastie)

3. Dynastie
Djoser
Erster monumentaler Steinbau:
die Stufenpyramide in Sakkara

4. Dynastie
Memphis wird Hauptstadt,
die Verwaltung wird zentralisiert
Snofru baut die Knickpyramide von Dahschur
Bau der Cheops-Pyramide in Gisa
Bau der Chephren-Pyramide und des Sphinx in Gisa
Bau der Mykerinos-Pyramide

5. Dynastie
Bau der Unas-Pyramide
Die Pyramide wird mit religiösen Sprüchen ausgestattet: Pyramidentexte
Die ersten Weisheitslehren werden geschrieben.

Erste Zwischenzeit
2195 – 2040 (8. – 11. Dynastie)

Anarchie, Zerfall des Reiches, Grabplünderungen. Der Staat wird als göttliche Ordnung in Frage gestellt. Beginn einer vielfältigen Literatur, Harfnerlieder

Cheops-Pyramide in Gisa

Cheops

Sphinx in Gisa

Blinder Harfner

Pharao mit Pferd und Streitwagen

Thuthmosis' Obelisk

Tal der Könige

Tempel von Luksor

Mittleres Reich
2040–1781 (11.–13. Dynastie)

11. Dynastie
Mentuhotep II. unterwirft lokale Herrscher, vereinigt erneut Ober- und Unterägypten, macht Theben zur Hauptstadt

12. Dynastie
Amenemhet I.–IV.
Privater Grundbesitz wird wieder Staatsbesitz.
Feldzüge nach Libyen und Palästina

Sesostris I.–III.
Eroberungen in Nubien.
Bedeutende literarische Werke wie die Erzählung des Sinuhe

Zweite Zwischenzeit
1650–1550 (14.–17. Dynastie)

Herrschaft der aus Asien kommenden Hyksos in Unterägypten (Deltagebiet). Sie führen Pferde und Streitwagen ein

Neues Reich
1550–1075 (18.–20. Dynastie)

18. Dynastie
Ahmose, Amenhotep I.
Thuthmosis I. und II.
Nach Vertreibung der Hyksos Expansion
Eroberungszüge bis nach Syrien und zum Euphrat.
Ägypten wird »Weltmacht«,
Theben Hauptstadt,
Amun Reichsgott.
Tempel von Luksor und Karnak,
Felsengräber im Tal der Könige
Hatschepsut
Tempel von Deir el-Bahari

Thuthmosis III. und IV.
Neben Priestern und Beamten gewinnt das Militär an Einfluß

Amenhotep II. und III.
Reichtum und kulturelle Blütezeit

Amenophis IV. = Echnaton
Religiöse und kulturelle Revolution, Verlegung der Residenz nach Amarna

Tutanchamun verlegt die Residenz wieder nach Theben
Haremhab

19. Dynastie
Ramses I.,
Sethos I.,
Ramses II.
Großbauten, Karnak, Ramesseum
Abu Simbel, Ramsesstadt im Delta

20. Dynastie
Ramses III.
Unruhen in Deir el-Medina, dem Dorf der königlichen Grabarbeiter

Ramses IV.–X.
Ramses XI.
Grabräuberprozesse, Unruhen
Tanis (im Delta) wird Hauptstadt,
Theben unter Priesterherrschaft

Hatschepsut

Tempel von Deir el-Bahari

Nofretete

Echnaton

Tutanchamun

Ramesseum

Grab des Paschedu

Abu Simbel

Dritte Zwischenzeit
1075–650 (21.–25. Dynastie)

Zerfall des Reiches

Spätzeit
664–332 (26.–30. Dynastie)

Libysche, äthiopische, persische Herrscher in Ägypten

Ptolemäerzeit

Alexander der Große erobert Ägypten (332–330), gründet Alexandria, das zukünftige geistige Zentrum des Mittelmeerraums

Ptolemäer
Von Alexander eingesetzte, aus Mazedonien stammende griechische Herrscher

310–330
Ptolemäus I.–XII.
Kleopatra I.–VI.
Tempel von Dendera, Esna, Edfu, Kom Ombo, Philae

Kleopatra VII.
letzte ägyptische (eigentlich griechische) Königin
Brand der Bibliothek von Alexandria

Römerherrschaft
30. v. Chr. – 395 n. Chr.

Ägypten wird römische Provinz. 391 erklärt Kaiser Theodosius die christliche Lehre zur Staatsreligion, die meisten ägyptischen Tempel werden geschlossen

Byzantinische Herrschaft
394–640 n. Chr.

Ägypten wird von Konstantinopel aus regiert. 550 n. Chr.: Schließung des Isis-Tempels von Philae

Arabisch-moslemische Herrschaft

640 n. Chr.: Vertreibung der Byzantiner, Ägypten wird Provinz des Kalifenreiches

Kleopatra

Philae

Edfu-Hof

In Tutanchamuns Grab

Index
Personen

Ahmes 124
Alexander der Große 52
Amenemhet 101
Amenhotep 139
Amenophis I. 89
Amenophis II. 116
Amenophis III. 120, 181, 192, 204
Amenophis IV. siehe Echnaton
Amenophis, Sohn des Hapu, Wesir
65, 206
Amset 154
Amun 40, 47, 57, 106, 120, 122,
124, 129, 178, 179, 200, 204, 206
Amunnacht 87
Amun-Re 178, 200, 206
Anchesenamun 108
Ani 20, 119, 166, 185
Antonius 52
Anubis 124, 143, 146, 147, 148,
151, 158, 166, 168
Apis 144
Apophis-Schlange 175, 178
Aschait 96
Aton 47, 136, 178
Atum 176, 178
August der Starke 212
Augustus 52, 219
Auibre Hor 163
Béchard, Henri 224
Belzoni, Giovanni 212
Bes 184
Bonfils, Felix 209
Bunakhtef 80
Butehamun 179
Caesar 52, 218
Caesarion 52
Carter, Howard 225, 226
Cha 81, 88
Champollion, Jean François 222, 223
Cheops 30, 35, 36, 154, 220
Chephren 25, 44
Chnum 164
Chnumet 110
Chonsuju 22
de Thevenot, Jean 211
Denon , Vivant 221, 223
Djedamuniuanch 162
Djeddbastetiuefanch 148, 150
Djeddjehutiefanch 67
Djedheriuefanch 146
Djoser 26, 29, 43, 55, 68, 176
Drovetti, Bernardo 224
Du Camp, Maxime 51, 193
Duamutef 154
Echnaton (Amenophis IV.) 46, 48,
49, 50, 98, 119, 120, 121, 124,
140, 178
Eje 160
el-Mamun, Abdullah 30
Flinders Petrie, William 34
Franz I. von Frankreich 212
Friedrich-Karl von Preußen 212

Gautier, Théophile 212
Geb 178
Hapi, Horussohn 154
Hapi, Nilgott 20, 21
Haremhab 43, 59
Hathor 106, 118, 124, 140, 176,
180, 181, 182, 183
Hathor-Tefnut 180
Hatschepsut 44, 60, 122, 123, 124,
125, 129, 173, 192, 200
Heka 175, 184, 185, 187
Hemiunu 36
Hereubechet 164
Herihor 64
Hermes Trismegistos 221
Herodes 220, 221
Herodot 16, 17, 34, 104, 141, 148,
150, 204
Hesire 55, 100
Hetepheres 154
Hetepibes 112
Horeau, Hector 17
Horus 43, 44, 123, 154, 169, 175,
180, 183, 187, 197, 200, 206
Idu 71
Iineferti 80
Imentet 148, 158
Imeretnebes 120
Imhotep 29, 58, 68
Isis 168, 169, 172, 175, 178, 182,
183, 184, 185, 186, 218, 219, 220
Joseph 59, 221
Kebechsenuef 154
Kenherchepeschef 84, 85, 87
Kleopatra VII. 42, 52, 122, 218
Krophi 21
Lejeune, Louis François 221
Lepsius, Richard 200
Lord Carnarvon 214, 225, 226
Maat 40, 41, 48, 91, 166, 175,
178, 201, 220
Madja 152
Maiherperi 69, 158
Manetho 122, 218
Mariette, Auguste 224
May 139
Mentmose 74, 88
Mentuhotep 92
Mereti 116
Meretseger 204
Merikare 209
Min 138, 139
Montet, Pierre 226
Month 144
Mophi 21
Moses 215, 221
Murray, Margaret 211
Mutemwija 80
Napoleon 30, 212, 221, 223, 224
Narmer/Menes 42, 70
Naunachte 84
Nechbet 44
Neferhotep 93, 152
Nefertari 41, 121
Nefertem 129
Nefertiabet 107, 110
Nefrure 60, 122, 124
Nektanebos II. 184, 186, 187
Nephthys 178

Nesamun 144
Nofretete 47, 48, 49, 52, 107, 108,
119, 120
Nut 154, 178, 179, 196
Osiris 139, 144, 168, 169, 170,
175, 178, 183, 219
Paneb 86, 87, 89, 93, 204
Patwere 74, 75
Penonuris 57
Ptah 29, 178
Ptahhotep 113, 132
Ptahmose 170
Ptolemäus 52
Ramose 78, 80, 84, 139
Ramses II. 41, 50, 51, 68, 81, 84,
85, 95, 116, 121, 144, 145, 152,
192, 214, 215, 227
Ramses III. 74, 201
Ramses IX. 92, 210
Ramses XI. 93
Re 174, 175, 176, 178, 180, 183
Re-Atum 176
Re-Harachte 162, 174, 176, 181
Roberts, David 191
Romer, John 84
Sachmet 180, 181
Salt, Henry 212, 224
Scheschonk I. 187
Schu 176, 179
Senbi 92
Seneb 114
Senenmut 60, 96, 124, 125
Senetites 114
Sennedjem 78, 79, 80, 93, 166
Sennefer 116, 118
Seschat 68, 192, 193
Sesostris I. 139, 193, 205
Sesostris II. 202
Seth 168, 175, 178
Snofru 30, 139
Tefnut 176
Teje 98, 120
Theodosius 218
Theophrast 130
Thoth 64, 68, 123, 166, 167, 175,
185, 221
Thuthmosis I. 40, 122, 198
Thuthmosis II. 122
Thuthmosis III. 122, 123, 136, 182
Thutmosis IV. 36
Tutanchamun 44, 45, 47, 59, 108,
136, 145, 151, 176, 202
Uhemka 112
Uto 44
Verdi, Giuseppe 223

Index
Bauwerke und
Gräber

Abu Simbel:
Felsentempel 17, 50, 51, 227, 228

Alexandria:
Pompejus-Säule 17
Tempel Nektanebos' I. 201

Dahschur:
Knickpyramide 28

Dendera:
Hathor-Tempel 183, 195, 199, 206
Geburtshaus 180

Edfu:
Horus-Tempel 39, 42, 191, 197,
206

Gisa:
Cheops-Pyramide 16, 17, 22, 23,
24, 29, 30-33, 34, 35, 36, 214, 223
Chephren-Pyramide 16, 17, 24, 36
Grab der Hetepheres 134
Grab des Mersuanch 114
Grab des Ptah-schepses 56
Mastaba des Kaninisut 58
Mastaba des Seneb 114
Mastaba des Sennefer 118
Mastaba des Uhemka 113
Mykerinos-Pyramide 16, 17, 24, 36
Sphinx 37, 191

Karnak:
Amun-Tempel 17, 40, 116, 124,
178, 193, 196, 200, 206
Rote Kapelle Hatschepsuts 192,
200, 206
Weiße Kapelle Sesostris' I. 139, 205

Kom Ombo:
Tempel 52

Luksor:
Tempel 17, 50, 75, 188, 190, 191,
192

Mendes:
Götterschrein 195

Philae:
Isis-Tempel 21, 42, 183, 191, 194,
198, 227, 228, 230-231

Sakkara:
Djoser-Grabanlage 17, 27, 29, 43,
58, 204
Grab des Haremhab 59
Grab des Mereruka 139
Grab des Ti 60
Mastaba des Hetepherachti 136
Mastaba des Kaaper 65
Unas-Pyramide 69

Tanis:
Grab Psusennes' I. 153, 226

Theben-West:

Grab des Amunmesu 190
Grab des Cha 88, 130, 134, 136
Grab des Chaemwaset 135
Grab des Djehuti 129
Grab des Djeserkaraseneb 111
Grab des Irinefer 165, 181
Grab des Meketre 22, 61
Grab des Menena 56, 105, 137
Grab des Monthemhet 115
Grab des Nacht 96, 97, 110, 126
Grab des Nachtamun 178
Grab des Nebamun 128, 140
Grab des Nebamun und Ipuki 72, 92, 156
Grab des Nebenmaat 142
Grab des Neferrenpet 59
Grab des Neferupet 132
Grab des Paschedu 77
Grab des Ramose 138, 159
Grab des Rechmire 109
Grab des Senenmut 96
Grab des Sennedjem 78, 79, 80, 166, 168, 171, 174
Grab des Sennefer 117, 128, 129
Grab des Userhet 62
Grab Amunherchepesefs (Tal der Königinnen) 201
Grab Haremhabs (Tal der Könige) 43, 131, 183, 202
Grab Nefertaris (Tal der Königinnen) 41, 94, 121, 177, 227
Grab Ramses' VI., (Tal der Könige) 133, 225
Grab Sethos' I. (Tal der Könige) 75, 91
Grab Thuthmosis' III. (Tal der Könige) 21, 185
Grab Tutanchamuns (Tal der Könige) 56, 75, 135, 148, 161, 176, 214, 225, 226
Handwerkerdorf Deir el-Medina 59, 75, 76, 78, 81, 88, 89, 91, 93, 104, 105, 132, 136, 152
Memnonskolosse 41, 75
Ramesseum 17, 50, 51, 61, 68, 74, 75, 78
Totentempel Hatschepsuts (Deir el-Bahari) 75, 122, 123, 124, 125, 172
Totentempel Ramses' III. (Medinet Habu) 63, 68, 75, 81, 93

Bibliographie

Arnold, Dieter: Die Tempel Ägyptens, Götterwohnungen, Kultstätten, Baudenkmäler, Zürich 1992

Assmann, Jan: Ägyptische Hymnen und Gebete, Zürich 1975

Bierbrier, Morris L.: The Tomb-builders of the Pharaohs, London 1982/Kairo 1989

Brunner Hellmut: Die Weisheits-bücher der Ägypter, Lehren für das Leben, Zürich/München 1991

Brunner-Traut, Emma: Die Alten Ägypter, Verborgenes Leben unter den Pharaonen, Stuttgart 1981

Dies.: Altägyptische Märchen, Mythen und andere volkstümliche Erzählungen, Köln 1991

Dies.: Ägypten, Kunst und Reiseführer, Stuttgart 1988

Description de l'Égypte, publiée par les ordres de Napoléon Bonaparte. Nachdruck der Bildbände, Köln 1998

Desroches Noblecourt, Christiane: La Femme au temps des Pharaons, Paris 1986

Donadoni-Roveri, Anna Maria (Hrsg.): Das Alte Ägypten, 3 Bde.: Das Alltagsleben/Die religiösen Vorstellungen/Kunst als Fest, Mailand 1987

Dunand, Françoise und Roger Lichtenberg: Les momies, Un voyage dans l'Éternité, Paris 1991

Eggebrecht, Arne (Hrsg.): Das Alte Ägypten, 3000 Jahre Geschichte und Kultur des Pharaonenreiches, München 1988

Fahkry, A.: The Pyramids, Chicago/London 1969

Flamarion, Edith: Cléopâtre, vie et mort d'un pharaon, Paris 1993

Gardiner, Sir Alan: Egyptian Grammar, Oxford 1927/1988

Germer, Renate: Mumien, Zeugen des Pharaonenreiches, Zürich/München 1991

Diess. (Hrsg.): Das Geheimnis der Mumien. Ewiges Leben am Nil, München/New York 1997

Gutgesell, Manfred: Arbeiter und Pharaonen, Wirtschafts- und Sozialgeschichte im Alten Ägypten, Hildesheim 1989

Helck, Wolfgang (Hrsg.): Lexikon der Ägyptologie, 6 Bde., Wiesbaden 1972 ff.

Helck, Wolfgang und Eberhard Otto: Kleines Wörterbuch der Ägyptologie, Wiesbaden 1987

Herodot: Historien, in: Deutsche Gesamtausgabe, übersetzt von A. Horneffer, neu herausgegeben und erläutert von H.W. Haussig, Stuttgart 1955

Hornung, Erik: Der Eine und die Vielen, Ägyptische Gottesvor-stellungen, Darmstadt 1973

Ders.: Geist der Pharaonenzeit, München 1992

Ders.: Tal der Könige, Die Ruhestätte der Pharaonen, Zürich 1982

Kemp, Barry John: Ancient Egypt. Anatomy of a Civilization, New York 1993

Leclant, Jean (Hrsg.): Ägypten, 3 Bde., München 1979–1981

Lichtheim, Miriam: Ancient Egyptian Literature, A Book of Readings, 3 Bde., Berkeley/Los Angeles/London 1980

Manniche, Lise: Sexual Life in Ancient Egypt, London/New York 1987

Mekhitarian, Arpag: Egyptian Painting, New York 1978

Montet, Pierre: La Vie quotidienne en Égypte au temps des Ramsès, Paris 1946

Omlin, Jos. A.: Der Papyrus 55001 und seine satirisch-erotischen Zeichnungen und Inschriften, Turin 1973

Peck, William H. und J.G. Ross: Ägyptische Zeichnungen aus drei Jahrtausenden, Bergisch Gladbach 1979

Quirke, Stephen und Jeffrey Spencer (Hrsg.): British Museum: The British Museum Book of Ancient Egypt, London 1992

Robins, Gay: Women in Ancient Egypt, London 1993

Romer, John: Sie schufen die Königsgräber, Die Geschichte einer altägyptischen Arbeitersiedlung, München 1986

Schlott, Adelheid: Schrift und Schreiber im Alten Ägypten, München 1989

Schlögl, Hermann A.: Amenophis IV. Echnaton, Reinbek 1986

Ders.: Ramses II., Reinbek 1993

Schmitz, Bettina und Ute Steffgen (Hrsg.): Waren sie nur schön? Frauen im Spiegel der Jahrtausende, Mainz 1998

Schott, Siegfried: Altägyptische Liebeslieder, Zürich 1950

Schüssler, Karlheinz: Die Ägyptischen Pyramiden, Erforschung, Baugeschichte und Bedeutung, Köln 1983

Simoën, Jean-Claude: Égypte éternelle, les voyageurs photo-graphes au siècle dernier, Paris 1993

Stadelmann, Rainer: Die ägyptischen Pyramiden: Vom Ziegelbau zum Weltwunder, Mainz 1985

Stierlin, Henri: Baukunst der Pharaonen, Paris 1992

Ders.: L'Or des Pharaons, Paris 1993

Tompkins, Peter: Cheops, Die Geheimnisse der Großen Pyramide, Bern/München 1973

Vercoutter, Jean: A la Recherche de l'Égypte oubliée, Paris 1986

Vernus, Pascal: Affaires et scandales sous les Ramsès, La crise des valeurs dans l'Égypte du Nouvel-Empire, Paris 1993

Wildung, Dietrich: Ägypten, Von der prähistorischen Zeit bis zu den Römern, Köln 1997

Sammlungskataloge

Ägyptisches Museum Kairo: Die Hauptwerke. Offizieller Katalog, Mainz 1986

Ägyptisches Museum Berlin der Staatlichen Museen Preußischer Kulturbesitz, Berlin 1989

Ägyptisches Museum Museumsinsel, Staatliche Museen zu Berlin Stiftung Preußischer Kulturbesitz, Mainz 1991

Das Ägyptische Museum Turin, Mailand 1989

Ancient Egyptian Art in the Brooklyn Museum, New York 1989

Le Louvre, Les Antiquités Égyptiennes, Paris 1990

The Luxor Museum of Ancient Egyptian Art, Guidebook, Kairo 1978

Ausstellungskataloge

Das Alte Reich, Ägypten im Zeitalter der Pyramiden, Roemer- und Pelizaeus-Museum, Hildesheim 1986

Götter – Pharaonen, Villa Hügel, Essen 1978

In the Tomb of Nefertari, Conservation of the Wall Paintings, The J. Paul Getty Museum and the Getty Conservation Institute, Santa Monica 1992

La Magia in Egitto ai Tempi dei Faraoni, Mantova 1991

Nofret die Schöne, Bd. 1: Die Frau im Alten Ägypten, München/Berlin 1985, Bd. 2: Wahrheit und Wirklichkeit, Hildesheim 1985

Schönheit – Abglanz der Göttlichkeit, Kosmetik im Alten Ägypten, Ingolstadt/München/Berlin 1990

Suche nach Unsterblichkeit, Totenkult und Jenseitsglaube im Alten Ägypten, Roemer- und Pelizaeus-Museum, Hildesheim 1990

Tutanchamun, Berlin, Ägyptisches Museum der Staatlichen Museen Preußischer Kulturbesitz, Mainz 1980

Ägyptische Sammlungen und Museen

Ägypten

Alexandria
Museum griechisch-römischer Altertümer
Museum Street
21521 Alexandria

Assuan
Assuan-Museum
Elephantine Island
Aswan

Kairo
Ägyptisches Museum
11556 Midan el-Tahrir
Misr al-Kahira

Luksor
Luksor-Museum
Cornish Street
al-Uksur

Belgien

Brüssel
Musées Royaux d'Art et d'Histoire/Koninklijke Musea voor Kunst en Geschiedenis
Parc du Cinquantenaire 10
1000 Bruxelles

Morlanwelz-Mariemont
Musée royal de Mariemont
100 Chaussée de Mariemont
7140 Morlanwelz-Mariemont

Brasilien

Rio de Janeiro
Museu Nacional
Universidade Federal de Rio de Janeiro
Quinta da Boa Vista São Cristovão
20000 Rio de Janeiro

Dänemark

Kopenhagen
Ny Carlsberg Glyptotek
Dantes Plads 7
1556 København

Nationalmuseet
Frederiksholms Kanal 12
1220 København K.

Deutschland

Berlin
Ägyptisches Museum und Papyrussammlung
Schloßstr. 70
14059 Berlin
und
Bodestraße 1-3
10178 Berlin
(Geplant ist eine Zusammenlegung beider Museen auf der Museumsinsel)

Frankfurt
Liebighaus
Museum Alter Plastik
Schaumainkai 71
60596 Frankfurt

Hannover
Kestner-Museum
Trammplatz 3
30159 Hannover

Heidelberg
Sammlung des Ägyptologischen Instituts
Universität Heidelberg
Marstallhof 4
69117 Heidelberg

Hildesheim
Roemer- und Pelizaeus-Museum
Am Steine 1-2
31134 Hildesheim

Leipzig
Ägyptisches Museum der Universität Leipzig
Schillerstraße 6
04109 Leipzig

München
Staatliche Sammlung Ägyptischer Kunst
Hofgartenstraße 1 (Residenz)
80539 München

Tübingen
Ägyptische Sammlung der Universität
Schloß Hohentübingen
72070 Tübingen

Würzburg
Martin-von-Wagner-Museum der Universität Würzburg
Tor A, Residenz
97070 Würzburg

Frankreich

Amiens
Musée de Picardie
48 Rue de la République
80000 Amiens

Avignon
Musée Calvet
65 Rue Joseph-Vernet
84000 Avignon

Lyon
Musée des Beaux-Arts
Palais St. Pierre
20 Place des Terreaux
69001 Lyon

Marseille
Musée d'Archéologie Méditerranéenne
Centre de la Vieille Charité
2, Rue de la Vieille Charité
13002 Marseille

Paris
Musée du Louvre
34-36 Quai du Louvre
75058 Paris

Roanne
Musée Joseph-Déchelette
22 Rue Anatole-France
42300 Roanne

Straßburg
Musée de l'Art Égyptien
Palais Universitaire
67000 Strasbourg

Toulouse
Musée Georges Labit
43 Rue des Martyrs de la Libération
31400 Toulouse

Großbritannien

Birmingham
Birmingham Museum and Art Gallery
Chamberlain Square
Birmingham B3 3DH

Cambridge
Fitzwilliam Museum
Trumpington Street
Cambridge CB2 1RB

Edinburgh
Royal Museum of Scotland
Chambers Street
Edinburgh EH1 1JF

Glasgow
Hunterian Museum
University of Glasgow
University Avenue
Glasgow G12 8QQ

Liverpool
Liverpool Museum
William Brown Street
Liverpool L3 8 EN

London
British Museum
Great Russell Street
London WC1B 3DG

Petrie Museum of Egyptian Archaeology
University College
Gower Street
London WC1E 6BT

Manchester
Manchester Museum
University of Manchester
Oxford Road
Manchester M13 9PL

Oxford
Ashmolean Museum of Art
and Archaeology
Beaumont Street
Oxford OX1 2PH

Swansea
Wellcome Museum of Antiquities
University of Wales Swansea
Singleton Park
Swansea SA2 8PP

Israel

Jerusalem
Israel Museum
P.O. Box 71117
91710 Jerusalem

Italien

Bologna
Museo Civico Archeologico
Via Dell'Archinginnasio 2
40124 Bologna

Florenz
Museo Archeologico
Via della Colonna 36
50121 Firenze

Mailand
Museo d'Arte Antica
Castello Sforzesco
20121 Milano

Neapel
Museo Archeologico Nazionale
Piazza Museo 19
80135 Napoli

Rom
Monumenti, Musei e
Gallerie Pontificie
Museo Gregoriano Egizio
Viale Vaticano
00120 Cittá del Vaticano

Turin
Museo Egizio
Via Accademia delle Scienze 6
10123 Torino

Kanada

Toronto
Royal Ontario Museum
100 Queen's Park
Toronto
Ontario M5S 2C6

Kroatien

Zagreb
Archäologisches Museum – Zagreb
Trg Nikole Šubića Zrinskog 19
10000 Zagreb

Niederlande

Amsterdam
Allard Pierson Museum
Archeologisch Museum van de
Universiteit van Amsterdam
Oude Turfmarkt 127
1012 GC Amsterdam

Leiden
Stichting Rijksmuseum
van Oudheden
Rapenburg 28
2311 EW Leiden

Österreich

Wien
Kunsthistorisches Museum
Burgring 5
1010 Wien

Polen

Krakau
Muzeum Narodowe w Krakowie
Ulice Pilsudskiego 12
31-109 Kraków

Warschau
Muzeum Narodowe w Warszawie
Aleje Jerozolimskie 3
00-495 Warszawa

Portugal

Lissabon
Museu Calouste Gulbenkian
Avenida de Berna 45 A
1093 Lisboa

Rußland

Moskau
Puschkin-Museum
Ulica Volchonka 12
121019 Moskva

St. Petersburg
Eremitage
Dvorcovaja Naberežnaja 34-36
191065 Sankt-Peterburg

Schweden

Stockholm
Medelhavsmuseet
Fredsgatan 2
Box 5405
11484 Stockholm

Uppsala
Museum för Klassika Fornsaker
Gustavianum
75220 Uppsala

Schweiz

Basel
Museum für Völkerkunde
Augustinergasse 2
4001 Basel

Genf
Musée d'art et d'historie
2, Rue Charles-Galland
C.P. 3432
1211 Genève 3

Spanien

Barcelona
Museu Arqueológic
Parque de Montjuich
08004 Barcelona

Madrid
Museu Arqueológico Nacional
Calle de Serrano 13
28001 Madrid

Sudan

Khartum
Sudan National Museum
for Antiquities
El Neel Avenue
P.O. Box 178
Khartoum

Tschechien

Prag
Náprstkovo muzeum asijských,
afrických a amerických kultur
Betlémské námesti 1
110 00 Praha 1

Ungarn

Budapest
Szépüvészeti Múzeum
Dózsa György út 41
1396 Budapest 62

Vereinigte Staaten von Amerika

Baltimore
Walters Art Gallery
600 N. Charles Street
Baltimore
Maryland 21201

Berkeley
Phoebe Hearst Museum
of Anthropology
103 Kroeber Hall #3712
University of California
Berkeley
California 94720-3712

Boston
Museum of Fine Arts
465 Huntington Avenue
Boston
Massachusetts 02115

Brooklyn
The Brooklyn Museum
2000 Eastern Parkway
Brooklyn
New York 11238-6052

Chicago
Oriental Institute Museum
University of Chicago
1155 East 58th Street
Chicago
Illinois 60637

Cleveland
Cleveland Museum of Art
11150 East Boulevard
Cleveland
Ohio 44106

Los Angeles
Los Angeles County Museum of Art
5905 Wilshire Boulevard
Los Angeles
California 90036

Memphis
Art Museum
The University of Memphis Campus
3750 Norriswood Avenue
Memphis
Tennessee 38152

New York
The Metropolitan Museum of Art
5th Avenue at 82nd Street
New York
New York 10028

Philadelphia
University of Pennsylvania Museum
of Archaeology & Anthropology
33rd and Spruce Streets
Philadelphia
Pennsylvania 19104 6324

Princeton
The Art Museum
Princeton University
Princeton
New Jersey 08544-1018

Richmond
Virginia Museum of Fine Arts
2800 Grove Avenue
Richmond
Virginia 23221-2472

Seattle
Seattle Art Museum
100 University Street
P.O. Box 22000
Seattle
Washington 98101

Bildnachweis

Der Verlag dankt den Museen, Archiven und Fotografen für die Erteilung der Reproduktionsgenehmigung und freundliche Unterstützung bei der Realisierung dieses Buches.

Hans Christian Adam, Göttingen: 226 unten

Ägyptisches Museum der Universität Leipzig: 160

Archiv für Kunst und Geschichte, Berlin/Werner Forman: 54, 100, 106 oben, 179

Axiom, London/James Morris (Fotos): 2, 8–9, 75, 91 oben, 171, 174 oben, 197 unten

Bibliothèque nationale de France, Paris: 16 unten, 18, 208, 211, 217

Bildagentur Schuster/Altitude, Yann Arthus-Bertrand (Foto): 24

The British Museum, London: 20, 64 oben, 84, 128 unten, 166 unten, 167, 185 oben, 201, 204, 223

The Brooklyn Museum of Art, Brooklyn NY: 87, 115

Deutsches Apotheken-Museum im Heidelberger Schloß: 213 links oben

The Fitzwilliam Museum, Cambridge: 86

The Griffith Institute Ashmolean Museum, Cambridge: 145 oben

Gustav-Lübcke-Museum, Hamm: 213 unten

Courtesy of the Getty Conservation Trust, Los Angeles, © The J. Paul Getty Trust: 94, 227

Claus & Liselotte Hansmann Kulturgeschichtliches Bildarchiv, München: 180, 218

Kestner-Museum, Hannover: 78 links

IFAO, Kairo: 210

The Image Bank, Düsseldorf (Foto: Guilian Colliva): 230–231

Lois Lammerhuber, Baden: 12–13

Lehnert & Landrock, Kairo: Vorsatzpapier, 16 Mitte

Jürgen Liepe, Berlin: 22 oben, 22 unten, 26, 30, 42 oben, 46, 58 oben, 61 oben, 65, 69 unten, 81 oben, 85, 93 links, 93 rechts,

96 links, 98–99 unten, 111 unten, 114 oben, 114 unten, 124 oben, 130 unten, 133 oben, 134 Mitte, 139 oben, 144 unten, 146, 148, 154, 158, 162, 163, 164, 169, 170 links, 172, 175, 178 rechts, 183 rechts, 184, 186 oben, 186 unten, 202 oben, 206 links, 206 rechts

The Manchester Museum, Manchester: 212

The Metropolitan Museum of Art, New York, photograph © 1989/92 The Metropolitan Museum of Art: 96–97, 187 unten

Museo Egizio di Torino, Turin: 61 unten, 80 unten, 81 unten, 89, 130 oben, 134 unten, 136 unten

Pelizaeus-Museum, Hildesheim: 56 oben, 71, 82 oben, 82 unten, 88 oben, 113, 147 oben, 149, 150, 151, 152 oben, 155, 170 rechts

Privatsammlung: 52, 213 rechts oben, 215 oben

Rheinisches Bildarchiv, Köln: 51 unten, 193, 224

Rijksmuseum van Oudheden, Leiden: 59 unten, 120 links, 136 oben, 145 unten

RMN, Paris: 107 (Foto: Hervé Lewandowski), 112 (Foto: B. Hatala), 116, 152 unten (Fotos: Chuzeville), 220–221 (Foto: Gérard Blot)

Skira, Mailand: 105, 109, 110 rechts, 111 oben, 128 oben, 129, 132, 182

Staatliche Museen zu Berlin – Preußischer Kulturbesitz, Ägyptisches Museum und Papyrussammlung: 99 oben, 104 oben, 106 links, 134 oben, 140 oben, 181 rechts

Staatliche Museen zu Berlin – Preußischer Kulturbesitz, Kunstbibliothek: 219

Staatliche Sammlung Ägyptischer Kunst, München: 197 oben

Georg Stärk, Horgen: 18–19

Henri Stierlin, Genf: 6, 35, 38, 50, 53, 78 rechts, 121 rechts, 153, 174 unten, 187 oben, 194, 196, 198 links, 199, 205 unten, 207

Sygma, Paris: 215 unten

Frank Teichmann, Stuttgart: 21 oben, 29 unten, 69 oben, 117, 183 links, 192 rechts

Eberhard Thiem, Kaufbeuren: 10–11, 14, 23, 27, 28, 29 oben, 31, 32, 33, 37, 40, 41 oben, 41 unten, 42 unten, 43, 44 links, 44 rechts, 45, 47, 48, 49, 51 oben, 56, 57 oben, 57 unten, 58 unten, 59 oben, 60 oben, 62, 63, 64 unten, 66, 68 oben, 72, 74 links, 74 rechts, 76, 77, 79, 80 oben, 83, 88 unten, 90, 91 unten, 92 oben, 96 unten, 98 oben, 101, 102, 104 unten, 108, 110 links, 118 links, 118 rechts, 119, 120 rechts, 121 links, 122, 123, oben, 123 unten, 125, 126, 131, 133 unten, 135, 137, 138, 139 Mitte, 140 unten, 141, 142, 144 oben, 147 unten, 156, 159, 161, 165, 166 oben, 168, 176, 177, 178 links, 181 links, 185 unten, 188, 191, 195 oben, 200 links, 200 rechts, 203, 205 oben, 225, 226 oben

UNESCO, Paris: 228, 229

Victoria & Albert Museum, London, Picture Library: 190 unten

Dietrich Wildung, Berlin: 21 unten, 68 unten, 92 unten, 195 unten